文化新经济丛书

工于文化　兴于经济
——历史文化名城的文化新经济发展之路

吴　华　王　俏　著

上海大学出版社
·上海·

图书在版编目(CIP)数据

工于文化　兴于经济：历史文化名城的文化新经济发展之路/吴华，王佾著. —上海：上海大学出版社，2023.2
　　ISBN 978-7-5671-4624-2

　　Ⅰ.工… Ⅱ.①吴… ②王… Ⅲ.①文化经济学－研究－苏州 Ⅳ.①G05

中国国家版本馆CIP数据核字(2023)第020033号

责任编辑　石伟丽
封面设计　柯国富
技术编辑　金　鑫　钱宇坤

文化新经济丛书

工于文化　兴于经济
——历史文化名城的文化新经济发展之路
吴　华　王　佾　著

上海大学出版社出版发行
(上海市上大路99号　邮政编码200444)
(https://www.shupress.cn　发行热线021-66135112)
出版人　戴骏豪

＊

南京展望文化发展有限公司排版
商务印书馆上海印刷有限公司印刷　各地新华书店经销
开本710mm×1000mm　1/16　印张20.25　字数262千
2023年2月第1版　2023年2月第1次印刷
ISBN 978-7-5671-4624-2/G·3489　定价　78.00元

版权所有　侵权必究
如发现本书有印装质量问题请与印刷厂质量科联系
联系电话: 021-56324200

文化新经济丛书
编委会

主　任

赵　迪　段　勇

委　员

（按姓氏笔画排列）

王红光　吕　文　刘　睿　李凤章
李　斌　吴　华　张文红　张恒龙
张勇安　苗福光　金　波　聂永有

序 一

苏州姑苏文化新经济开发标准试验区是全国文化新经济建设中的一个重要示范项目,吴华教授作为试验区整体机制规划的主要负责人,全程主持了试验区的设计工作并深度参与了主要项目的建设开发工作。

姑苏文化新经济开发标准试验区的成功经验为全国历史文化名城、古城保护区、文化及非物质文化遗产聚集区的经济开发方式带来重要的参考价值。

第一,苏州市姑苏区存在全国古城、老城保护地区的"通病",因此,其在文化新经济建设模式下所取得的经济、文化双丰收的成果具有全国推广的"典型性"。

第二,姑苏文化新经济建设从初始阶段便进行了全面深入的文化新经济机制发展规划,建立了底层的经济模型组,保障了地区经济发展模式与周边区域大趋势的匹配以及保持较长期的底层经济发展逻辑的一致性。同时,整体机制规划对一个个具体项目的实施进行了完整、统一布局,从而使每个项目之间的逻辑关联更加清晰,起到了"相得益彰、事半功倍"的效果。

第三,在进行整体机制规划及具体项目实施的过程中开展本地文化新经济人才"种子计划",借实践项目"传、帮、带",为本地打造了一支兼具理论和实践水平的"高手队伍"。高素质的本地人才队伍进一步促进了文化新经济建设的深入精确开展,同时能更有效地对接文化新经济体系给予试验区的各方面资源支持。这批骨干人才现在已走上了各层级领导岗位,成为姑苏新时代城市面貌的代言人。

第四,文化新经济变"招商"为"育商"的理念在姑苏试验区获得了相当程度的实践,并取得了亮眼的经济效果。对一个区域的经济发展而言,真正让目标企业落地并使企业得到充分、高效的"滋养",让企业不断壮大,才是地区经济发展的根本之路。姑苏文化新经济开发标准试验区从机制上的设计就是"发散气质、改良土壤",将本地文化资源通过标准化的提炼转化为文化资产,继而通过精确设计的公共服务系统使之成为企业可用的生产要素资源。企业感受到姑苏文化新经济开发标准试验区能够满足它们最本质的发展诉求,自然落地数量、质量、经济贡献度都会大幅提升。这也为全国老城、古城区域这类没有"土地资源""税收政策"的地区高效高质发展经济树立了标杆。

第五,通过三年的文化新经济建设期,姑苏区的整体"气质"发生了很大的变化,连长期生活在苏州市的"老苏州们",都会从姑苏区身上感受到巨大的变化。姑苏区在完整、彻底地落实古城保护的同时,已经明显地自内而外地透出"年轻气息",既有从"早餐设计"这样带动全民从细微生活处体验参与的公众设计互动,也有"姑苏八点半"这样的大型夜经济体系打造,这一切都让姑苏通过文化新经济活动转变为设计型城市。这种转变,是一种彻底的、全面精致的城市更新,这样的城市更新比进行城市拆建的传统意义上的城市更新进一步打下了独特的城市气息基础,也更具有广泛性和本质性。

第六,通过全面的经济机制规划,找到了姑苏经济发展的"新出口"。姑苏区作为苏州老城区,过往的经济模式处于一个"闭环系统"内,文化新经济建设使其作为文化核心区,通过授权经济的体系化打造,与周边工业强区产生了强关联。因此姑苏文化新经济建设明确了建设"三个高地"的目标,即打造"智慧高地""设计高地"和"授权高地"。从实践结果看,姑苏区已经成为近年来苏州市众多标杆性经济活动的"源起地",真正从"经济洼地"变为了苏州市政府口中的"姑苏硬核"。

姑苏文化新经济建设的成功是一项整体工程,全面深入的整体机制规划、地方政府领导的默契配合、精确高效的资源引入及标杆项目的建设缺一不可。

目前,全国文化新经济建设已经进入新的阶段,文化新经济系统以与地方政府共同开展文化新经济开发标准试验区合作及支持文化新经济专项资金项目建设的方式持续推动"以经济视角审视文化发展、以文化高附加值属性带动经济提升"的区域经济开发模式。姑苏文化新经济建设已成模式,期待越来越多的文化新经济建设成果在全国涌现出来。

赵 迪
中国文化新经济发展基金管理委员会主任
文化新经济专项资金评审委员会主任
上海大学文化新经济研究院联席院长

序 二

看到"文化新经济丛书"又增添一本有分量的新书《工于文化 兴于经济——历史文化名城的文化新经济发展之路》,我由衷地高兴。该书由上海大学文化新经济研究院吴华研究员领衔撰写。作为丛书主编和研究院的联席院长,应吴华研究员之约,欣然为之作序。

"文化新经济丛书"在2018年8月出版了《新业态 新消费 新增长——文化新经济的探索与实践》,该书是文化新经济的首部理论著作,也是"文化新经济丛书"的开山之作;于2019年3月出版了《文化新经济发展报告2018》,该书是国内第一本文化新经济年度发展报告。大家现在看到的这本《工于文化 兴于经济——历史文化名城的文化新经济发展之路》则是第一部全面反映文化新经济开发标准试验区建设与研究的著作。如果说出版首部文化新经济理论专著与年度报告旨在总结实践经验,深化文化新经济理论研究,那么本书的出版则体现了学术支撑体系对文化新经济参与区域经济建设的重要性。

文化新经济是指新经济时代以文化元素为内在核心动力,以促进新业态的融合发展为目标,以新型消费升级为主要手段,以产业的升级转型为最终目的的经济发展战略。具体而言,就是把文化元素和传统业态相融合,将文化创意和产业与老百姓的消费升级需求相连接,将文化创意与传统企业融合、与消费市场融合,走产业化发展道路。

为了推动这方面的实践,文化新经济开发标准试验区作为一种促进地方经济社会发展的新模式诞生了。本书就是对苏州姑苏文化新经济开发标准试验区建设的全面总结。文化新经济开发标准试验区由中国文化新经济发展基金提供专项资金、上海大学文化新经济研究院提供智库支持、北京萨博新经济发展咨询中心提供整体规划、地方政府负责核心项目执行的央地共建项目,最终目的在于实现以文化要素为驱动的区域经济创新型增长。

2018年以来,在文化新经济开发标准研究委员会指导下,上海大学文化新经济研究院和北京萨博新经济发展咨询中心团队先后与姑苏区政府在北京、苏州、上海围绕试验区建设进行了多次高规格会议磋商,明确了试验区建设思路。为推动姑苏文化新经济开发标准试验区建设,配合标准研究委员会牵头组织了深度调研,覆盖全国多个省份,涉及品牌管理、商业咨询、地产开发、商品零售、电商平台、园区运营、动漫制作、文创设计、服装生产、创意餐饮、特色民宿等细分领域。

经过研究团队两年的深入研究,不仅取得了丰硕的理论成果,而且产生了实实在在的经济社会效益。启动文化新经济建设一年期间,姑苏区新增纳税500万元以上企业26家,主板上市公司1家,新增税收1.04亿元;即使在疫情影响下,姑苏文化新经济品牌策略仍然取得重大成绩,夜经济品牌"姑苏八点半"在2020年中4次登上央视新闻,内循环经济拉动明显,部分商圈销售逆势增长150%;全区上下对于通过文化新经济带动城市更新形成了共识,发展文化新经济的相关内容写入姑苏区政府2021年工作报告,已上升为全区经济发展的核心战略内容。

竞争战略之父迈克尔·波特曾说:"基于文化的优势是最根本的、最难以替代和模仿的、最持久的和最核心的竞争优势。"而文化与城市的发展关系密切,共生共存,相互交织。当城市资源逐渐枯竭时,文化才是城市最大的不动产。因此,城市更新是文化新经济一个很重要的应用形态。城市更新不能千城一貌,每个城市都应该去挖掘自身的内涵和功能属性。新的城市更新一定要首先去研究当地的机理,考虑怎么把它养好,怎么让它能够自我发展起来。这既是文化本质,也是文化新经济的本质。从文化本质来看,这才是本地文化的发扬,而不是灭掉一个文化去换舶来品。从文化新经济来讲,它提炼了本地的元素,作为原来已经行之有效的机理,实现存量经济变轨发展,是一种最低风险和最高收益平衡的模式。姑苏文化新经济开发标准试验区取得的成果就是一个鲜明的例证,感兴趣的读者可以通过阅读本书深入了解。

近年来,文化新经济在实践探索和理论研究方面都做出了有益的探索,但是,文化新经济仍然是一个新概念,无论是内涵还是外延,都有许多值得探索、需要完善之处。希望吴华研究员领衔撰写的《工于文化 兴于经济——历史文化名城的文化新经济发展之路》能让更多人了解文化新经济,参与文化新经济。

段 勇

上海大学党委副书记

上海大学文化新经济研究院联席院长

前　言

从 2017 年与苏州市姑苏区开始接触,2018 年正式启动文化新经济开发标准试验区建设,到 2021 年姑苏区获评"优秀文化新经济开发标准试验区",一路走来,感慨甚多,收获更多。

本书总体上从内在和外在两方面对姑苏文化新经济建设做出了介绍和分析,受制于经济模式设计的复杂性及笔者水平有限,虽有 20 余万字,仍仅从表面体现出姑苏文化新经济建设成果之一二。欢迎愿意深入研究姑苏建设模式的朋友们前往苏州实地考察交流,更期待文化领域内的从业者们以及希望利用文化的高带动性作用促进自身产业高附加值发展的企业家们,前往姑苏亲身体会文化新经济公共服务机制为企业带来的好处。

姑苏区文化新经济建设开展多年,涌现出越来越多的建设成果案例,全国范围内对文化新经济模式的关注度日益提升。本书便是通过对姑苏建设方式的总结,使关注文化新经济的领导和朋友们更直观地体会用文化拉动经济的作用,也希望更多的地区,尤其是具备一定条件的传统文化聚集区能开始以经济发展的视角审视并开展文化资源开发的规划和设计。

根据读者朋友所有时间和研究深度的不同,推荐采用不同的阅读方案。本书包括四篇九章,每篇均设置了内容概要,方便读者快速了解该篇主要内容。第一章主要阐述文化新经济建设姑苏模式,是本书的最核心章节,也是姑苏区文化新经济建设方式的浓缩版介绍。日常工作繁忙、时间紧张的读者朋友可以重点浏览此章,体会姑苏文化新经济建设的全貌。第四章和第五章是介绍姑苏文化新经济基础设施建设和整体发展机制规划,偏重于模式和理论讲述,内容相对枯燥,属于姑苏"硬核"打造的核心内容,适合对姑苏模式建设的理论基础、底层过程和分析方式有兴趣的朋友重点阅读。其他章节以实际案例引入分析,可以使读者朋友更完整全面地体会姑苏进行文化新经济建设以来所产生的变化,为读者朋友自己的项目建设提供参考。也希望各位读者朋友可以将自己在文化和经济建设中的心得体会告知我们,推动我们不断进步和提高;更希望文化新经济建设的各种资源能帮助到读者朋友们,共同为全国文化富集区的经济发展做出贡献。

姑苏区所取得的文化新经济建设成果,主因是国家文化新经济系统、苏州市和姑苏区各级领导的长期大力支持,以及姑苏区文化新经济建设骨干团队持续高效的努力。

苏州市与姑苏区两级领导持续关注和推动试验区设立和建设工作。姑苏文化新经济开发标准试验区设立和建设期间,时任苏州市委宣传部部长盛蕾同志、市长李亚平同志、市委书记蓝绍敏同志、市委宣传部部长金洁同志先后接力协调推动姑苏区文化新经济发展建设。时任姑苏区委书记王庆华同志、黄爱军同志与文化新经济开发标准研究委员会领导和专家团队保持着紧密沟通。

由姑苏区时任区长徐刚同志牵头,姑苏区政府与文化新经济开发标准研究委员会共同组建了姑苏文化新经济开发标准试验区共建合作领导小组,在姑苏文化新经济开发标准试验区建设中起到了协调中枢的作用。姑苏区专门为文化新经济建设设立的姑苏文化新经济发展中心以及苏州姑苏文化新经济发展有限公司,在建设全程发挥了至关重要的作用。2021年,以徐刚、张文彪、杨国栋、葛宇东、华建新、郁伟民、张卫、陈曦等领导同志为代表的姑苏文化新经济建设团队，获得"全国文化新经济共建先进集体"荣誉称号；2020年，苏州平江历史街区保护整治有限责任公司周萍、苏州姑苏文化新经济发展有限公司李超两位同志，获评"全国文化新经济创新标兵"荣誉称号。

上海大学文化新经济研究院作为国家级文化新经济学术支撑平台，投入了大量学术力量支持姑苏试验区建设。在研究院秘书长张恒龙教授的统筹安排下，由许春明教授、王勉青教授、袁真富教授领衔的知识产权团队，由单娟教授、李倩倩教授、李斌研究员领衔的产业经济调研及经济模型设计团队，由柴秋霞教授、谢璞教授领衔的设计团队先后参与姑苏试验区机制规划设计。

我的同事吕文、杜弘带领团队在试验区建设核心阶段长期驻留姑苏，与姑苏文化新经济发展中心及文化新经济发展有限公司团队保持密切的沟通和配合，起到了衔接模式设计到落地实施的重要桥梁作用。王伋博士、刘睿教授、袁晓洋研究员为本书材料整理付出了大量时间。

感谢各位领导、同事、朋友在姑苏文化新经济开发标准试验区建设中给予的大力支持，希望姑苏的文化新经济建设成果能为全国同类地区提供一个可借鉴的案例，更希望我们能帮助全国更多期待将文化资源转化为经济发展动力的地区开展文化新经济建设，促进文化和经济的双向互动。

吴 华

2022年4月

目　录

模　式　篇

区域经济的创新发展没有"灵丹妙药",但有"最佳路径",被誉为全国经济最强地级市苏州的古城保护区姑苏区,走出了一条将文化资源转变为经济发展动能的"姑苏模式"。

第一章　文化新经济姑苏模式 ………………………………………… 003
　一、文化新经济建设为姑苏带来亮眼的经济发展成绩单 ……… 003
　　（一）文化新经济建设前的姑苏区——文化资源富矿、经济发展洼地 …… 004
　　（二）文化新经济开发标准试验区建设格局——超脱于理论,着手于实际,
　　　　　挖掘问题本质,明确共同目标 ………………………………… 007
　　（三）三年文化新经济密集建设——姑苏区面貌质变换新颜,自身经济
　　　　　指标亮眼,强势拉动周边经济逆势跃升 ……………………… 009
　二、文化新经济与文化产业发展的不同与相互作用 …………… 011
　　（一）文化产业注重产品内容的发展,文化新经济注重经济结构的调优
　　　　　………………………………………………………………………… 011
　　（二）文化产业的出口是产品的市场营销,文化新经济的出口是对区域
　　　　　经济的引领发展,两者可以相互助力 ………………………… 013
　三、姑苏文化新经济建设内外功同修、里子面子兼备 ………… 014
　　（一）塑造姑苏文化新经济的"内功"——核心发展机制规划和资源配置
　　　　　战略 ……………………………………………………………… 014

（二）凸显姑苏文化新经济的"气质"——标杆性文化新经济项目的
　　　　实施 ………………………………………………………… 015
四、"姑苏模式"成型——"三个高地"定位指引姑苏脱胎换骨，
　　"三商融合"体系奠定姑苏锦绣繁华 ……………………………… 016
　　（一）姑苏文化新经济建设的历史背景——"四个阶段"：从"张家港
　　　　精神"到"姑苏模式" ……………………………………… 016
　　（二）姑苏文化新经济建设的核心目标——"三个高地"：智慧高地、
　　　　设计高地、授权高地 ……………………………………… 019
　　（三）姑苏文化新经济建设的深度机制——"三商融合"：从招商向育商
　　　　的公共服务机制转变 ……………………………………… 022
　　（四）姑苏文化新经济建设的长期动力——高水准本地人才的深度培养
　　　　和任用 ……………………………………………………… 024
　　（五）姑苏文化新经济建设的资源布局——央地共建模式和资源协同
　　　　效应 ………………………………………………………… 026

破　冰　篇

　　新事物一定会经历人们从陌生观望到热烈拥抱的过程，经济发展模式的建设也要选择"入手点"。破冰项目的选择因地而异，也因势而异，但目标就是要让所有人从"因为看到，所以相信"到"因为相信，所以看到"。

第二章　"双塔市集"——城管难点的华丽转身 ……………………… 031
　一、传统菜市场——城市管理的难点、社会代沟的凸显处 ……… 031
　二、双塔菜场的改造——聚焦"人情味"，重温"传统记忆" …… 032
　三、从《梦想改造家》到城市更新的文化新经济之路 ………… 039
第三章　《浮生六记》——开启沉浸体验的新视界 …………………… 043
　一、苏州园林与昆曲盛名之下的困境 …………………………… 043
　　（一）精致的园林、嘈杂的环境、粗放的开发 ………………… 043
　　（二）园林数量众多、热度差异巨大，文化资源价值未被有效挖掘 …… 044
　　（三）六百年戏剧之瑰宝的昆曲，餐馆内助兴之低价的昆曲 ……… 046

二、新思维新模式锻造《浮生六记》浸入式演出，小投入
　　大产出 …………………………………………………… 048
　　（一）选择"冷园"沧浪亭——没有客流红利的试验基础 …… 049
　　（二）浸入式打造园林版演出——多维度体验改造戏曲认知 … 050
　　（三）极高投入产出比——经济效益验证试验成功 ………… 055
三、从文化新经济的视角分析《浮生六记》模式带来的引领影
　　响力 ……………………………………………………… 057
　　（一）创新了对传统地方曲艺开发的成功模式 ……………… 057
　　（二）改变了旅游景区门票经济模式，并且提高了门票收入 … 059
　　（三）带动了关联领域的衍生产业发展 ……………………… 060

硬 核 篇

　　新颖而成功的项目总是以抓人眼球而为人津津乐道，而经济建设的内核打造是严谨、精密而富于全局性的。如何让静止沉睡的文化积淀活起来成为经济发展的引擎，如何让"文化资源"转换为"文化资产"来提高经济附加值，如何让本地区的文化积淀成为企业所必需的公共服务要素，从而让企业离不开这个地方，是姑苏文化新经济开发标准试验区建设从"事项处理"到"全局提升"的关键，也是文化新经济成功的"硬核"。

第四章 打造"看得见、摸得着、用得上"的文化新经济基础
　　设施 ……………………………………………………… 065
一、亮出文化新经济育商服务"三板斧"（三大服务体系） …… 065
　　（一）政策智能匹配平台——政企零距离的"三商融合"服务 … 067
　　（二）知识产权托管系统——知识经济时代企业的财智管家 … 071
　　（三）集合品牌运营体系——资源对接和市场扩展的中小企业成长助
　　　　　推器 …………………………………………………… 077
二、文化新经济展示交流中心——沉浸式触碰"城市灵魂"的
　　门户 ……………………………………………………… 079
　　（一）"考察展示"和"企业招引"的双主题引入 ……………… 080
　　（二）文化资源氛围与企业发展土壤的浸入式引领 ………… 081
　　（三）体验管理与聚焦效应的重叠应用带动片区招商 ……… 088

三、种子人才培养计划——为长期发展留下"造血干细胞" ······ 090

  （一）学员站在"巨人肩头"，国际视野与本地实践相结合 ······ 091

  （二）导师进行"言传身教"，亲身参与学员实践项目 ······ 097

  （三）入而论道、出则营商，运用培训资源发展自身事业 ······ 098

第五章 "规划-实施一体化"的区域文化新经济整体发展机制规划 ······ 103

一、苏州古城保护与经济发展的国际对标锚定和本地性战略选定 ······ 104

  （一）全国历史文化古城区经济发展的基本矛盾 ······ 104

  （二）欧美历史文化名城发展三大模式及姑苏古城特性的国际对标 ······ 108

  （三）姑苏古城的绝对优势、比较优势和机会优势 ······ 115

二、基于经济模型组的长效区域经济主线规划 ······ 118

  （一）姑苏文化新经济产业升级接口量化分析 ······ 118

  （二）姑苏文化新经济宏观基础经济模型构建 ······ 121

  （三）姑苏文化新经济应用基础经济模型组合 ······ 125

三、整合区域文化园区、旅游片区、人才供给的产业选择战略 ······ 130

  （一）国际文化创意产业发展模式启示 ······ 130

  （二）文化新经济开发标准试验区产业选择战略 ······ 136

  （三）重点发展产业的选择及发展策略 ······ 141

  （四）基于资源优势的文化赋能和基于园区载体的文化赋能 ······ 149

四、成为区域经济增长反应堆的文化新经济公共服务"三大平台" ······ 157

  （一）IP＋公共服务平台——从文化提炼到授权利用的推动器 ······ 157

  （二）智慧政务平台——从招商到育商的城市经营服务器 ······ 167

  （三）文化要素产业转化平台——从文化丰富到产业发达的转化器 ······ 169

涅 槃 篇

"不破不立"是经常被城市经营者提到的高频词,而改造过时的既有城市商圈则是难上加难。跳出简单的"营收思维",用"要素打造"的方式,用文化重塑城市商业肌理、焕发新机,宛如涅槃。

第六章 "姑苏八点半"——数度登上央视的顶级夜经济体系 …… 177
一、夜经济的核心是通过时间和场景延伸消费链条 ………… 178
(一)夜经济绝不是简单的亮化工程 …………………………… 178
(二)夜经济中多样化的消费诉求 ……………………………… 179
(三)夜经济疏解"土地财政"依赖 …………………………… 180

二、"姑苏八点半"的夜经济体系化打造 ……………………… 181
(一)"没落明星"观前街的新生 ……………………………… 181
(二)"一个平台,六大主题"的文化新经济育商系统设计 … 183
(三)"苏食苏韵"牵动文化消费模式化提升 ………………… 189
(四)"苏州锦鲤"调动金融机构共同拉升活动参与度 ……… 190

三、文化新经济夜经济体系的多维度社会经济效益 ………… 192
(一)多街区连片带动的品牌效益 ……………………………… 192
(二)多产业引领发展的溢出效益 ……………………………… 194
(三)文化古城区产业引入能力的重塑效益 …………………… 195
(四)姑苏文化新经济能力的输送效益 ………………………… 196

第七章 大设计、新经济——衔接文化底蕴与授权输出的设计型城市体系 …………………………………………………………… 199
一、从"谈文化"到"卖设计"——用设计打造授权经济基础 …… 199
(一)从改造"地"转为关注"人"——国际创意城市的必经路 …… 200
(二)设计之城、产业之都——设计型苏州老城区的打造 …… 202
(三)选一城、定一业——年度国际产业集中链接战略 ……… 206
(四)梦想泡泡——多层次设计人才培养工程 ………………… 207

二、持续、广泛、弥漫的意识再造——打造设计型产业城市氛围 ... 208

(一) 苏州设计,早点开始——看得见、吃得到的全民设计精神启蒙 ... 208

(二) "苏州观|观苏州"——非遗文化与社会需求的设计融合 ... 210

(三) 《相对"吴"言》——重塑城市文化认知的声音切片 ... 211

三、一年一周的国际设计大狂欢——苏州国际设计周 ... 212

(一) 2018年苏州国际设计周——大设计,新经济 ... 213

(二) 2019年苏州国际设计周——精致苏州,美好生活 ... 227

(三) 2020年苏州国际设计周——产业赋能,城市互联 ... 252

第八章 繁华姑苏——承载苏州城市时尚定位的集合品牌运营体系 ... 273

一、以苏州工艺水准之名——联合品牌彰显苏州精细之魂 ... 275

(一) 打造以文化为主导的区域品牌,避免地理区域品牌的"公地悲剧" ... 275

(二) 苏州织造的皇家品质——与颐和园打造联合IP产品系列 ... 276

(三) 粗放越野的苏绣内饰——与北京越野品牌联合设计国风内饰 ... 278

二、以潮流设计创意之名——集合品牌打造创意设计标准 ... 279

(一) 品牌集合店的运营启示 ... 279

(二) 设计师驻留计划与创意大赛 ... 280

(三) 红点设计奖标定设计水准标杆 ... 286

三、以品牌经济拉动之名——扩大品牌影响提升区域经济 ... 287

(一) "苏派新浪潮"——老字号和非遗手工坊的创意新面貌 ... 287

(二) "繁华姑苏"潮流市集——集合品牌带动街区经济"微升级" ... 288

(三) "繁华姑苏"主题精品游——集合品牌带动传统旅游模式的提升 ... 290

(四) "繁华姑苏-IP当道"——文化新经济带动产业园区提升新浪潮 ... 292

第九章　资金＋资源＋智力的复合式投入——文化新经济开发标准试验区和文化新经济专项资金分层支持体系 ……… 294

一、根据地区经济结构情况采用不同层级的支持方式 ……… 294

  （一）第一类地区：打造全国性标杆创新项目 ……… 294

  （二）第二类地区：文化带动区域经济全局性发展 ……… 295

  （三）第三类地区：以文化经济作为未来替代支柱产业地区 ……… 295

  （四）第四类地区：文化新经济单体项目建设 ……… 296

二、多元的文化新经济资金投入模式 ……… 296

  （一）文化新经济专项资金 ……… 296

  （二）文化新经济 EOD 项目资金 ……… 297

  （三）管理型投资基金 ……… 297

三、联合广域专业团队的文化新经济生态圈 ……… 298

模 式 篇

区域经济的创新发展没有"灵丹妙药",但有"最佳路径",被誉为全国经济最强地级市苏州的古城保护区姑苏区,走出了一条将文化资源转变为经济发展动能的"姑苏模式"。

第一章

文化新经济姑苏模式

一、文化新经济建设为姑苏带来亮眼的经济发展成绩单

苏州市姑苏区是全国第二个文化新经济开发标准试验区,也是第一个以整体行政区及全套行政班底进行文化新经济试验的地区。我们之所以认为姑苏试验区是全国范围内非常值得作为样本分析的典型案例,并不是因为姑苏区的基础卓越,相反,姑苏区存在全国历史文化悠久地区的"常见病",是一个非常具有普遍代表性的样本。

也正因为此,文化新经济建设在姑苏所收获的经济数据及达到的实际作用更加具有全国性的参考和复制意义。

姑苏区三年的文化新经济建设取得了亮眼的经济成绩单,从2017年文化新经济建设前GDP年增速远低于全国平均水平的不足6%,到2019年在全国面对复杂经济环境下逆势增长的12.93%;仅2019年一个统计年度,就实现主板上市公司零突破、年纳税500万元以上企业新增26家。文化新经济直接带动税收新增1.04亿元,占姑苏区全年税收总量的2%以上,更不用说衍生带动的税收增量。随着文化新经济建设的展开,2019年,姑苏区已拥有规模以上文化企业64家,文化产业增加值GDP占比7.19%,位列苏州市第一。姑苏区从苏州市的经济洼地成为市政府寄予厚望的"姑苏硬核",并自2020年起信心满满地开启了文化GDP占比逐

年倍增计划。

姑苏区的文化新经济建设可以凝练地概括为:解困、颠覆、造梦。

(一)文化新经济建设前的姑苏区——文化资源富矿、经济发展洼地

姑苏区的设立,因古城保护而来。1982年,苏州市成为国务院批准的24座全国首批历史文化名城之一。尽管历届党委和政府做了大量工作,但由于受行政区划体制等因素的制约,古城规模化成片保护格局未能完全实现。因古城保护涉及沧浪区、平江区、金阊区三个发展主体,难以形成合力,2012年,江苏省宣布撤销苏州市沧浪区、平江区、金阊区,设立苏州市姑苏区。在苏州市的规划中,期待将姑苏区建设成为"历史文化保护示范区、高端服务经济集聚区、文旅融合发展创新区、和谐社会建设样板区",使姑苏区成为文化高地、旅游高地、科教高地和商贸商务高地。之后,江苏省政府进一步批复建立苏州国家历史文化名城保护区,明确保护区的管理范围与姑苏区的行政区划范围相一致,保护区管委会与姑苏区政府将合署办公,实行两块牌子一套班子,管委会的主要职责是负责古城保护方面的工作。同时保护区管委会主要领导按副厅级确定行政级别。

姑苏区行政区划的合并以及行政级别的提高,强有力地做到集中资源、集中力量对古城保护区范围内的建筑进行保护,但并没能有效地对经济的整体发展起到促进作用。众所周知,苏州市是全国经济指标首屈一指的地级市,GDP长期位居全国第一。以姑苏区设立第三年即2015年的数据来看,即便是三区合一后,姑苏区的GDP仍然是苏州末位,并且与排名靠前的昆山、张家港、工业园区等区域相差巨大。

在2018年姑苏区全面启动文化新经济建设前,我们面对的是这样的实际情况:

表 1.1　2015 年苏州各地 GDP 排名

地　　区	GDP(亿元)	排　名
昆山市	3 080.01	1
张家港市	2 229.82	2
工业园区	2 060	3
常熟市	2 044.88	4
吴江区	1 540.09	5
太仓区	1 100.08	6
高新区	1 026	7
吴中区	950	8
相城区	605.22	9
姑苏区	600.15	10

表 1.2　2015 年苏州各地人均 GDP 排名

地　　区	常住人口(万人)	人均 GDP(元)	排名
工业园区	80.26	256 665.84	1
昆山市	165.12	186 531.61	2
张家港市	125.31	177 944.30	3
高新区	59.08	173 662.83	4
太仓市	70.95	155 050.04	5
常熟市	151.01	135 413.55	6
吴江区	129.68	118 760.80	7

续 表

地　　区	常住人口(万人)	人均GDP(元)	排名
吴中区	112.12	84 730.65	8
相城区	72.87	83 054.76	9
姑苏区	95.20	63 040.97	10

第一，经济基础在苏州各区排名末尾，经济增长相对缓慢，财政能力相对较弱。姑苏区2017年全区完成地区生产总值665.18亿元，比上年增长6.0%。2017年，全区完成一般公共预算收入51.01亿元，同比增长2%。而与姑苏区相邻的苏州工业园区，2017年全年实现地区生产总值2 350亿元，同比增长7.2%。一般公共预算收入317.8亿元，增长10.3%。可见，在文化新经济建设前，姑苏区的整体经济基础还是相当薄弱的。

第二，居民和人才结构不理想。姑苏区自己的总结叫作姑苏满城"穷老外"，直观来说就是姑苏区内穷人、老人、外地人占比很高。苏州虽然是富庶地区，但苏州市的主要产值都在工业园区、高新区、昆山、常熟等地，也是苏州本地年轻人就业生活集中的区域。老城区有悠久的历史，也有沉重的包袱。同时，还要面对全国各地普遍存在的老城区创新基因缺失的问题。

第三，产业结构和局限。全区几乎没有第一产业和第二产业，几乎全部是第三产业。其实，国际上最领先的经济体，也都是以第三产业为核心的，可遗憾的是，姑苏区的第三产业主要集中在低端旅游业态，景区靠门票，商业以小店铺、小饭馆为主。全区财政收入基本是吃饭财政，和周边工业区域相去甚远。游客对姑苏的认知局限性也很强，基本就是白天一日游的状态。

第四，文化产业低端。我们当时重点考察了姑苏区的文化产业公司,直观的感觉就是文化产业缺乏核心竞争力,产业层级偏低。区里重点介绍的招牌企业,还是丝巾、旗袍企业,以游客为主要销售对象。产业园区状态也平平,几乎没有针对性的服务,国有和民营园区的经营水平、企业发展水平也比较一般。

第五,干部队伍相对求稳。在一个地区做整体经济发展,本地干部队伍的理解和执行至关重要。我们在调研文化新经济发展可行性之初,强烈感觉到区级领导的决心很大,四套班子主要领导集体学习文化新经济理念。但中层和基层干部相对保守,对新思路接受过程相对较长,对新经济理解相对较局限。这也是我们在各地调研中普遍存在的问题,高新区的干部普遍乐于接受新事物,老城区的干部相对求稳。

(二)文化新经济开发标准试验区建设格局——超脱于理论,着手于实际,挖掘问题本质,明确共同目标

面对姑苏区前期调研的系列情况,我们确定了循序渐进的试验方案,并且设计了对事、对人两条线的推动策略。对事,我们明确姑苏区在物理上的腾挪空间有限,我们必须找到这个地区制约新经济发展的"七寸",看准它,再设计变革和深挖潜力的具体动作。另一个就是对人,这是比对事困难更大一些的领域,要让干部队伍及主要参与试验区建设的人对文化新经济的认知不仅仅停留在口头支持,而更须付诸行动。这也是我们在试验区建设初期花费精力比较多的地方。

过程曲折而艰苦,但结果很明确。在对姑苏区经济结构的深度调研基础上,我们确定了两个需要明确的最主要的问题,将它们称为"资源下的迷失"和"洼地中的关联"。

资源下的迷失,指姑苏区虽然坐拥丰富的、可以几天几夜说不停的历史文化积淀,但它是沉睡在那里的,看得见摸得着但用不了,也就是说文化资源没能转化成文化资产。我们经过针对性设计,以知识产权运用为基点,最终通过详细的机制规划,设计了知识产权托管运维等综合性整体解决方案,本书后面会再提到。

"洼地中的关联"指姑苏区作为苏州的市中心区,没有将自己与周边其他行政区的产业结构做关联设计,白白浪费了自身的文化资源。说得再直接和残酷一些,就是有点像一个没落老贵族,不仅自己过得一般,而且没想着用自己的无形资产积淀来和已经富裕起来的兄弟们联动发展,形成新的收入点。

对人就更复杂一些。姑苏区的区领导意志明确,书记、区长双双带头推动,但在初始时期,中层干部很多不理解,甚至有个别干部出现消极配合的情况。我们先期用传统的讲座宣传方式,发现没有收到很好的效果,立刻变换方式,改为短期常驻专家团队,摸清各部门及部门领导诉求,甚至包括性格特点和人际关系结构,用有针对性的沟通让各部门领导理解文化新经济的结构设计会给本部门工作带来的局面变化。当然我们不会"画大饼",而是用真实情况进行路径分析,让他们有了相对全面的认知,效果很好。

在文化新经济机制规划启动前进行的长时间的前期沟通,可能像医生对患者的讲解一样。医生耐心地把各种病情的可能性及治疗方案可能产生的后果,用恰当的语言、方式告知患者,让患者感到自己全面了解了,反倒可以打消患者的顾虑。此举收获很好的互动协作关系。在打通一个个内心的"结"之后,我们又提出了公开的实施路径"一中心、两平台、建立核心生态圈",即要新建一个专门的文化新经济发展负责机构——姑苏文化新经济发展中心,要建设线上线下两个资源整合平台,最终形成姑苏文化新经济的核心生态圈。这既是发展路径,又是大家树立目标的口号,通过前期的沟通,每个人都明白要做什么,自己在里面是什么角色,后面的事情就顺利了。

从结果看,我们的前期工作虽然花了较多时间,但非常必要,也为最终形成可以向全国复制的1+2+X模式(一套区域经济机制规划+线上线下双平台+三商融合的公共服务机制体系)打下了坚实的基础。

（三）三年文化新经济密集建设——姑苏区面貌质变换新颜，自身经济指标亮眼，强势拉动周边经济逆势跃升

姑苏的文化新经济建设步子非常密集，看看这个时间表就能有所体会：

2018年7月，启动文化新经济建设深度调研；

2018年10月，浸入式昆曲《浮生六记》公演；

2018年10月，姑苏云谷产业园区启动运营；

2018年11月，姑苏文化新经济展示交流中心开幕启用；

2018年11月，第一届苏州国际设计周举办；

2019年5月，姑苏文化新经济公共服务机制规划完成（含专属经济模型）；

2019年6月，姑苏文化新经济线上公共服务平台启动建设；

2019年8月，区域集合品牌"繁华姑苏"发布；

2019年10月，第二届苏州国际设计周举办；

2019年12月，双塔市集正式开放；

2020年3月，"姑苏八点半"夜间经济品牌启动。

伴随着密集的建设步骤的，是扎实工作所获得的经济上和政策上回报的成绩单：2019年，姑苏区完成地区生产总值801.12亿元，增长12.93％，经济增速位列全市前列。同样值得关注的是，文化新经济建设的带动效应已经有清晰的显现。在全球经济的复杂环境下，苏州外贸型和加工型经济受到的影响较大，昆山、工业园区等传统工业强区都受到了很大影响，张家港、常熟、太仓等经济强县（市）甚至出现负增长。而传统上被视为经济偏弱的姑苏区、吴中区、相城区，在姑苏区开展文化新经济建设的带动下，经济指数上都实现了12％以上的超额增速，可谓是"经济奇迹"。

细看姑苏区文化新经济建设的微观成绩单，仅2019年一个统计年

表 1.3　2019 年苏州市各地 GDP[①]

地　区	地区生产总值（亿元）		名义增速	名义增量（亿元）	2018 年	
	2019 年	2018 年			常住人口（万人）	人均 GDP（元）
苏州市	19 235.80	18 597.47	3.432%	638.33	1 072.17	173 765
工业园区	2 743.36	2 570.27	6.734%	173.09	81.87	315 054
昆山市	4 045.06	3 832.06	5.558%	213	166.59	230 270
张家港市	2 547.26	2 720.18	−6.357%	−172.92	126.06	216 023
高新区、虎丘区	1 377.24	1 256.27	9.629%	120.97	59.93	210 187
太仓市	1 324.97	1 330.72	−0.432%	−5.75	71.92	185 465
常熟市	2 269.82	2 400.23	−5.433%	−130.41	151.58	158 334
吴江区	1 958.16	1 925.03	1.721%	33.13	130.98	147 302
吴中区	1 278.72	1 124.73	13.691%	153.99	113.98	99 126
相城区	890.08	771.06	15.436%	119.02	73.51	104 888
姑苏区	801.12	709.35	12.937%	91.77	95.75	74 222

度，就实现主板上市公司零突破，年纳税 500 万元以上企业新增 26 家。文化新经济直接带动税收新增 1.04 亿元，占全区税收总量的 2% 以上，更不用说衍生带动的税收增量。

姑苏区的经济发展奇迹，也为姑苏区带来了全新的面貌和发展信心。姑苏区将发展文化新经济写入姑苏区政府工作报告，经区人大代

[①] 数据来源：苏州市统计局. 苏州统计年鉴 2019[EB/OL]. [2022-12-01]. https://tjj.suzhou.gov.cn/sztjj/tjnj/2019/zk/indexce.htm.
苏州统计年鉴 2020[EB/OL]. [2022-12-01]. https://tjj.suzhou.gov.cn/sztjj/tjnj/2020/zk/indexce.htm.

表表决,上升为全区经济发展的核心战略。文化新经济展示交流中心接待各地党政代表团及企业团体万余人次,展现着姑苏的全新面貌和先进理念,成为苏州市和姑苏区市区两级领导招商洽谈主场地。

2019年,姑苏区已拥有规模以上文化企业64家,文化产业增加值GDP占比7.19%,位列苏州市第一。姑苏区从苏州市的经济洼地成为市政府寄予厚望的"姑苏硬核",并自2020年信心满满地开启了文化GDP占比逐年倍增计划。姑苏区的文化新经济建设模板,也成为可供全国文化资源丰富但经济相对传统的古城区发展参考的标杆。

二、文化新经济与文化产业发展的不同与相互作用

谈到文化新经济,很多地方政府领导都会自然地问到文化新经济与文化产业的差别,网上相关言论很多,也有专门的著作从学术角度研究过文化新经济与文化产业的差别。简单来说,传统文化产业注重"质",目标是让文化内容的展现更加有文化的味道;文化新经济注重"势",目标是借助文化的高附加值特性引领整体区域经济发展,为多种产业赋能。两者之间结构设计的出发点不同、手段运用的侧重点也不同,文化新经济可以说是从经济端的视角将文化作为经济发展手段的区域经济战略。

(一)文化产业注重产品内容的发展,文化新经济注重经济结构的调优

文化产业概念脱胎于对传统文化事业的产业化发展,理论体系相对注重文化类产品自身的质量,比如一部戏剧如何运用声光电才会让它更精彩,更具有市场票房价值。目前各地进行文旅景区和非物质文化遗产的开发,通常都是高举"文创"的旗帜。文化创意发展本身是一个非常好的概念,但它和文化新经济的侧重点和体系结构都有很大的

差别。

文创产业来源于对文化内容的开发和营销，是强调主体文化或文化因素依靠个人（团队）通过技术、创意和产业化的方式开发、营销知识产权的行业，主要包括广播影视、动漫、音像、传媒、视觉艺术、表演艺术、工艺与设计、雕塑、环境艺术、广告装潢、服装设计、软件和计算机服务等方面的创意群体。国内当前绝大多数地方的文创开发都面临产品粗放、创意雷同的局面。走遍各博物馆、景区，通常的文创品都是"老几样"，即U盘、扇子、丝巾、书签、冰箱贴、玩偶，等等，整体品种雷同、缺乏创意。少数能做到"文化＋创意＋实用性"的文创产品，所能实现的产值，也基本只停留在产品售卖本身之上。在此不是说文创本身不好，而是说文创的出发点本身就是微观的，即便做到顶尖精品，也无法充分发挥出文化自身对经济高附加值带动作用的经济属性。

文化新经济理论体系来源于国家的新经济发展战略，是新经济发展大策略下的分支，它是一套经济发展理论体系，更偏重于经济结构的优化。也就是说，文化新经济的理论体系就是为经济发展而生的。比如同样是一部戏剧，文化新经济更注重它的要素提炼，利用这些要素和形态，与其他行业结合，大幅提升传统行业的利润附加值。在姑苏文化新经济开发标准试验区内的试验性产品《浮生六记》，就是一个典型的例子，取得了惊人的投入产出比。

姑苏文化新经济开发标准试验区内的夜经济品牌"姑苏八点半"，在形式上是将苏州传统的文化元素进行提炼，通过潮流化的设计，进而融入整体的灯光和街巷布局。而其获得巨大经济效益的核心是精密的以姑苏区产业结构为背景的整体设计，通过整体夜经济品牌管理系统设计和多行业整合协作，搭配多层级宣推和体验管理营销，盘活并带火了观前街这条原本已经暮气沉沉的老步行街。同时，更具经济带动价值的是通过对文化要素的提炼桥接了柔性制造品的设计开发等传统制造业的体系，为手工业、制造业输出品大幅提高了产品附加值，从而带动一批企业形成了独特的文化衍生品自有品牌,满足了具有一定经济条件和追求更高差异化产品品质的消费人群的需求,获得了巨大而显著的经济效益。自2020年夏季推出后,姑苏八点半立刻成为长三角地区夜经济的品牌标杆,并且多次被央视新闻重点报道。

可以说,文化新经济的目标是区域经济的高附加值发展,其效果是宏观、广域而整体的。

(二)文化产业的出口是产品的市场营销,文化新经济的出口是对区域经济的引领发展,两者可以相互助力

文化产业是基于产品,这个产品可大可小,可虚可实,阶段性目标是把产品卖好。文化新经济的重点不在某一个产品上,而在于对经济结构的规划。利用文化要素的特性来提高全产业附加值,尤其是对传统产业附加值的提升,所以文化新经济的项目建设特征,是"创新""引领"和"带动",最终获得区域内多维行业整体发展、产值增长、经济指标提升的全局全域效果。

姑苏是拥有千年历史底蕴的古城,一山一园、一梁一栋中都透露出江南水乡的秀美风情和富庶之地所特有的人文气息。就如同苏绣在各类绣法中独特的唯美精细,在姑苏,任何事情都做得细致精巧,让人感受到"美"。这是姑苏独有的气质。在姑苏文化新经济开发标准试验区建设中,我们特别注重将这种"美"的气质发挥到极致,使姑苏的传统文化资源、已开发的文化创意项目和文化新经济的大势推动能有机地结合在一起。因此,在建设中专门选择了诸如《浮生六记》、"双塔市集"这样能充分发挥姑苏文化特征又具备姑苏独特烟火气的项目作为入手点,打造出烟火气下的苏式雅致生活范本,让参与者找准文化新经济的感觉,也更容易看到文化新经济与传统文化产业发展所产生的不同作用。这些具体案例的操作方式,会在后文详述。

文化产业和文化新经济概念不同,所作用的层级不同,但绝对不是

互相排斥的,运用手法得当,完全可以做到使两者相得益彰。从姑苏的实践中即可看出,文化新经济整体的机制建设,为文化产业发展带来了极大的资源和广阔的市场潜力;深厚的文化资源为文化新经济整体发展带来了底蕴,对原有文化产业基础的合理利用也为文化新经济发展取得了事半功倍的效果。

三、姑苏文化新经济建设内外功同修、里子面子兼备

在姑苏文化新经济的建设中,从一开始就有一个明确的指导方针,那就是既要扎实,又要显见。这看似矛盾,其实里面大有门道。

(一) 塑造姑苏文化新经济的"内功"——核心发展机制规划和资源配置战略

上面提到的要扎实,指的是核心的全局规划要扎实,要成为长远发展的保障。我们和苏州市、姑苏区两级主要领导多次开会沟通,大家在正式开干前就明确,文化新经济的建设是功在当下、利在五年之后。这样从一开始就排除了"面子工程"和"献礼工程"的隐患,也让各环节的参与单位没有那么强的压迫感,所以,我们将充分的时间用于扎实的工作——制订核心发展机制和资源重新配置的聚集建设,这是内功。

最基础的工作,是做了一件"费力不讨好"但"异常重要"的事情。我们调集国内优秀的经济学家,依托文化新经济理论体系,结合姑苏区的区位、产业链特性,在长三角一体化的国家战略上设计了姑苏文化新经济专属经济模型组。这个模型组由一个区域战略经济模型和四个应用经济模型组成,投入很大,但不能即时看到效果,在做的时候,很多本地干部认为在耽误时间,白费工夫。但我们当时心里就很坚定地认为,这个模型是为姑苏区域经济长期发展保驾护航,让后续的系列政策出台得更科学、更精准。到现在为止,我们也没法用数据精确测算出它所

带来的产值，但姑苏一年内就发生招商局面的变化、整体税收的增加、区域关注度的提升，我们心里清楚，这项基本功是不可或缺的。

在文化新经济模型基础上，陆续完成了整体区域经济发展的机制规划，提出了"三个高地"的战略目标，树立了姑苏文化新经济建设的"旗帜"。线下展示交流中心的设计和建设，让经济策略可视化，获得上级领导和招商对象的高度支持；线上育商公共服务资源平台建设，将政府掌握的抽象资源要素化，形成高效配置，推动区域经济整体发展。

（二）凸显姑苏文化新经济的"气质"——标杆性文化新经济项目的实施

在做"里子"内功的同时，我们也持续做着"面子"，让大家对千年传统的老城姑苏产生不一样的感觉，用一系列活动和实体事例来为姑苏敲下"智慧、设计、授权"的创新型城市钢印。

伴随着姑苏文化新经济开发标准试验区建设，我们 2018、2019、2020 年连续三年在姑苏举办苏州国际设计周。特别值得注意的是，苏州国际设计周不同于普通的设计周，它的用意不在于展现设计，而是用于展现"姑苏新貌"，用来打破人们——包括苏州市民和市领导对姑苏区的传统认知。用"设计周"的名字，是因为多地都办设计周，不算个新概念，文化新经济已经很创新了，不想再不断出新概念。从实际效果看，2018 年的设计周实现了"领导认知"，2019 年的设计周实现了"招商飞跃"，2020 年的设计周实现了"集合效应"，用三年的时间达到了将姑苏的城市气质从传统老城区转变为创意设计区的预期目标。

依据整体机制规划，2020 年上半年推出了"夜间经济"品牌概念，即"姑苏八点半"，并获得时任苏州市委书记蓝绍敏同志高度认可，蓝书记亲自挂帅主抓。同时在疫情环境下，基于文化新经济线上公共服务平台，推出了姑苏云招商系统。区域集合品牌"繁华姑苏"也逐渐完成了内涵外延设计，承担起了在疫情后经济结构中引领姑苏老字号实现创新发展的文化新经济集合品牌作用。

在宏观目标推动、大项目实施的同时,让大家可视化地"看到"文化新经济也很重要,因此我们做了前面简单提到名字的两个试验性项目,即互动场景化昆曲《浮生六记》、菜市场改造工程"双塔市集"。《浮生六记》受到了热捧,成为小投入高收益的市场典范;"双塔市集"成就了"烟火气"文化要素的提炼试验,获得市民的交口称赞,也成为长三角打卡新地标。这两项都是文化新经济模式下名片式的文化消费典范工程,让高深的经济创新理论显见地呈现在大家面前。这也是成功的一部分,在下文会做专门的分析。

四、"姑苏模式"成型——"三个高地"定位指引姑苏脱胎换骨,"三商融合"体系奠定姑苏锦绣繁华

苏州一直是改革开放之后中国经济发展的标杆地区,在姑苏文化新经济建设启动之前,苏州有三个经济发展阶段被誉为国家标杆性的经济发展模式,分别是"张家港精神""昆山之路"和"园区经验"。目前,以文化引领经济发展的文化新经济"姑苏模式"成为苏州经济发展的第四阶段。文化新经济标志性的"三个高地"目标和"三商融合"机制成为苏州第四阶段的经济标杆。

(一)姑苏文化新经济建设的历史背景——"四个阶段":从"张家港精神"到"姑苏模式"

苏州经济发展的第一个阶段是"张家港精神"。

改革开放之初,张家港开始发展乡镇企业,高薪聘请上海大企业的工程师周末到张家港的乡镇企业进行技术指导,这就是著名的"周末工程师"。2005年,张家港市获第一届全国文明城市荣誉,全国精神文明建设经验交流会在张家港召开。江泽民同志在视察张家港时为"张家

港精神"题词"团结拼搏、负重奋进、自加压力、敢于争先",从此,"张家港精神"叫响全国。

此后,张家港市主动适应形势的变化,在实践中赋予张家港精神"争先、创新、务实、富民"等新的时代内涵,以"无功即过"的意识抢抓发展机遇,以超越自我的追求提升发展定位,以激励竞争的机制营造发展氛围。

苏州经济发展的第二个阶段是"昆山之路"。

毗邻上海的昆山市吸引外资设厂,形成了颇具规模的外资生产聚集区,"昆山之路"的成功经验就是他们注重增强产业优势,走率先发展之路。昆山坚定不移地实施经济领域的外向带动、民营赶超和服务业跨越"三大战略",20多年来班子换了一届又一届,思路不断创新、思想不断解放,但"外向带动"的发展主战略始终未变。在这一战略的统领下,昆山人上演了一出出开放大戏:抓住浦东开发开放良机,进一步借力上海,大力引进外资,实现了经济"内转外";抓住自办的开发区、出口加工区获国家认可的机会,促进产业集聚集群,实现了"散转聚";进入21世纪,他们紧紧抓住国际资本转移的机会,大力招才引智,引进研发经济、总部经济,加强自主创新,发展高新技术产业,实现经济"低转高"。如今,他们又提出民营赶超、服务业跨越战略,但依托上海、对外开放依然是主旋律,作为服务业跨越龙头和主体的花桥国际商务城,在功能定位上就是"融入上海,面向世界",在位置上则属于昆山嵌入上海的一块"飞地"。就这样,他们依托上海,继而把视野投向上海,转向亚洲,转向全球,小小昆山成为"世界的昆山"。

"昆山之路"的成功经验是注重经济增长方式的转变,走上了科学发展之路。昆山曾经是一个纯粹的农业县,但在1984年,昆山人自己创办了一个工业小区,并在上海虹桥机场设立了一个写有"国家级经济技术开发区——昆山市欢迎你"的大广告牌。这在当时算是一件"石破天惊"的大事,同时引来了许多质疑和嘲笑。幸运的是,昆山的首创精神和务实作风最终得到了国家层面的认可。国务院于1992年8月批准昆山工业小区成为国家级开发区。现在这个开发区在国家级开发区综合实力评比中位列第四,有20多家世界500强公司在开发区内兴办项目。2000年昆山出口加工区的设立,更是成为昆山经济发展的"动力引擎"。这也是我国历史上第一个出口加工区,在全国出口加工区中处于领先水平。

苏州发展的第三个阶段是进入21世纪后的"园区经验"。

中国和新加坡两国政府合作的中新工业园区落地苏州,带来了新加坡的管理经验,成就了高科技企业聚集和国际化城市管理的佳话。园区经验中最具战略前瞻性的是规划引领。

在苏州工业园区展示中心,一组对比照片让参观者流连驻足:一边是24年前园区刚规划时设计师的手绘设计草图,一边是今天拍摄的实景照片——在过去的8 000多个开发建设日子里,园区人以"一张蓝图绘到底"的理念一任接着一任干,终于让"纸上园区"变成了现实。可以说,"规划为纲"是苏州人从"新加坡老师"身上学到的第一招。苏州工业园区规划建设局原总工程师时匡说,"无规划,不开发;先规划,后开发;先地下,后地上;先生产,后生活",这是从新加坡学来的开发建设总原则,在园区已成为一条必须严格遵循的"铁律"。

1994年,园区启动开发建设之初,一份着眼于50年发展的总体规划就由中新双方专家协同编制完成,随后又历时整整一年,编制了首期开发的详细规划。直到此时,园区才开始转让第一幅地块。此后,又累计投入2亿多元资金,为280平方公里的版图编制了300多项专业规划,明确了每一寸土地的最佳效益与环境功能。园区人自己总结说,正是规划的全覆盖,使得园区有了明确的功能定位、发展方向,保证了土地出让的高收益,创造了可预见、低风险的投资环境,使园区一举跨越"摸着石头过河"的初级阶段,能够"沿着航标"快速前进。相比国内其他国家级开发区,园区起步晚了整整10年,但园区人凭着"规划为纲"

的高起点、开发建设的高标准,创造了后来居上、跨越腾飞的发展奇迹。

不仅如此,园区实际上是在借鉴新加坡"大软件"和"小软件"系统发展经验的基础上,通过因地制宜的创造性发挥,在激烈的区域竞争中脱颖而出;是在对新加坡经验的引进、消化、吸收、再创造中,形成了符合自身特点的发展路数。

24年来,园区先后派出几百批次数千名各类管理人员赴新加坡培训,并结合实际,相继编制了数百项体现园区特色、与中国现行体制相衔接、符合改革方向的规章制度和管理办法。园区在借鉴中创新形成的"亲商、高效的服务体系""网络化、专业化、战略化、多元化的招商体系"等诸多体系的高效运作,保证了园区的发展活力和开发建设的快速推进。

"借鉴、创新、圆融、共赢"这四个关键词,既是对园区发展经验的总体概括,也体现了园区开发建设以来一股独具特色的精气神。苏州市政府专家团首席专家方世南认为,"借鉴是园区经验形成的基础,创新是园区经验的灵魂"。习近平总书记2014年底视察江苏重要讲话中,明确要求苏州工业园区在开放创新、综合改革方面发挥试验、示范作用。时任省委书记娄勤俭在苏州调研时,鼓励园区利用产业优势和基础条件,集聚全球创新资源要素,实现新的跃升。其本质上都是对以"创新"为灵魂的"园区经验"的首肯。[1]

如今,苏州经济已走入第四阶段,将传统文化资源变为文化资产,以文化引领带动全域产业整体高附加值发展的文化新经济"姑苏模式"。

(二)姑苏文化新经济建设的核心目标——"三个高地":智慧高地、设计高地、授权高地

苏州市的工业化程度在全国地级市中名列前茅,昆山、张家港、常

---

[1] 《创新为魂,铸就高质量发展"园区经验"》,《新华日报》2018年10月8日,第4版。

熟等县市常年位居全国百强县前十,而苏州工业园区和高新区也是全国的科技型生产企业集中地。姑苏区从设区以来,就以古城保护为核心工作要务,经济发展几乎全部由第三产业构成,并且小微企业占据绝大多数。一直以来,姑苏在经济发展层面上与苏州市的整体大势是缺少关联的。

姑苏文化新经济开发标准试验区建设启动后首先进行了针对姑苏区本身经济结构的深度调研,锚定了姑苏区经济发展的核心问题,即:自身文化资源丰富,但没有得到高效的利用;周边区县工业产值发达,但与姑苏没有关联。也就是前文提到的"资源下的迷失"和"洼地中的关联"。因此,姑苏区进行文化新经济建设的切入点,便是如何将千年沉淀的文化资源转化为促进经济发展的文化资产;如何高效且高价值地与周边地区成熟发达的工业体系建立产业协同关系,形成资源互动,共同发展。

在文化新经济开发标准试验区建设更进一步的经济机制规划中,我们建立了整套的经济模型,通过分析苏州整体经济格局以及其绝对优势、相对优势和比较优势,于2018年正确预测了在复杂国际经贸环境下,周边工业地区高度依赖外贸加工的产业结构将受到严重挑战。因此,工业区内的企业发展路径将面临明显的分流,一部分继续优化自身成本,借助薄利多销维系生存;另一部分将树立自主品牌,提升产品独特性和创意性,打造自有品牌特征,开发新市场。

文化本身天然具备对产业的高附加值提升能力。很早就有学者提出"文化+"的概念。"文化+"可以理解为文化融合后附加值的提升,"+"的后缀可以是各种产业、各类商品,甚至是整个城市。文化产业具有附加值高、资源消耗低、环境污染小等众多优势,如果可以将文化创意融合在各领域之中,提升各行业的附加值,则能够更好地为经济结构调整、产业转型升级服务,为扩大国内需求、满足人民群众日益增长的物质文化需要服务。

正如国内绝大多数地区的文化开发视角仍然固化在文化内容本身之上，姑苏区在文化新经济建设前也是如此。比如昆曲和苏绣都是姑苏经典的文化符号，之前的产业推动都是偏重于对产品本身的宣传。若想实现"文化+"，必须对传统的文化要素进行梳理和提炼，并使其成为标准化的文化元素，才能广泛地为人所用。这其中，就需要大量文化人才和创意人才聚集，因此，文化新经济确定的第一个结构化的改变目标，就是要通过一系列手段，使姑苏实现成为"智慧高地"的目标。在此看上去结论得出得并不困难，但里面的规划、推导过程还是相当严谨而缜密的，具体思路会在后面章节中展开。

文化新经济建设本身就是一个全局思考的过程，自然也会跳出文化看文化，跳出姑苏看姑苏。前文已经描述过，通过深入的经济结构分析，我们预测到周边工业地区将面临经济结构的重大挑战，这个挑战对姑苏区的发展便是一个顺畅的机遇。原来偏重于外贸加工的工业产业有向品牌化转型的需求，姑苏拥有千年积淀的文化资源，经过专业人才提炼后成了可供输出的标准化文化元素，这样就产生了文化授权的供需结构。因此，以姑苏文化资源为核心进行加工性输出，对周边工业企业实现文化品牌授权，将成为姑苏未来经济发展的核心驱动力，因此，"授权产业聚集"在姑苏的整体经济机制规划中，就占据了重要的位置。具体的经济分析方式涉及大量的数据测算，在此就不做过于细致的介绍。"授权高地"目标的提出标志着姑苏文化新经济建设总输出目标的明确。

姑苏本身的文化要素与对工业产业的文化授权实现了对称的供需关系，但并不完整。因为工业设计所需的"来料"是标准的工业初级品，和文化人做出的"创意品"还不能直接衔接，这中间还需经历如建模设计、功能设计、生产流程设计等几个不同层级的体系化设计。因此，为实现文化源头向工业产品的最终转化，姑苏区还需形成设计师聚集的整体氛围，因而在规划中形成了打造"设计高地"的目标。设计氛围的打造并不容易,为此我们做了大量的资源准备,尤其为了配合文化新经济建设,打造姑苏整体的设计型城市氛围,收获了显著的效果,在后面章节中会详细讲述。

打造"三个高地"即智慧高地、设计高地、授权高地,构成姑苏文化新经济整体机制规划的核心,同时三个高地目标的提出,也是一个清晰的口号,便于参与姑苏文化新经济建设的各层干部统一思想,让各层级对文化新经济建设要做什么有一个统一的整体认知。实践证明,进行宏观整体的发展机制规划是文化新经济建设能够获得巨大经济收益的核心保障。

(三)姑苏文化新经济建设的深度机制——"三商融合":从招商向育商的公共服务机制转变

在姑苏文化新经济开发标准试验区的建设中,"三个高地"作为顶层架构体系起到整体引领的作用,而以"三商融合"为特征的文化新经济公共服务体系,则是文化新经济开发标准试验区建设的核心。

育商思想是文化新经济理论体系的一个重要特征,它对应的是传统的招商思路。改革开放之后,随着经济的迅猛发展,招商引资应该是各个地方政府都最为熟悉甚至是最为重要的工作。在2017年姑苏文化新经济开发标准试验区建设启动时,国内绝大多数地方政府都是主打"政策招商",给出土地、税收的优惠政策,吸引企业投资落地。政策招商的本质是地方政府出让了本级政府的财政收入而降低了企业的成本,从机会成本的角度来说,商业环境较好的地方政府,采用政策招商最终带来的很可能是"双输"的结果:地方政府没有获得税收收入,没有足够的财力为企业创造更好的经营环境;企业只是降低了纳税成本,而损失了更好的获得利润的机会。这样的结果造成了有些地方政府只注重"开门招商",将企业招引进来后,无法落实政策,更严重的还会预收税收。而企业也会采用虚拟注册的"避税港"模式,只来享受税收优惠而没有带来相应的经济整体贡献。

文化新经济育商机制注重区域内经营要素的有效流动和引导利用,使企业赖以发展的生产要素成为在地方政府引导下有序流动起来的公共服务资源。在一个完整的育商公共服务机制之下,各个企业依托公共要素作为本企业发展的根基,同时各企业的产出也不断丰满着公共服务机制。这样,地方政府就和企业形成了一个愈发紧密的共生关系,企业不仅会把自己的核心生产体系落地地方,而且随着企业的发展,以本地产业为根基的衍生产业的收入,即便销售发生在其他地区,其产值也会部分成为提供育商服务体系所在地政府的税源,形成实体或虚拟的总部效应。地方政府也无须让渡本应收取的税收,充沛的财力可以用于保障公共服务体系更顺畅地运行。

育商机制本质上一定会受到企业的欢迎,因为传统的政策招商对企业来说仅是成本的节约,说白了就是只能帮企业省钱;而育商机制本质上是提供企业发展的核心要素,是帮企业挣钱。两者如何选择,对企业来说是一目了然的事情。

将招商、营商、育商这"三商"要素充分融合的姑苏文化新经济育商公共服务体系以全产业链关键节点的基础服务为主要内容,是姑苏文化新经济建设的核心,包含智慧政务平台、IP(知识产权)+公共服务平台、文化要素产业转化平台三个方面,通过产业基础服务、政策智能管理、需求精准对接、IP转化样本打造等方式,实现政策、资金、人才等资源的有效整合,推动本地文化IP的产业化进程,实现辐射全国的产业集聚。

姑苏文化新经济公共服务体系在理念上具有跨时代的先进性,在概念展示阶段就已经引起了周边区市的高度关注,各区市组织党政代表团赴姑苏文化新经济展示交流中心学习,甚至上海市徐汇、黄浦等区也专门为之组织研究学习。对企业而言,姑苏文化新经济公共服务体系从政府的服务提供理念到产业要素的整合方式都是跨时代的产物,极大地改观了姑苏区的招商情况。原本在政策招商环境下，姑苏在土地、税收上都很难给出特别有吸引力的招商政策，育商公共服务机制的实施，根本性地改变了姑苏区的窘境。规模以上企业落户数的快速增加有力地证明，对于传统文化资源型地区，从经济结构上看发展才不是空谈，会快速转化成产值和税收。

（四）姑苏文化新经济建设的长期动力——高水准本地人才的深度培养和任用

在地方的经济建设活动中，本地人才的紧缺是一个常见的现象。文化新经济建设对本地人才的水平要求，并不仅仅是通常所说的干部队伍素质的高低，也不是本地高校的人才供应水平，而是对项目建设的理解和把握程度。

在姑苏文化新经济开发标准试验区建设初期，本地干部队伍在文化项目及经济建设领域说得最多的是某某公司或团队做过什么，请他们来做肯定没问题。这是全国各地都比较常见的问题，请外面团队来做，但自己说不出明确的目标，也无法给承做团队提出明确的管理标准，这就是典型的"甲方站位缺失"。因此，配合文化新经济开发标准试验区建设动作的，是持续的人才培养工程，要为本地培养出一批有宏观思维意识、有创新管理能力、有资源整合协同水平的骨干人员。

姑苏区在文化新经济开发标准试验区建设还未正式启动时就设计了分层级的文化新经济人才培养体系：

第一层：四套班子主要领导干部及经济口径、招商口径、信息化口径等部门主要负责人。

第一层级以专家课堂为主要形式，以半天时间为基准，邀请国家级专家和文化新经济系统领导对全区主要领导干部普及文化新经济理论、树立文化引领经济发展的思维意识。实践证明，偏宏观思维的第一层级培训在试验区建设中有着特别重要的作用：在课堂中以姑苏区实际情况为蓝本进行讨论,既全面梳理了文化新经济开发标准试验区央地共建的分工模式,又把很多可能出现的问题在一个温和的环境下提前做出了安排。同时也让各位本地领导干部明确在试验区建设中的定位能最大限度地发挥积极作用。

第二层:精选有创新意愿、有拼搏精神的青年骨干,实施"种子人才培养计划"。

第二层级的培养是试验区人才梯队建设的核心。在姑苏区主要领导的推动下,在全区范围内对有思路、有干劲的年轻干部进行筛选,从公务员和国资系统中抽调选拔,由文化新经济核心专家对他们进行为期两年的深度培养。同时,参与种子人才培养计划的青年干部也专职从事文化新经济开发标准试验区建设工作。从共同参与文化新经济的区域发展机制规划到建立公共服务体系再到对接产业植入资源,既将学习到的完整文化新经济理论应用于本地实践,也在资源搭建过程中全程参与、同步实施,相当于是在学习中完成了项目规划＋招商对接＋实施管理的全过程。实践证明,种子人才培养计划效果显著,同时也成了姑苏区新时代的"黄埔军校",种子计划学员已经从文化新经济体系走向了各街道、国资公司的主要领导岗位,在姑苏区持续深入的文化新经济建设中发挥着中流砥柱的作用。

第三层:普及文化新经济理论知识和经营意识,设立公益性的"言子大讲堂"。

第三层级的培养是外请全国名家,由地方政府组织,免费为本地企业家及外围政府干部开设大众化普及性文化新经济培养课程。言子,即言偃,春秋时期思想家,吴郡常熟(今江苏省常熟市虞山镇)人,他是"孔门七十二贤"中唯一的南方弟子,被江南文化界视为领文明之先者。以"言子大讲堂"命名普及性的人才培养课程,也是希望文化新经济理念能在传统的古城区开创思想风气之先。"言子大讲堂"陆续邀请了全国知名经济学家、知识产权专家、知名企业家结合文化新经济理论举办讲座，取得了非常不错的效果，很多本地民营企业家也从"言子大讲堂"开始主动参与文化新经济开发标准试验区建设。可以说，"言子大讲堂"目前已经是苏州市的一张文化名片。

（五）姑苏文化新经济建设的资源布局——央地共建模式和资源协同效应

文化新经济面对的是区域经济的整体发展，试验区建设也是一个整体的系统工程，姑苏文化新经济开发标准试验区在智力支持和资源植入两个层面采用央地共建的实施模式。

姑苏文化新经济开发标准试验区在建设初期便进行了组织架构上的顶层规划，由文化新经济开发标准研究委员会和姑苏区人民政府共同组建了试验区共建合作委员会。标准研究委员会主任和姑苏区区长作为共建合作委员会总牵头人，标准研究委员会秘书长和姑苏区常务副区长作为执行对接人。同时，姑苏区从经科局、文教委、国资委等单位抽调专职干部组成姑苏区文化新经济发展中心，由标准研究委员会委派专家与区经科局局长担任联席主任、由区文教委和区经科局各委派一位副职领导担任文化新经济发展中心专职的执行主任和副主任，从经科局、文教委和区国资系统抽调近20名专职人员进入文化新经济发展中心工作。这样在姑苏区政府层面就有了一支"专职队伍"，有效解决了在没有正式编制前的工作力量集中问题。在试验区建设正式展开后，又专门成立了苏州姑苏文化新经济发展有限公司，作为文化新经济建设的资金调配和资源沉淀平台，在建设期可作为姑苏区资金的投入窗口，建设期后可成为文化新经济集合品牌的运营主体。

在进行整体经济发展机制规划和公共服务体系搭建的同时，文化新经济开发标准研究委员会对姑苏区在文化IP打造组群、产业植入组群、资金对接组群等领域进行了多层级的产业资源导入。

文化IP打造以连续三年推动举办苏州国际设计周为核心工具，对接意大利威尼斯、法国巴黎、英国伦敦等地政府,以官方互动方式提升姑苏在国际设计圈内影响力,形成对国际设计人才的品牌吸引力。实施国际设计大师姑苏驻留计划,创造国际顶尖设计创意与姑苏传统手工艺和非物质文化遗产技艺间的碰撞交融,形成了一批在姑苏传统文蕴基础上具有国际潮流属性的创新IP,为之后的集合品牌运作、夜经济品牌打造建立了元素基础。协同三星堆、颐和园与姑苏互动,将国内高知名度品牌价值附加在姑苏集合品牌"繁华姑苏"之上。

借助各文化新经济建设项目及年度整体品牌活动契机,协同国务院国资委和全国工商联,引入中信集团、中国文发集团、阿里巴巴、正大集团、喜马拉雅等标杆性企业与姑苏区政府签约落地。这样做一方面可以优化姑苏区产业结构,降低招商压力;另一方面龙头企业的落地,可以进一步促进文化新经济公共服务机制的发展。在资本对接方面,先后为姑苏引入海通、中信等资本管理人,资金管理总规模过千亿元。2020年后,中国文化新经济发展基金更是设立了文化新经济重大重点项目配套专项资金,在资金＋资源＋智力层面对文化新经济建设地区进行复合式投入。

姑苏区在三年的文化新经济建设中,如脱胎换骨般的面貌变化、亮眼的经济发展成绩确实让人为之振奋,在某些方面甚至超出了建设初期的设计目标。我们有十足的信心,姑苏更闪耀的成果将在之后不断出现,因为文化新经济是顺应经济发展规律并且高度适应以文化为核心的产业发展的建设模式。

文化新经济建设具有高度的整体性、关联性和协作性。在具体实施建设项目前的底层基础工作必不可少,实施者需要具有全局性的经济发展视野、突破自身局限的资源导入能力、以点带面的多元产业协同意识。只要找准关键点,便一定可达到四两拨千斤的超预期效果。

破 冰 篇

新事物一定会经历人们从陌生观望到热烈拥抱的过程,经济发展模式的建设也要选择"入手点"。破冰项目的选择因地而异,也因势而异,但目标就是要让所有人从"因为看到,所以相信"到"因为相信,所以看到"。

正如文化新经济理论体系创建人赵迪先生所言,面对文化新经济这样的新事务,只有少数干部是"因为相信,所以看到",大多数同志都是"因为看到,所以相信"。因此,姑苏文化新经济开发标准试验区建设的第一步,就是让人"看到",看到文化新经济的样子,理解文化新经济的内涵,相信文化新经济的作用,增强建设文化新经济的信心。

姑苏区选择了两个"最难以想象"的点作为破冰项目,一个是把姑苏老城区曾经脏乱不堪的菜市场以"烟火气的苏式雅致生活"文化要素做提炼,辅之以潮流化的设计和微业态的改造,使之一举成为"长三角"的网红打卡地。在这里,可以尝到最地道的苏州传统小食,可以看到有店铺正在使用传承几百年的苏州花码(一种传统的计算工具),同时,这里还保留着完整的社区菜市场的全部功能,包括价格都没有上涨。另一个是世界遗产园林,在严密的保护机制下,开辟出了一条"白天是园林、夜间是故事"的新形式,把视觉、嗅觉、味觉调动起来,让体验者将每一处"微改动"聚集起来,体会到颠覆式的新感受。

"双塔市集"和《浮生六记》作为姑苏文化新经济开发标准试验区建设的两道"开胃菜",都具有典型性,就是在进行试验性的改造设计前,都不被大多数人认可能够成功。但也正是利用这些"不可能"的成功改造,使得姑苏区对文化新经济建设的信心大增,真正起到了"因为看到,所以相信"的助推作用,尤其同期完成的全面机制规划出台后,更是对自身利用文化要素引领经济全面发展充满了信心。

第二章
"双塔市集"——城管难点的华丽转身

菜市场,承载着为周边民众提供生活必需品和食物素材的基础功能。但从社会和文化视角审视它,它所承载的功能更是人与人之间交往的互动空间,连接着食物与人、人与人、人与环境,构建了人们紧密联系的社交网络,是一个城市的文化符号,是市民生活中最平凡也最日常的生活空间。

菜市场,一个能让人重新燃起对生活热爱的地方。选择它作为文化新经济建设的破冰点,便是将"高大上"的文化带动经济发展理论,融入"烟火气"的居民日常生活中,其文化新经济项目建设成功的社会价值,便远远超过了一个菜市场改造的城市更新样本价值。

一、传统菜市场——城市管理的难点、社会代沟的凸显处

孔子曰:"食不厌精,脍不厌细。食饐而餲。鱼馁而肉败不食,色恶不食,臭恶不食,失饪不食,不时不食,割不正不食,不得其酱不食。"(《论语·乡党第十》)其中"不时不食"作为苏州最重要的饮食观念,便是要遵循自然之道,吃东西要应时令、按季节,到什么时候吃什么东西。在此背景下,菜市场也被赋予了更深层的意义。

而在当今社会衣食充足的环境下,"民以食为天"的意义已经不能

再用单纯的抵抗饥饿做解释,而应该是在满足腹欲之余寻找食物带来的欢愉与满足,从食物里获取精神上的安慰,为每一个可能泄气的瞬间,在每一口美食中获得实实在在的幸福感。而菜市场所承载的也不仅仅是为周边群众提供生活必需品和食物素材的功能,更是人与人交往的互动空间,是藏纳一座城市风土人情、人间万象的活态博物馆。

随着生活习惯、消费价值观、支付方式等的改变,不同年龄段对菜市场有着不同的定位与解构,对于 60 后、70 后来说,菜市场就是传统的农贸市场,他们对该类型的菜市场有着特殊的情感寄托,并且认为该地蔬菜新鲜、讲究时令、充满生活气息;而在 80 后、90 后心中,菜市场的定位更接近于生鲜超市,店面光鲜亮丽、有跨地域美食和精制的品牌包装;随着高科技的飞速发展,未来在 00 后心中的菜市场可能会是虚拟超市,一个只需要互联网软件就可以解决一切问题的新模式。也因此,老人成了传统菜市场的主流客群。

不仅如此,随着城市发展、地价上涨,传统菜市场逐渐成了环境脏乱差、交通拥堵、"外来人口"聚集的代名词。

双塔菜场作为姑苏区的传统菜市场之一,是"双塔市集"的前身。在改造以前和所有传统菜市场一样,双塔菜场位于姑苏古城中心,交通便利,客源丰富。每天,新鲜上市的海鲜在鱼贩的捯饬下在泡沫箱间铺开,大块的猪肉在老板手起刀落之间便被处理得井井有条,卖菜的阿姨唠着家常给前来买菜的老伯多送一把时令青菜。在老苏州,这样的"人情味"使得菜市场成为消费者生活中不可或缺的一部分,而与此同时,伴随着污水遍地和缺乏通风所造成的脏腥,不怎么宜人的味道也令不少人望而却步。在市井风情的背后,"脏乱差"成了传统菜市场一大难以消除的印象。

二、双塔菜场的改造——聚焦"人情味",重温"传统记忆"

从 20 世纪 90 年代至今,双塔菜场已经为周边社区服务了几十年。

买菜、配锁、喝茶聊天,双塔菜场的基础设施配置完好,菜品种类齐全同时还配有其他生活服务摊位。但其内部空间结构较为扁平和单一,外部沿街车辆有随意占道行为,显得十分拥挤。单从居民的角度来说,这是一个合格的、与其他地区相差无几的传统中式菜场。大多数商贩都在此经营了20多年,商户与周边居民相互熟悉,相互关心,也相互照顾,是一处充满人情味的存在。但随着周边人老去或搬迁,这种模式正在发生改变。农贸市场这个传统业态,正受到外卖、电商等多方面的冲击。年轻人快节奏的生活,城市里的餐厅、饭店、"苍蝇馆子"以及24小时运营的外卖系统和便利店系统足以满足他们的要求,而不需要去上一代人去的菜场。因此,双塔菜场虽然地处核心,但无论是味觉的还是精神的苏州味道都在流失,体现着苏州文化和苏州人的精致的苏州生活方式也在随之消逝。

因此,双塔菜场的改造初衷并不是仅从建筑改造出发,而是从古城复兴的角度,希望以这个地处核心区域且老年人集聚程度极高的菜场为案例,寻找社区复兴、城市更新的方法,提升这个城市的品质,叠加更多的邻里功能,让更多的人走出家门,融入社会,建立不同年龄甚至不同国家的人之间的联系。把苏州生活的元素结合到菜场更新中,让年轻人回流,让更多鲜活的面孔走进双塔市集,在这个菜场遇见苏州、认识苏州、理解苏州,让老苏州人可以在这里回味苏州,使古城得到更生动的呈现。

1. 建筑空间的改造——打开封闭环境、优化空间利用

在这个背景下,双塔菜场的改造不仅要惠及周边居民与商户,还要留下其多年以来固有的烟火气与人情味。运用文化新经济方法论成长性思维的结构领导力和镜子思维,我们提出了几个问题:

(1)如何能在改造的同时使传播的广泛度提高?

(2)如何找到最适合双塔菜场改造的设计师?

(3)如何能在预算有限的情况下达到最好的效果?

在此方法论的指导下，双塔菜场的改造找到了最佳方案，那便是与东方卫视《梦想改造家》进行合作。东方卫视《梦想改造家》栏目组首次聚集了五位设计师——沈雷、陈彬、孙华峰、谢柯和赖旭东着手双塔菜场的改造更新。

双塔菜场地处平江路观光区以南，背靠苏州大学，如何在区域中重新定位并吸引到新增客流是市场提升的首要难题。考虑到先天地域的优势，升级改造以综合性市集为双塔菜场的最终定位，而学生与游客则是改造后想吸引到的新增主力消费人群。

由此，改造从入口开始。整体改造对入口进行了重新的规划，将原本的围墙全部拆除，让曾经相对封闭的空间打开，实现无论春夏秋冬，顾客都可以从不同入口进入市集的目的。原本的3个入口也由此增加到7个，不仅如此，原有门面也进行拆除并后撤，在街道与市集中留出了充足的灰空间以供更多的人在这里逛街、歇脚和休闲。规划后的双塔市集空间密度更大，能够容纳的人流量也得到了大大增加。

下一步就是吸引新的消费人群。苏州的美食与苏州丝绸、园林、工艺并称为苏州四大文化支柱。苏州不仅是国家公认的四大小吃的发源地之一，也是我国三大饮食文化发源地之一，与京式风味和广式风味并列，饮食文化不可谓不发达。这里有传统的小吃上千种，也是苏帮菜的故乡。考虑到市集的特色，设计师特别选定了蒸煮、卤味、凉拌、杂食、面点、烘烤、糖水、砂锅、糕团等14个档口，可以为来到市集的人们提供上百种口味的小食。在旅游观念更新的当下，越来越多的游客也选择了诸如美食课堂这样的浸入式体验消费，改造后的"双塔市集"敏锐地捕捉到了这一点，在市集中恢复苏州老字号，除了在社区服务性上提供了最本色的原住民的生活方式，集中特色餐饮缩短了熟悉城市味道的时间，成为聚会娱乐的空间，巧妙的民俗融合与概念提炼加持了文化意象。

2. 体验管理提升——突出的味蕾视觉双牵引、全方位的视觉体验设计

考虑到新增小吃区后会产生大量厨余垃圾和餐饮废水，设计师启用苏州本土企业所生产的微生物垃圾处理技术，用最为清洁环保的方式对市集废料进行处理。在基础设施建设上，根据业态、设备、功率的不同进行独立设计。由于餐饮废水含有大量油脂不能直接排放，双塔市集在设计中根据不同区域的用水量和用水特征规划了生鲜和餐饮两大排水系统。

生鲜排水系统连接沉淀池，方便清理和检修。餐饮系统则增加了一个隔油池，将废水净化后再排入市政管网。

预设人流量增大后，通风也是不容忽视的问题之一。双塔市集内部采取中央空调的模式，设立新风和排风双系统，使得市集内部不管是炎热夏季还是寒冷冬天都能保证温度舒适。

经调整后，生鲜区压缩到市集北侧，而小吃区则分布于市集南侧。除此之外，为了给顾客提供舒适美观的饮食环境，小吃区特别设置了横梁和屋瓦，以此营造出老苏州重屋叠瓦的景象和保持在屋檐下吃饭的感受。

整个小吃区采用三角形为元素。每一个三角形的铺面就是一个独立的摊位，打破原有的动线格局，不仅使进入的食客能看得更广更远，在用餐时能看清附近不同的档口，也为进入的人们增加了通透而丰富的视觉体验。

除了空间布局以外，在菜品的摆放上设计师也进行了重新设计。一改菜贩原有的平铺式陈列方式，采用立体及堆叠的陈列方式，不仅使空间利用率得到了极大的提升，视觉上也更为丰富多彩。因此，商铺整体相对于走廊都抬高了一个台阶，以此保证就算菜品堆叠也并不妨碍商贩与顾客面对面的交流。此外，在材料上也多使用可以造成镜面反射的材质。当菜放满的时候，通过反射可以看见所有菜的另外一个立面，使得视觉效果更为丰富，也让人更有食欲。整个空间的上方涂刷了大面积的黑板漆，方便商贩在上面撰写售卖信息和公告，真正做到空间的极致利用。

规划中，临街的商铺为菜场原有的便民服务功能预留了空间。裁缝铺、钥匙铺以及杂货铺都在此区域。设计中既更新升级了商铺应有的功能，又保留了它们的社区气息。

以裁缝铺为例，改造以前裁缝铺堆满了各式各样的布匹、线轴以及碎布料。在有限的空间里，收纳十分困难。改造后通过合理规划，设计师保留了裁缝铺需要和顾客边选布料边交谈的特质，又在立体空间中对布料的展示、选取以及收纳做了充分调整和提升，最后呈现出了既熟悉又惊艳的改造效果。

建筑设计上，双塔市集采用仿古与苏式建筑的融合，在保证实用性的同时兼顾了建筑艺术之美，不光是游客手机相机中的高颜值建筑，也给商户打造了良好的经营环境。随着市集的影响力和辐射范围不断扩大，除了原本服务的周边居民，住在其他园区或新区的人们下班以后也会来双塔市集买菜、闲逛。

3. 传统文化赋能——苏州花码的再现和"烟火气"的现代提升

除了将飞檐翘角、粉墙黛瓦的桃花坞作为设计灵感，双塔的 logo 以古代早期的苏州码子作为灵感来源，重现了逐渐消亡的中国古代数字系统。

苏州码子也叫草码、花码，是中国数字文化演变的产物。它脱胎于南宋的算筹，因其快捷、便于记忆，在民间各行各业交往中得到广泛使用。清朝末年，西洋人在中国沿海各地设立教会学校，在阿拉伯数字成为社会主流后"苏州码子"逐渐退出历史舞台。

当然今天苏州码子也没有被完全遗忘，除了《神探夏洛克》，在许多港片和新拍的《林海雪原》里，还能看到它的影子，在很多现存的工艺品上，也能发现苏州码子作为标注符号的存在。作为唯一带有苏州印记的符号，"双塔"的艺术造型就来源于此。

设计师团队将毛笔书写的苏州花码字一一拆解，提取出书法笔画并进行重构组合，以古典书法字体为脉络，笔锋苍劲，一气呵成，蔓延苏州的风骨与韵味，打造出"双塔市集"全新的品牌形象。

色彩上，提取苏州唯一的桃花坞年画桃红柳绿、优美祥和的特质，构筑了一套兼具传统美感与现代构成方式的视觉体系。

全新的双塔市集，室内外的空间都得到了二次规划和丰富利用。最直观的是菜场外沿河区域设置的非机动车停车位，一改往日车辆随意占道的情况，在鼓励居民绿色出行的同时，使买菜出行变得更方便、更安全，也让城市环境更美观。除此之外还新增油烟净化机房及垃圾分类亭，给市民带来一个卫生环保的双塔市集。入口处专门设置的"宠物休息区"在体现人文关怀的同时也满足了顾客各方面的需求。双塔市集在填饱客人肚子的同时，也更像一个"社区汇邻中心"，曾经盘踞在旮旯处的缝纫店、钥匙铺、杂货铺、茶摊以及熟食铺等社区铺位都同步得到了改造，与其他的摊主一起回归，为居民提供更完整的生活服务。

双塔市集升级后，内外部空间设计和设施都得到了全面升级，市集得以焕然一新，但没有让人感到陌生，菜场经营户的摊位租金维持不变，同时也让菜价保持不变，确保在全新升级的环境中顾客熟悉的摊主依旧会带来熟悉的吆喝和热络的气氛。

双塔市集小吃区旁的小舞台，在丰富了空间层次和功能的同时，空间的属性也更加灵活多变。舞台既可以服务于市集本身，也可以成为周边社区的活动场所，更能成为苏式生活最优美的展示窗口。除了菜场舞之外，苏州本地的一些年轻人社团或乐队，可以借用这里演出。自开业以来，舞台区已经上演了"助力'姑苏八点半'，最美'硬核'侨来哉"少数民族歌舞、"粽情一夏"端午节活动、昆曲评弹等等活动，吸引了大量年轻人参与的同时也留住了居民最熟悉的人间烟火，保持最初的幸福感和现代感的升级。

4. 当代艺术叠加——"菜场美术馆"和九分之一书店

文化创意作为改造的另外一条主线,双塔市集也变成了一座"美术馆"。设计师将市集空间打通开放后,利用河边的区域增设了一处年轻人喜爱的露天集市,包括咖啡、手工艺等丰富的内容体验。

双塔市集也将艺术与生活紧密结合,"看什么策展"将菜场比作一座美术馆,将摊贩们比作艺术创作人并为他们设计了系列插画形象,赋予菜场更多艺术上的可能性。艺术应该是日常化的,菜场是一处不可缺少的生活场景,因此,也是能够接纳"艺术日常化"这一理念的容器。

展览分为"散落区"和"聚集区"两个部分。散落区即为菜场里的蔬菜、生鲜等品类贩卖区及缝纫、小卖铺等生活服务区,聚集区为一个 8 平方米左右的铺位。

在散落区,设计团队以世界名画为参照,为部分摊贩设计了形象插画,并作为这座菜场美术馆里的展品进行展出。作为一座烟火气十足的美术馆,"看什么策展"从日常生活中最动人心的角度出发,把能够用以表达情感和体现烟火气的文字放在了人们买菜时能够看见的地方,这也让摊主在无形中与买菜购物的人们进行了心灵上的互动,在人与人之间建立更多的交流和联系。

在展览聚集区,铺位主任"看什么阿姨"也会亲切热情地招待。"看什么阿姨"是一位退休阿姨,在聚集区负责这一展区的日常维护和游客接待。阿姨的形象无论与菜市场的氛围还是主要人群都比较契合,也能用苏州话和本地人进行更好地交流。接地气的阿姨和害羞、"社恐"的年轻人比起来,更有助于向大众传播展览。

在美术馆之外,2020 年"日常的镜头"摄影作品展与菜场系列影像线上展也同步举行,将全国的菜市场中出现的日常生活比如饮食的镜头,放进了双塔市集中,把平凡日子的定格送到大家的面前,为社区和群众带来了有思考性且接地气的艺术体验。至此,双塔市集已经完全跳脱了最初农贸市场的定位,作为生活美学空间,让艺术融入日常,将艺术表达还给生活、还给生活空间的"生活策展"思路也为作为商业品牌的双塔市集注入了温度,塑造了形象。而在2019年的年尾,双塔市集也是登上了2019文化力年度榜年度文化菜市场。

"九分之一书店"是设立在双塔市集外总面积只有9平方米的创意书店,是苏州姑苏区第一个创新型的24小时书店,也是中国首个建立在社区里的可移动智能零售书店。如果说在双塔市集中食物负责填饱肚子,那在九分之一书店书籍则负责滋养精神。如今的书店或图书馆通常都开在商业街上,在大型购物中心和大型公共建筑里,在渐渐远离社区,远离那些有生活气息和人情滋味的环境。九分之一书店以"最小的书店"为创意,期待以策展的形式从书店出发,用书籍联结日常生活的空间、街区和城市,期望用书籍来"编辑地方"。

营业以来,九分之一书店已经策划了"可以吃的书""看什么策展"等多项活动。不定期的特色主题策展,在提供给人们一个阅读空间的同时解构生活,探索书与物的关系,探索其他的生活方式,将书店作为一个传送门,用书店、书籍和展览连接人与万事万物的关系。双塔市集在设计的最初就将所在街区作为一个巨大的书架,街区的每一个元素都是一本可阅读、可引发思考的无形之书,而九分之一书店则是这个街区生活空间中最具象的那一本。由于古城的特性,姑苏区大多商业书店的介入与当地很难产生联系,在文创和书店选品越来越复制化、雷同化、连锁化和大型商业化时,本地化的个性反而被忽略了。九分之一书店的存在在用书籍融入地方生活的同时,也成为延续传承苏式生活的名片。

三、从《梦想改造家》到城市更新的文化新经济之路

双塔市集的改造,表面上看只是一次建筑改造,但从设计理念和结果来看是一次彻底的古城更新和业态升级。

菜市场不仅仅是一个生活服务区，也是社区生活中不可切割的重要纽带。菜市的特殊功能在满足人们食欲的同时拉近了人与人之间的距离，双塔市集新增的美食、咖啡店、小酒馆、表演舞台及室外的可移动休闲区域（书店及市集）大大丰富了社区居民的生活，满足了不同人群的情感、精神和娱乐需求。

与《梦想改造家》的合作是极大的双赢。《梦想改造家》是由东方卫视打造的一档家装改造节目，在本次改造中，节目组通过突破性地改造市集这一亮点获得了大量的点击率，聚焦于与生活息息相关的困境，通过颠覆性空间布局重置，细致入微的人性化设计，把人文情怀贯穿其中，并收获了极好的口碑。节目本身强调高科技高品质的功能设计和装修材料背后的人文关怀，爱心和科技含量与双塔市集升级改造的目的不谋而合。节目播出后，双塔市集不仅在开业前就赚足了看点，在开业后也迎来人流的高潮。

据统计，改造后双塔市集40岁以下的消费者占总客流的60%，年轻的消费者骤增。除了满足年轻人的生活需求外，这里也成了他们的摄影取景地。另外不同业态的增加，商家之间互相帮助，互相借力，互相支撑。集中规划和管理大大提高了消费者的体验，也让年轻一代减少了对市场的抵触心理，去了解每一顿餐食背后的采购、加工等一系列流程。

更新后双塔市集引入了双塔市集智慧管理平台。从正门进入就可以从电子显示屏汇总看见每一个商户的真实姓名、营业执照，当日每种蔬菜的价格、每个摊贩的营业情况排行榜，各种数据一目了然。每个摊贩的生意情况都做到了公开透明化，有效地维护了市场的交易秩序，促进了摊贩间的良性竞争。人脸识别系统能清楚地计算出双塔市集当日的客流量。开业半个月，双塔市集客流量便超过20万人次，在抖音上，双塔市集的话题阅读量达到22.5万。在微信、微博、小红书等其他社交平台上，关于双塔市集的讨论也热度不减，每天都有不同的内容上传。

第二章 "双塔市集"——城管难点的华丽转身

在大众点评网上,双塔市集作为特色集市,截至2022年3月13日,共得到了9 371条评价,并收获了4.8星的优质评分。"款式丰富""高大上""交通便利"是双塔市集给大众最核心的印象。9 371条点评中,共有559条提及了《梦想改造家》节目。节目本身的好口碑与高质量,奠定了大众对双塔市集改造的高度认可与期待。而节目从设计理念、改造区域划分以及基础设施选用和建设等多角度、多细节出发,加深了大众对双塔市集从内到外的理解,也使得慕名而来的游客们在打卡的过程中实现了从理解到亲历的转变。

2021年9月14日至2022年3月13日,双塔市集在小红书软件内累计获赞2.39万次,日均获赞131.93次,实现了从流量到商业价值的转换。

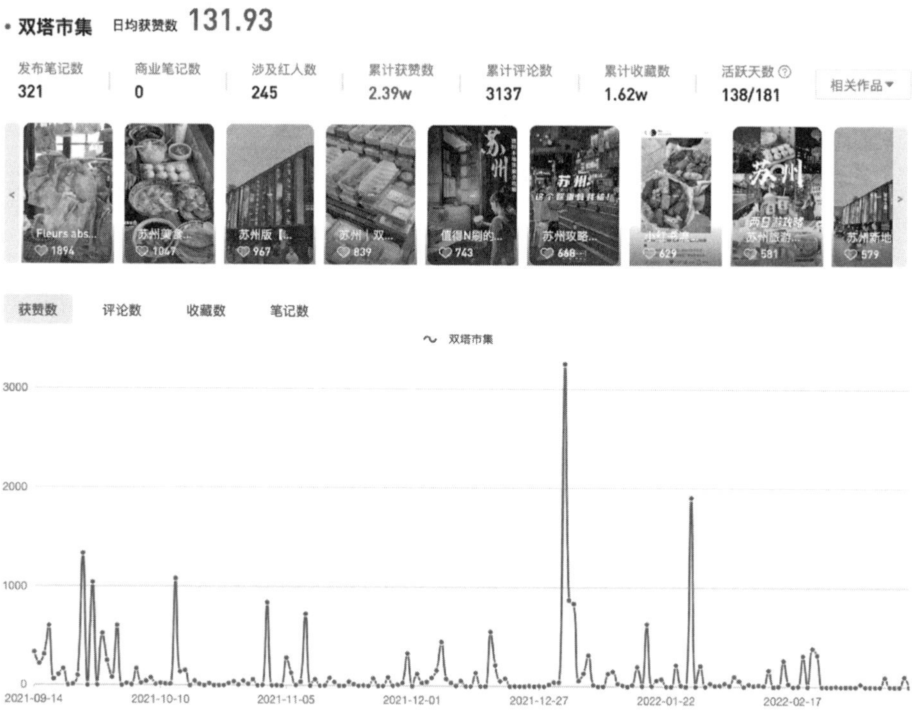

图2-1 双塔市集小红书获赞数

数据来源:新红数据-小红书,截至2022年3月13日

产业转型升级是我国当前经济发展的重点,这种升级包括了产业之间的升级,如第一产业占优势的地方逐步向第二、三产业占优势的状况演进;也包括了产业内的升级。双塔市集的变革,在业态升级的同时做到了产业向高端化、信息化、国际化方向的进一步演变。在运用互联网、大数据、人工智能等现代技术拓展延伸产业链的同时构建了产业新模式和新体系,全面提高了双塔市集的核心竞争力。

城市更新不应该是千城一貌,每个城市都应该去深挖自身的内涵和功能属性。双塔市集的设计恰当地研究了当地肌理,使革新和记忆较好地融合,实现自身良性循环,让它成功地自我发展。这既是文化本质,也是文化新经济的本质。

第三章
《浮生六记》——开启沉浸体验的新视界

苏州园林是苏州的第一城市名片,素有"江南园林甲天下,苏州园林甲江南"的美称。昆曲是苏州的第一文化名片,经过六百多年的发展演变,昆曲已经成为一个高度成熟的剧种。随着游客数量的不断提升,苏州园林的精巧雅致被熙攘喧闹掩盖,昆曲也沦为餐厅里的低价表演。

将苏州园林之雅致与昆曲艺韵之婉转融合在一起,打造全新的"姑苏印象",让艺术还原欣赏本真、让文化发挥经济价值,成为文化新经济的另一破冰点。在世界遗产园林"沧浪亭"里,选用原生故事即发生在沧浪亭里的《浮生六记》,采用综合感官体验管理的全新设计,同时创新改变了对文物保护单位的刻板管理、昆曲表现形式的想象和园林景区对门票经济的依赖。

一、苏州园林与昆曲盛名之下的困境

(一)精致的园林、嘈杂的环境、粗放的开发

作为苏州的第一城市名片,苏州园林不可忽视。截至 2018 年,苏州市政府共公布了 4 批入选《苏州园林名录》的园林,共 108 处,其中包括建于五代时期的 1 处,南朝 3 处,宋代 4 处,元代 1 处,明代 14 处,清

代 38 处,民国 9 处以及新中国成立后的 38 处。沧浪亭、狮子林、拙政园、留园、网师园、环秀山庄、艺圃、耦园、退思园列入《世界遗产名录》,是苏州古典园林的杰出代表。它们吸收了江南园林建筑艺术的精华,结构上以小巧玲珑取胜,通过把有限的空间巧妙组合形成变化多端的景致,是古人留给后人的珍贵遗产,但对其保护和利用的情况却不容乐观。

在苏州园林成为世界遗产之后,大大超过遗产地承受能力的旅游者蜂拥而至。相较游客量急剧增加,完全没有跟上的对应开发手段,使得苏州园林的直接经济价值被牢牢禁锢在粗放模式下的几种收入类别:入园游玩的门票收益,简单纪念品销售收益,园林内茶水、评弹等服务性收益。其中门票收入是最主要的经济模式。

与此同时,游客的绝对数量虽在增加,但相对数量却在减少。以被誉为"苏州园林之冠"的拙政园为例,2000 年接待游客 128 万人次;2001 年 145 万人次,增长率为 13.3%;2002 年 162 万人次,增长率为 11.7%。游客人数虽然一路攀升,但是增长速度却逐年下降[①]。园林一到双休日或黄金周就会出现人满为患、摩肩接踵的情况,大大影响了游客欣赏古典园林的雅兴,限制了园林旅游功能的正常发挥。同一时段大量的人流也导致踏坏草皮、折断树枝的现象时有发生,园林建筑设施也出现了不同程度的磨损,使得赏园效果大打折扣,致使在苏州市游客量逐年增加的背景下,园林旅游在旅游业中的比重却逐年下降,可以看出园林与其他旅游资源相比并不具有竞争优势。

(二) 园林数量众多、热度差异巨大,文化资源价值未被有效挖掘

苏州自古以来被誉为"园林之城",其古典园林历史延续 2 000 余年,在世界造园史上有其独特的历史地位和价值。2013 年园林普查统

---

① 茅昊:《江南古典园林旅游功能缺失研究》,东南大学 2004 年硕士学位论文,第 13 页。

计结果显示，苏州园林有53处。到了2018年，列入《苏州园林名录》的苏州园林达到108处，"百园之城"开始被各大媒体提及。其中沧浪亭、狮子林、拙政园和留园分别代表着宋、元、明、清四个朝代的艺术风格，被称为苏州"四大名园"。

"没有哪些园林比历史名城苏州的园林更能体现出中国古典园林设计的理想品质。咫尺之内再造乾坤……这些建造于11—18世纪的园林，以其精雕细琢的设计，折射出中国文化中取法自然而又超越自然的深邃意境。"这是1997年联合国教科文组织将以拙政园、留园、网师园、环秀山庄为典型例证的苏州古典园林列入《世界遗产名录》时对其作出的评价；2000年，该组织又将沧浪亭、狮子林、艺圃、耦园、退思园增补列入《世界遗产名录》。

在人口密集和缺乏自然风光的城市里，苏州园林运用灵活多变的园林空间处理，浓缩自然界美好的山水风光，构成了宅园合一，可赏、可游、可居的建筑群体，使人"不出城廓而获山水之怡，身居闹市而得林泉之趣"，达到"虽由人作，宛自天开"的艺术境地。

自改革开放以来，用于维修保护苏州园林的资金超过2亿元，环秀山庄、曲园、艺圃、五峰园、畅园、听枫园等11座园林都得到了抢救和修复。与此同时，伴随着苏州实施大旅游战略的深入，园林作为苏州旅游的主要标志，一直发挥着其领头效应。

然而，如何保护和发掘园林文化核心价值一直是苏州园林面临的两大难题，尤其是被列为世界遗产的9座园林。

2021年，苏州尚存的69座古典园林，由于小巧精致的特点，超负荷的旅游人数，不堪重负。

假山、道路、植物……园林的改建和修整加之大量游客在游园过程中乱丢食物垃圾、随意踩踏等对园林造成了巨大的伤害。而拥挤的氛围下，古典园林的精致也很难传达给慕名而来的游客。

2005年，与苏州园林门票的大幅提价相应的精致服务一度缓解了这些问题。其中，面积较小的网师园更是勇于尝试，自1990年起开办夜花园活动，将苏剧、评弹、笛箫演奏等与园林建筑展示结合，剧目十多年不变，名声越来越响。园林门票调整时，网师园夜花园票价高达80元。但一年下来，网师园游客量竟增加45%，并且打破以往以欧美团队为主的旧例，散客居多，国内客源大增。

但园林之间冷热不均问题依旧存在，网师园一时的成功在时间的检验下依旧败下阵来。究其原因还是由于不限人数，观众在拥挤的人潮中毫无体验感，久而久之特色演出的吸引力也被消磨殆尽。而对苏州园林文化价值的开发也一直停留于此，还有很大的空间可以发掘。

（三）六百年戏剧之瑰宝的昆曲，餐馆内助兴之低价的昆曲

昆曲是中国传统戏曲中的重要曲种，属南戏四大声腔之一，至今历时600余年，有着浓厚的历史底蕴和极高的艺术价值。昆曲经过民间艺人、曲艺专家的不断革新、文人的热情参与，逐渐变成了流行于全国的最大剧种，一度出现"四方歌者皆吴口"的盛况，被称为"百戏之祖"。[①]

昆曲的发展离不开原生土壤，更离不开江南精致的文人生活。明清时期，江南手工业、商业发展迅速，城市日益繁荣，文人们提出"以寄为乐"的生活方式，将精致完美的物态文化渗透在昆曲的戏文和演出中，成为各个阶层人们生活中必不可少的一部分，反之，又影响了人们的生活方式和状态。明清时，达官贵人、文人士大夫多寄情山水、留连城市，日常伴以昆腔笛韵，更有甚者因沉迷于昆曲观演的精神享受，不惜千金散尽。明中叶后，昆剧兴盛，家庭昆班逐渐普及于官僚商贾豪富之家，及至明清，几乎所有的家班班主都拥有私家园林，一些文人士大夫，包括昆腔传奇作家、评论家，在筑园的同时也蓄养家班家乐。戏曲于观感、于听觉乐人，文人不仅把昆曲作为精神上的消遣，而且作为生

---

① 闻昕：《昆曲在山西》，苏州大学2012年硕士学位论文。

活的寄托,不断在唱腔、服饰上追求精致优雅。

"以字行腔",腔跟字走,是昆曲演唱最大的特点。生而即雅,上承南戏、杂剧,下启京剧以及众多地方曲种,是对我国古典音乐的一种继承和发扬,在曲调上兼具了元朝时期和宋朝时期的戏曲文化特点。

昆曲文本的雅化,首先表现在曲目本事上,因题材内容上层化、戏剧语言精美化、戏剧意境诗意化,受到古今欣赏者的喜爱。其次,上层人士对昆曲的痴迷,还体现在文人对音律和唱法方面的刻意讲究,其唱腔抑扬顿挫韵味十足,度曲理论繁复严谨,技巧缜密精美。昆曲以曲入戏推动剧情,结合典雅的唱腔及一唱三叹的唱法,将戏曲的精髓展现得淋漓尽致,是其他剧种所不能比拟的,它强调曲贵含蓄,追求意境上的空灵,皆具有文人影响下的雅文化特质。①

明清时期,昆曲在全社会普及,江南一些有经济条件的官商、文人不惜金钱投入昆曲行头的配置。为提高昆曲的表现力,昆曲服饰讲究"刻意精丽",家班的戏服更为极致,追求鲜华成为普遍的现象。即使至道光年间盐商已衰落,一些家班的戏剧服饰仍极尽豪奢。清金安清《觚哉漫录》中记载:"然总商黄潆泰,尚有梨园全部,殆二三百人,其戏箱已值二三十万。四季裘葛递易,如吴王采莲、蔡状元赏荷,则满场皆纱縠也。"②昆曲戏服兼具传统戏服共通的程序性、写意性,更将中国传统哲学与江南文人思想融入其中,体现出江南文化追求自然、尚雅的文化精神。

出自江南文化土壤的昆曲艺术"漱涤万物,牢笼百态",带着明清江南文人文化的审美烙印,反映了各阶层的现实生活,其所包含的审美上的现代性,在当前消费时代仍具有意义。

遗憾的是,昆曲因文辞典雅,唱腔格律严谨,对一般观众而言具有

---

① 田韵东:《昆曲演唱艺术研究》,浙江大学出版社2013年版,第62页。
② 转引自郑锦燕:《昆曲与明清江南文人生活》,苏州大学2010年博士学位论文,第131页。

较高的观赏门槛。在老一辈的昆曲受众因年龄等原因慢慢消亡的背景下,中青年受众群出现了文化断档而无法承接的现象。

发表于《祖国》杂志2019年第2期的《现代人对于昆曲的看法和理解》一文对10至65周岁的人就昆曲的看法进行了问卷调查。调查结果显示,36.8%的受访者作为苏州本地人只看过一两次昆曲,有的甚至从未看过。10至30周岁的受访者在本次调查中占比50%,但这50%的受访者中,经常观看昆曲的人数不到总人数的0.002%。

昆曲正在逐渐失去青少年、青年乃至中年人群的市场,观众越来越少,致使演出越来越少,而观看机会的减少又进一步扼杀了观众了解和培养对昆曲兴趣的机会,形成了恶性循环。

在这样的大背景下,不被了解、不被接纳的昆曲已经失去了其文化价值,沦为餐厅里的低价表演,成了餐厅吸引客人的噱头。20元一张票甚至"吃饭免费听昆曲"的招牌四处可见。而昆曲这一享有"百戏之祖"美称的文化艺术瑰宝,就在苏州如此的环境中一步一步失去了其价值与意义。而失去了文化价值,经济价值也将不复存在。

"改革更新,挽救昆曲!"如此的呼声在昆曲圈中一浪高过一浪。然而,作为一种高度成熟的剧种,想要从传统曲艺如唱腔等方面进行创新极其困难。对昆曲艺术本身而言,其传统曲艺精粹的爱好者一定有,但并不是广泛的人群。因此,如果要让昆曲的文化特性成为可促进整体经济发展的要素,则必须做出曲艺之外的整体创新与突破。

园林版昆曲《浮生六记》就在这样的环境下应运而生。

二、新思维新模式锻造《浮生六记》浸入式演出,小投入大产出

浸入式园林版昆曲《浮生六记》是苏州姑苏区在文化新经济思路下打造的"戏剧+"创新文化项目,是国内首个浸入式戏曲表演。从2018年首演至今,该剧已经在园林版之外衍生创作出舞台版和厅堂版两个

版本,并在2021年输出到上海,在上海城隍庙运营海上版《浮生六记》。

最初演于沧浪亭的园林版昆曲已经成为苏州物质和非物质文化遗产的综合、高端呈现平台,并在"夜游经济""文旅融合""非遗创新"三个方面,成为全国范围内的样本项目,获得中宣部、文旅部、国家文物局、中央网信办、江苏省委宣传部、江苏省文旅厅、苏州市主要领导的关心和鼓励以及社会各界的积极评价。

(一)选择"冷园"沧浪亭——没有客流红利的试验基础

沧浪亭是苏州最古老的一座园林,始建于北宋庆历年间(1041—1048),与狮子林、拙政园、留园一齐列为苏州四大名园。1982年列为江苏省文物保护单位,2000年作为世界文化遗产苏州古典园林增补项目被联合国教科文组织列入《世界遗产名录》,2006年被国务院列入第六批全国重点文物保护单位。作为现存苏州古典园林中历史最悠久的园林,沧浪亭兼具了私家园林、寺庙园林、公共园林的性质,是苏州古典园林中的孤品。

作为在文化新经济思路下打造的"戏剧+"创新文化项目,园林版昆曲《浮生六记》设计的初衷就是为了让人们能够来到苏州,留在苏州,一改一直以来的"通过型旅游"为"体验型旅游"。为此,打造"只有苏州能看、只有苏州可看"的地理标志性极为重要。沧浪亭的文化价值与艺术地位都属于苏州古典园林中的佼佼者。而沧浪亭作为《浮生六记》故事的发生地之一,园林版的昆曲《浮生六记》必须在此。

在园林版昆曲《浮生六记》项目打造以前,沧浪亭在园林中的地位虽高,但在游客中却并不是游览的首选。

据2016年调查数据显示,沧浪亭的实际可游览面积为10 675平方米,为9座苏州古典园林中可游览面积第三大的园林。在国家旅游局制定的《景区最大承载量核定导则(2014)》测算公式下,沧浪亭每年的游客合理容量在244万人左右,而据相关管理部门统计的实际游客总量显示,沧浪亭每年的游客量都明显低于合理容量值。换句话说,沧浪亭园林的地位虽高,却并不为人所知晓,在9大园林中也一直处于游客较少的地位,其在苏州古城中地位的独特性并未得到充分关注。

然而仅仅将作为世界遗产之一的沧浪亭作为旅游之用,使得文化遗产的保护状况存在诸多偏差。"重申报,轻维护""规划失位"和"管理乱位"问题普遍存在。沧浪亭在保护开发的过程中面临着诸多掣肘。

已有的规划将沧浪亭等同于一般旅游资源,注重旅游设施建设却对园林的历史、地理、民俗和关联非物质文化遗产的理解并不深入。同时在规划中指导性和原则性的内容较多,导致可操作性内容较少,使得园林版昆曲《浮生六记》项目在开发中面临着诸多限制与困难。

(二)浸入式打造园林版演出——多维度体验改造戏曲认知

浸入式演出也被称为沉浸式演出或互动式演出,是一种先锋式表演形式,源于英国。它打破了观众区与舞台区的鸿沟,让观众亲身参与演出场景,甚至在一定程度上观众也是表演的一环。凡可见之处都是舞台,演员在这个空间内移动表演,观众用自己的方式跟随演员,近距离观看。

浸入式戏剧鼻祖当属英国 Punchdrunk 剧团制作的《不眠之夜》(*Sleep No More*)。该剧从2011年开始火遍纽约,2016年进驻上海,将浸入式戏剧带入了中国,引得无数观众为之疯狂。[①]

沧浪亭是《浮生六记》故事的发生地之一,在浸入式演出方式下沧浪亭之于园林版《浮生六记》大有非此不可的意义。作为一场只针对35名观众的演出,演职人员与观众数之比就达到了1∶1.4,观众如同置身于私家园林,可以完全进入整个昆曲表演中,沉浸于亦真亦幻的原著场

---

① 艾雪阳:《浸没式戏剧与文本的关系——以〈不眠之夜〉为例》,上海戏剧学院2019年硕士学位论文。

景之内,享受复刻的中国古典美。用作为世界遗产的故事发生地为背景,《浮生六记》以沉浸式戏曲的演出形式为观众带来了江南文化的精致体验。

图3-1 园林版《浮生六记》在世界文化遗产沧浪亭内的演出实景

《浮生六记》是清朝长洲人沈复撰写的自传体散文集。《浮生六记》写日常生活,以情贯串始终,突出描写了沈复夫妇之间真挚的爱情,有较强的艺术感染力。全书以沈复、芸娘夫妇生活为主线,描绘了清代苏州充满情趣和雅致的生活方式。《浮生六记》在1936年被林语堂先生翻译成英文后,轰动欧美文坛,被视为阐述东方文化的权威著作。

沈复和芸娘的故事,背景便是苏州市井的生活。这也是姑苏区打造昆曲《浮生六记》的目的:还原和再现这种人们读来、看来、听来、品来就热了眼眶、满怀憧憬的"苏式生活",这种"布衣暖,菜饭饱,一室雍雍,优游泉石,真成烟火神仙"的不被物质条件所束缚、依然能活出真趣的"苏式生活",这种用一花一叶的诗意、用一心一意的真心去过柴米油盐的"苏式生活"。

历久弥新的"苏式生活",是苏州带给人们的韵味绵长的惊喜。平江路上传来古琴音韵,掩在木门和青藤后的茶馆里用吴侬软语唱着苏州评弹。青瓦粉墙、石板路、乌篷船,仅是几处意象,便勾勒出一幅蕴含着千年苏州记忆的水墨画。人在画中行,自然要步履放缓,从容不迫地感受和寻找最有味道的、最具烟火气的"苏式生活"。

为了开发和吸引更多潜在的海内外观众,浸入式演出园林版《浮生六记》在主题选取和呈现方式上独具特色。剧中沈复、芸娘本是表兄妹,因一碗花粥定情,两人成婚后居住在苏州沧浪亭畔,构筑起一段烟火神仙般的诗意生活。苏州的沧浪亭、虎丘、醋库巷、洞庭君祠、仓米巷、万年桥、太湖都留下了他们的足迹。到真实的地点追寻几百年前发生过的真实故事,是园林版《浮生六记》的一大吸引力。同时,这部以婚姻爱情为主题的剧作,又与昆曲里常见的才子佳人传奇截然不同。它既区别于至情以感天地泣鬼神的《牡丹亭》,也相异于因皇权社稷而割恩遗恨的《长生殿》,讲述的只是"一生一世一双人"的凡人凡事,却又不平凡——在女子大门不出二门不迈的封建社会,沈复却鼓励妻子女扮男装,并陪她一起出门观灯,于细微处闪烁出中国戏曲中鲜有的现代光芒。"愿生生世世为夫妇"却以"恩爱夫妻不到头"的悲剧收场,看似笔调平和舒展,实则蕴含着中国文学史上的悲剧因子。此外,自林语堂英译本出版以来,《浮生六记》已被译成德、法、丹麦、瑞典、日、马来等多种文字。译者与译作在西方世界享有一定知名度,是它吸引外国观众、打开国际通道的一个重要前提。

园林版《浮生六记》整个演出分为春盏、夏灯、秋兴、冬雪、春再五折,浓缩诗文、绘画、街巷、流水、藕荷、石桥钩织的苏州市井生活的简约图景,将原著《浮生六记》中沈复、芸娘俩人相知相恋、志趣相投、柴米相依的深情娓娓道来,生动地呈现了苏州地方优良民风中固有的重文、惜爱、守仁、挚信的感人场景。

"浸入式"的合理化应用加快了传统戏剧向沉浸式戏剧转变的过

程,通过外在景观渗透带动观者的内心情感,实现全面沉浸式的感官体验。沉浸式的感官体验可以进一步加快演艺形式的更新换代,实现从"我看你演"到"共演"的结构性转变,通过外在感官手段感染内心情感体验,从而使观众获得沉浸式体验与代入感。

"您已成功购买×月×日晚演出,小厮在此恭候您的大驾。"园林版《浮生六记》从一开始就致力于体现戏剧沉浸感。

观看当天演出的观众需要在沧浪亭街寻找"神秘接头人"对接暗号,领取当晚沈府雅集请柬。入场后,"沈园小厮"会带着观众在可园的一隅堂稍作休息。可园较小,与沧浪亭仅一巷之隔。席间备好了精致的茶水点心,在观众享用期间,苏式评弹在屋内一角适时响起。吃茶听评弹,苏式生活由此展开。演出将至,观众再随着小厮的引导动身前去沧浪亭观戏。

与传统戏剧相比,相对于演员的单向输出,浸入式演出更加注重演员与观众的双向互动。园林版《浮生六记》打破陈规,突破了传统戏剧的束缚,改变了传统戏剧的场地局限、情节架构及观演方式。它虚化了舞台与观众的界限,对重新设计演出场地、观影方式,以全新的视听语言达到使演员与观众"沉浸"的目的,实现了从"我看你演"到"共演"的转化。

8点时钟一响,主角"沈复"泛舟唱着昆曲从远处河畔而来,观众随着歌声步入沧浪亭,演出也就正式开场了。

整场演出即情即景,观剧亦游园。全剧设计了四个角色,观众在两位"神仙"的引领下,循声前往沧浪亭不同角落,"浸入"沈复和芸娘的一生。在编剧周眠改编昆曲版《浮生六记》之前,《浮生六记》已有过京剧版、黄梅戏版,而昆曲版演出尚属首次。沧浪亭是沈复和芸娘生活的重要场景,两人成婚后,一个夏天为避暑搬去小住,往后每逢中秋,也喜欢去此间赏月。整场演出,观众随演员而动,浸入式感受沈复和芸娘春夏秋冬又一春的生活日常。

图3-2 《浮生六记》演出实景

为了不违反世界遗产地保护的相关规定,园林版《浮生六记》演出的所有道具都采用可拆卸式。只在演出的当天,沧浪亭和可园会提前两小时闭园清场,《浮生六记》主创人员进入准备。为求更好的沉浸式效果,《浮生六记》的演出音乐团队全部采用现场伴奏的方式,乐队会随着演出场景变换,最大限度地保留艺术的完整性,在避免音响使用的同时也将对沧浪亭的负面影响降到最低。在高规格精良制作的丝竹清音中,完美复刻古时江南世家园林内听昆曲的享受。除了"昆曲+苏州园林"之外,《浮生六记》中还蕴藏着众多文化遗产细节。

在沈复夫妇二人被赶出家门逐渐丧失经济来源时,芸娘通过制作苏绣,换钱度日。此外,该剧的演出道具均为明式家具。明式家具是汉族家具文化风格的代表,装饰精致,雕饰精美。在观看过程中,观众除了欣赏演出之外还能感受到传统文化的魅力。

"不时不食"的苏式生活理念在《浮生六记》中也有所体现。随着剧情的展开,观众可以在演出时品尝到时令糕点(如桂花糕或鸡头米)以及特调绿茶等。

《浮生六记》还推出了七夕特别版和端午灯会，以戏剧方式全景式地展现我国传统文化与精致的苏式生活。

除此之外，为应对天气欠佳的日子，主创方进一步准备了全本和精华本的下雨版，确保演出的稳定性。观众与演员相距最近的时候不足1米。大家在闻妙香室内站立，芸娘经过，转身进门，呼吸声清晰可闻。新颖的表现方式和有趣的互动形式有效地吸引了《浮生六记》原书的忠实读者、喜爱园林的观众以及到苏州旅游的游客，不仅大大增加了观众的代入感、参与感，而且让每一场演出都成为独一无二的"私人定制"。

为了便于中外观众理解《浮生六记》的故事，园林里多个表演地点都安装了汉英对照字幕机，或嵌于花窗之中，或立于假山脚下，与剧情场景完美融合。其中英文字幕由精通汉语、专门从事中国昆曲研究的英国人郭冉来翻译。精通中国文化和汉语的汉学家既熟悉西方受众的心理，又拥有外语表达的先天优势，邀请他们加入中国戏曲翻译队伍，使园林版《浮生六记》走向国际化更加顺畅。

（三）极高投入产出比——经济效益验证试验成功

随着《印象·刘三姐》的成功，国内文旅项目中大型实景演出遍地开花，目前已有超过300个以上实景旅游演出项目。在推动了当地旅游业发展的同时，内容同质化、流程同质化问题严重，观众也渐渐陷入审美疲劳之中，最终走向衰落。

作为国内首个浸入式戏曲表演，《浮生六记》的开发无疑是创新的和稀缺的。从结果上看，这种创新也无疑是成功的。

在创作之初，制作人萧雁团队就将《浮生六记》定位在了"感同身受"四个字上。比起大型实景演出的宏大叙事，《浮生六记》聚焦普通百姓的日常生活，更容易与年轻人找到强链接。而苏式生活与"苏工苏作"等非物质文化遗产更具有想象空间,也更容易实现向创意产品的转化。在此背景下,园林版《浮生六记》凭借演出形式与内容成功打入昆曲圈,实景演绎让真正的昆曲迷在同样的故事中能体味到别样的滋味;其后又成功突破昆曲圈,实现了小众喜好与主流文化消费的顺利接轨。

自2018年七夕节园林版首演以来,《浮生六记》已经打造了园林版(全本、精华本)、舞台版、厅堂版等多个版本。《浮生六记》几乎没有任何商业宣传,自身质量的不断优化和观众的口碑成为其最好的流量。

《浮生六记》一反昆曲低价营销策略,侧重小而精的高端消费路线。最先推出的园林版在内容体量与时间上分别推出了全本与精华本两个版本。

园林版全本每场限定观众30人,票价为1 580元,演出时长为60分钟再加互动,包含春盏、夏灯、秋兴、冬雪、春再,共五折戏。而精华版每场限定观众50人,票价为480元,演出时长为30分钟演出加30分钟互动,由小厮及丫鬟带领着观众们进入沈复和芸娘的世界。精华本在全本的基础上进行了精简和提炼,是全本情感精华的呈现。

秉承不断升级创新的理念,昆曲《浮生六记》演出每年都新增新元素,让演出更具沉浸感。截至2020年,园林版《浮生六记》已经更新了三个版本。首演至今已上演近200场,创国内新编戏曲演出纪录,被称为昆曲中的"爱马仕"。原本是"冷园"的沧浪亭游客数在2019年也同比上升了80%。

对于园林版《浮生六记》在不断的打磨、市场试探中开发的1 580元、480元两个价位的版本,在运营过程中发现,1 580元的全版竟然更受欢迎。分析观众构成可以发现,群体面貌逐渐清晰:以来自北上广深和南京、杭州、武汉的35岁以下观众为多,女性、高学历、中产以上人士居多。很多观众,不少是因来观看园林版《浮生六记》而顺便安排苏州旅游。也就是说,观看《浮生六记》本身正在成为旅游目的。

在园林版《浮生六记》获得成功后，主创团队又分别推出了舞台版与厅堂版两个版本。与园林版的情景交融相比，舞台版回归了昆曲的传统，在剧本故事、文辞、度曲、表演、服装方面都更深厚，也更完整。同时，中国戏曲传统的"一桌二椅"本身就具有当代剧场的先锋性，因此在舞台设计上采取了黑幕"留白"的方式，将100分钟的演出中四位演员多个角色、多种情绪的表演很好地衬托了出来。2019年，舞台版《浮生六记》在巴黎18区政府庆典大厅成功上演，其间座无虚席。近300位法国观众冒着巴黎多年一遇的酷暑，随着剧中人物情感的起伏，叹息、微笑、拭泪，为演员的精彩表演叫好，演出结束后掌声经久不息……

《浮生六记》不仅在文化新经济形态上取得了很好的试验效果，在经济投入产出比上也有不俗表现。《浮生六记》运营一年时间，已完全收回成本；第二年受疫情影响下，在只运营四个月的情况下实现了收支平衡。三年来，《浮生六记》的项目开发公司，在补贴及资本累计投入不到900万元的情况下，公司估值已达到3000万元，做到了国有资产保值增值，不得不说《浮生六记》是一个极有复制价值的成功案例。

三、从文化新经济的视角分析《浮生六记》模式带来的引领影响力

（一）创新了对传统地方曲艺开发的成功模式

在园林版《浮生六记》获得广泛关注后，又适时推出了"厅堂版"。厅堂版是2020年在新冠肺炎疫情防控常态化后，应中国首个大型线下艺术节"2020表演艺术新天地"之邀，在上海时尚地标新天地上演的。厅堂版《浮生六记》的表演空间从宽广的园林移到了室内，围绕老洋房的特点，进行了有特色的编排走位。内容上，截取沈复与芸娘坎坷生活中谋生谋爱的生活片段，使中国戏曲的独特表达在有限的空间中展现了更为耀眼的色彩。

昆曲版《浮生六记》荣获 2019 年苏州国际设计周年度设计大奖之传播促进设计奖。同年，该剧也作为沧浪亭物质文化遗产与昆曲非物质文化遗产高度契合的典范被国家文物局列入了《文物建筑开放利用案例指南》。

《浮生六记》的成功打破了昆曲恶性循环的僵局，成为苏州新的文化名片。在演出之外，同步推出了副线产品"浮生集"——浮生若梦姑苏城。设计研发了文创产品近 60 个，研发了烟火神仙主题餐饮、非遗系列研学产品等。

图 3-3　姑苏文化新经济展示交流中心《浮生六记》文创产品展示

要打破苏州"通过型旅游"的特点，促进政府 GDP 增长，如何让已经来到苏州的人多停留几天、如何让高净值人群被苏州文化所吸引，是文化新经济项目需要解决的问题。以昆曲版《浮生六记》的成功为契机，《浮生六记》运营团队进一步计划推出浮生半日、一/二/三日四条浮生文旅路线。

以目前已推出的"浮生二日"文旅路线为例，整个文旅路线以园林版《浮生六记》为亮点,串联苏州8个景点,包括苏州博物馆、平江路、双塔市集、诚品书店等。特色文旅路线的推出一方面延长了游客在苏州停留的时间,另一方面深度体验苏式文化和生活使游客前来苏州的意愿也越发高涨。

"原来以为游苏州半天就够了,如今看来还要再来一次才行。"通过文化价值的发掘,这样的言论不绝于耳。在马蜂窝旅游网上,苏州两日游和苏州三日游的选择率已经分别达到了36%和42%。

副线产品浮生集是在《浮生六记》演出品牌成功后着重推出的集合线下国潮店、古风市集和可园普惠型夜游项目的新品牌。运营方从演出、文旅、文创三个方面进行了立体打造。其中,可园浮生集是"姑苏八点半"园林沉浸式夜游项目,也是苏州第一场浸入式戏剧跨年活动。

通过"沉浸式表演+古风市集"的全新演绎,打造一场深度戏剧游园会、一处古风网红打卡地,复刻千年姑苏繁华时光。观众可以全程参与整个演出,在古代园林、市集中畅游,与剧中人物互动,探索支线和隐藏情节。演出包括"爵士之夜音乐会""李蕾声音剧场""园林之夜古典吉他二重奏音乐会""浮生乐队音乐会""沉浸式昆曲舞蹈剧场《镜花缘记》"等,演出场地从沧浪亭扩大到了可园。

同年,《浮生六记》首个线下国潮文创集成店——浮生集在平江路正式开业。

(二)改变了旅游景区门票经济模式,并且提高了门票收入

作为私家园林的苏州古典园林,空间尺度小,其功能本身是服务于小众的,但在进入《世界遗产名录》后,精品小园却要承受大规模人流量的冲击。为了给苏州古典园林减负,提升旅游体验,苏州市政府部门出台政策,提高园林门票价格,试图限制访客流量,但价格的提高只让公众认识到了古典园林的"贵",并未真正理解它的"美"。与之相反,曲高和寡的昆曲为了扩大受众,以自降身价的方式寻求传承的出路,终究陷

入了困境。

《浮生六记》的成功表面上看是创意的胜利,其实是产业更新的成功,是人们的消费层次逐渐从浅层消费向精品消费的转移过程。观光门票的吸引力在大幅减弱,休闲体验深度游正在逐渐取代单纯的观光游。在苏州,门票经济虽然能满足园林管理的日常收益,但苏州的108处园林中的大多数依旧是被忽略或遗忘的。《浮生六记》的模式将点对点的单一旅游形式扩展成了点对面的旅行模式。

游客就是这个点,而苏州之美就是这个面。

将苏州诸多文化与内涵通过这个点传递出去,在游客心目中建立价值形象,并通过优质的服务与作品内容,将门票经济融入和打包到其他链条上,不仅拉动了消费,也增加了游客的停留时长。

事实上,2020年,为促进疫情后的文旅事业发展,苏州推出了"1元游园林,百万大馈赠"活动,既有广告效应,又从实质上促进消费,提振了苏州旅游业的全面复苏和苏州夜经济的繁荣发展。该活动每放送100万张"1元"门票,就意味着将减少5 000多万元的门票收入,而14个园林景区一年的刚性支出约为4亿元。

由于《浮生六记》的"珠玉"在前,在寻求门票之外的增长点上,苏州各大园林都做了较深入的研究和尝试。"拙政问雅""魅力虎丘""枫桥夜泊""耦园梦忆"等夜游项目,不仅形成了"大园子带小园子"共同发展的态势,使得小园子的知名度也在逐步攀升,从而带动了苏州夜经济的繁荣发展。

(三) 带动了关联领域的衍生产业发展

《浮生六记》通过"戏曲+遗产"的模式深化了对浸入式戏剧的认识,打破了世界遗产系统对遗产地的限制,复刻古老园林的景色,让园林重新有了呼吸感和审美的空间;利用高质量内容,在较少宣传的情况下吸引了大量的人流。与此同时,通过不断的尝试满足人们对文化消费的需求更新。在这个过程中,观众走进这幕剧,一边感受昆曲与园林的美感,一边收获身临其境的真实感。

在文创产品以及后续副产品的推进中,进一步完成了文化传播和社会教育的需求。事实上,文创产品的核心就在于对原有文化与艺术进行解读和再创作,而向商业化的转化率其实是很低的。昆曲版《浮生六记》的文创产品衍生过程则是通过对戏剧观后的感受与记忆实体化的延展去尝试实现未来商业合作的可能性,让鲜为人知的非物质文化遗产在此过程中得以宣传和延续,为大众提供了更多认识与体验苏州特色文化的机会。

2021年,昆曲版《浮生六记》在上海豫园成功上演。这一版《浮生六记》以活字版《浮生六记》1877年在上海的出版为引子,以沈复与芸娘的爱情为故事主线,通过豫园华宝楼户外广场、海上梨园露台及室内等多个沉浸式场景转换,展现诗意的江南文化。由于每一版都附加于不同的空间,故事内容也随着地区的不同而稍有不同,至此《浮生六记》系列浸入式昆曲在姑苏与上海之间互相促进,相互引流,创造了令业内人士惊讶的"现象级"表现。

同时,《浮生六记》以文化引领获取高附加值经济效益,圆满完成了文化新经济的设计目标,并在地方深化理解的基础上自主深化,主动开发形成了文化撬动经济的良性循环。理论上,苏州园林与昆曲的审美价值和文化价值是符合当代价值需求与审美意识的,拥有广阔的市场潜力,但如何实现文化价值的变现是值得深思的问题。通过"戏曲+"的模式,合理管控人流,提升单位时间内的价值消费量,实现了高精度的价值转化。不仅如此,从后续开发的可园浮生集的成功可以看出,昆曲版《浮生六记》已经不单单是一出戏剧,更是一个传统文化创造性转化和创新性发展的呈现平台,其价值是具有特色却又广泛的。

在品牌打造和平台建立成功后,《浮生六记》的下一步操作,从人才培养的角度出发,为整个良性循环画上了一个圆满的句号。

在三年的营运过程中,《浮生六记》项目举办了两届少儿非遗体验营,并与苏州大学文正学院合作"苏城融入行动"公益活动。多重叠加的苏州元素在《浮生六记》中一并展现,让年轻人充分认识了苏州文化,对传统戏曲之美有了更直观的感知,在增强民族文化自信方面也有不可忽略的作用,使得我国优秀传统文化得到了更好的推广与传承。

硬核篇

新颖而成功的项目总是以抓人眼球而为人津津乐道，而经济建设的内核打造是严谨、精密而富于全局性的。如何让静止沉睡的文化积淀活起来成为经济发展的引擎，如何让"文化资源"转换为"文化资产"来提高经济附加值，如何让本地区的文化积淀成为企业所必需的公共服务要素，从而让企业离不开这个地方，是姑苏文化新经济开发标准试验区建设从"事项处理"到"全局提升"的关键，也是文化新经济成功的"硬核"。

第四章
打造"看得见、摸得着、用得上"的文化新经济基础设施

文化新经济的建设成果如何体现？

短期体现在区域"经济气息"的变化，也可以说是经济层面的"精神面貌"的改变、软实力的提升；长期体现在新经济模式的树立，使产业链条形成门槛稳固、供需两旺的优势经济格局；中期的成果便是新经济目标企业的落地汇集。企业都是务实的，选择发展地区不需要服务于地方政府高远的愿景和目标，也不会陶醉于"情怀"而无法自拔，优秀的企业只会选择对自身发展有利的"产业要素"汇集地。

文化新经济建设的核心工具是"三商融合"，即招商手段、营商环境和育商能力的融合。育商的核心便是将企业自身经营发展所必需的产业要素作为公共服务提供品，让企业的发展而离不开这套公共服务体系。姑苏的实践也证明，当企业家邂逅真正触动到他们最深层次经营神经的文化新经济基础设施时，酒桌拉关系招商的时代就彻底结束了。

一、亮出文化新经济育商服务"三板斧"（三大服务体系）

姑苏文化新经济开发标准试验区建设的育商服务体系涉及多个层面，本书仅选三个点来简要介绍。重点不在于这些服务的具体内容，每

个地区都需要按自身的文化特征、资源禀赋、经济结构等来有针对性地设计育商服务体系，重要的是这些文化新经济基础设施给企业家所带来的服务理念的变化。

智慧政务平台是地区整体服务理念、服务水平的综合体现，它从根本上改变了政企沟通模式。其中基于人工智能技术所设计的对企业需求的主动识别、对上至国家下至街道园区各层级政策的逻辑解构、针对每个企业进行的所需扶持政策的精准推送及辅助申报的设计，都属于国内首创。而实时的企业社会需求及贡献度综合分析也为地方政府"预判性"地出台相应政策提供了大数据的研判支持。

姑苏文化新经济开发标准试验区的经济规划主线是在文化资源梳理的基础上进行分类别设计，最终向授权经济转型。其中，经济循环内企业对知识产权管理的需求非常巨大，而通常只有大型企业才能承担拥有专业知识产权部门的成本，中小企业在这一领域完全无法与大型企业的能力相抗衡。我们运用文化新经济开发标准试验区的央地资源协调机制，在姑苏区设立了"知识产权托管"机制来解决这个问题，以上海大学文化新经济研究院为依托，构建知识产权托管体系，使落地试验区内的企业实现了拥有"云"知识产权部门的能力，这一举措也大幅提高了姑苏区的产业落地能力。

文化类别企业以小微企业为主。小微企业在文化创意产品市场认知度、与国内外知名品牌合作、推展交易渠道等方面都处于弱势位置。文化新经济开发标准试验区专门创立了区级国有企业——姑苏文化新经济发展有限公司，并专门锚定文化新经济目标设立集合品牌"繁华姑苏"，以集合品牌为平台，提出创意需求和产品标准，与国内外设计资源对接，与区内文创企业推出集合品牌产品，在电商平台开设专门频道，与各大品牌联动合作，实现品牌聚焦度的提升。同时与国内外知名IP进行联名产品设计，又给区内企业持续带来高水准的订单，真正解决了小微企业创业期的品牌困境。

文化新经济的育商服务机制,让企业真切地感受到文化新经济开发标准试验区从服务理念到助企措施的不同之处,企业也会用实际行动投票。在姑苏文化新经济开发标准试验区建设期间,姑苏区企业落地数量、产值、知名度逐年大幅提升,真是"做了以前没想过的事,成就了以前不敢想的目标"。

(一) 政策智能匹配平台——政企零距离的"三商融合"服务

姑苏文化新经济公共服务平台是姑苏区建设国家级文化新经济开发标准试验区的重点央地共建项目,体现了姑苏文化新经济发展立足于"招商、营商、育商"三商融合的理念。

文化新经济公共服务平台具有场景性、智能性、实用性三大特性。

场景性体现在该系统基于姑苏区丰厚的文化资源,立足于对文化资源的多层面应用,覆盖区内IP持有者、IP经营者等用户类别,将应用场景分为基于知识产权多维度确权和应用的IP+公共服务模块以及大幅降低政企沟通成本、提高企业服务效率的智慧政务服务模块。

智能性体现在未来文化新经济公共服务平台中将使用基于语义分析技术的"主动式梳理"功能、基于智能分析引擎的"主动政策支持匹配"功能、基于全谱分析技术的"虚拟知识产权专家团"功能、基于业务逻辑引擎的"知识产权应用授权服务"功能。智能化的主动计算,将大幅降低平台服务进入门槛,大幅提高服务能力,大幅优化政企沟通成本。

实用性体现在系统以最终将姑苏区丰厚文化资源转化为文化资产为目标,使公共服务资源有效成为企业经营发展的核心要素,帮助企业大幅度提高产值。

其中的智慧政务服务模块采用企业业务逻辑经验引擎,对企业的需求进行智能归类;同时对各级政府提供的政策按企业需求场景和政策扶持层级进行双维度解构。

匹配计算策略依据应用场景按照企业的需求分为"获得资金""税费减免""物质支持""市场准入"四大场景类别进行16个分项、上百个子项的政策解构，并按企业需求进行智能匹配；政策扶持层级按国际、国家、省、市、区分级解构，去冗返简，综合企业需求场景分析数据，对每个企业进行基于需求的定制化运算，为企业提供精准的扶持政策服务。

姑苏文化新经济公共服务平台一期系统在智慧政务服务项下，分为政策数据库、产业导航、企业数据库、智能匹配、企业监测五个模块。本书仅以具有育商思维特性的智能匹配模块中的"政策匹配"系统和"企业监测"模块略作讲解。

1. 政策匹配

在姑苏区，文化类企业以小微企业居多，非常需要政策指引和各种扶持政策的倾斜，但自身缺少渠道和人员去专门研究各类扶持文件，也就更少申报各类扶持资助。在姑苏文化新经济公共服务平台中，采用基于智能分析引擎的"主动政策支持匹配"形式对姑苏区内企业提供政策服务。

系统基于企业自身情况进行经营状态跟踪识别，主动性地进行扶持政策匹配，实现立足于企业自身经营情况，跨部门跨文件匹配适合政策，同时及时更新最新政策扶持内容和标准，做到对企政策扶持服务主动高效且不重不漏不过时。

智能匹配模块分为企业查询、政策匹配、政策查询、政策图谱四个模块。

政策匹配功能展现未来姑苏文化新经济公共服务平台为企业进行智能化政策匹配的功能模式。主要展现功能如下：

（1）自动为企业匹配当前符合企业发展需求的各级政府出台的匹配政策项；

（2）为企业计算出可申报资金金额，同时生产与目标企业同类型企业的平均、最高、最低可申报扶持资金金额；

(3) 为企业推荐可重点关注的政策申报项;

(4) 为企业测算同等规模域内企业上一年度所获政策性资助总额;

(5) 根据企业信息自动梳理待优化事项。

以苏州姑苏文化新经济发展有限公司样例数据为例进行展示,可以得出如下结果:

(1) 为苏州姑苏文化新经济发展有限公司进行企业智能政策匹配,获得输出结果18条,其中国家级政策1条、江苏省省级政策3条、苏州市市级政策2条、其他多元匹配政策12条。使用公共服务平台,依托系统运算可大幅节省企业对政策文件的学习时间。

(2) 帮助苏州姑苏文化新经济发展有限公司测算申报资金,测算出同类型企业平均可申报资金项超过200万元、最高可申报560万元、最低可申报102万元。通过数据的对比,提高企业的申报积极性,同时也对企业在同行业内获得政策支持力度的差距做出准确判断。

(3) 针对苏州姑苏文化新经济发展有限公司,推荐部分核心申报事项的申报政策,如国家技术企业中心认定管理办法。此项功能可大幅节省企业用于查找政策文件的时间,帮助企业将主要精力放在核心业务发展之上。

(4) 针对苏州姑苏文化新经济发展有限公司,列出同等规模域内企业在上一年度的申报扶持资金总额,使查询企业对本地区对企业所属行业支持力度有清晰的判断。

(5) 针对苏州姑苏文化新经济发展有限公司,基于系统内企业信息,提出企业在政策性资金申报、认定等方面的优化建议。

2. 企业监测

企业监测模块包括社会贡献监测、企业经济贡献监测、企业监控指数监测等内容。

3. 企业社会贡献监测

企业社会贡献监测对域内企业社会贡献程度进行展示,以示例数

据展现企业相关的社会贡献数据,包括:

(1) 企业名称;

(2) 数据年份;

(3) 本地就业人数;

(4) 接纳高校实习生人数;

(5) 员工福利支出;

(6) 公益活动次数;

(7) 企业社会捐赠;

(8) 特别社会贡献。

4. 企业经济贡献监测

企业经济贡献监测对域内企业经济贡献程度进行展示,以示例数据展现企业相关的经济贡献数据,包括:

(1) 企业名称;

(2) 数据年份;

(3) 工资(含奖金、津贴等工资性收入);

(4) 劳保退休统筹及其他社会福利支出;

(5) 利息支出净额;

(6) 应交增值税;

(7) 应交所得税及其他税收;

(8) 净利润。

5. 企业监控指数监测

企业监控指数监测对域内企业风险程度进行展示,以示例数据展现企业相关的风险信息,包括:

(1) 企业名称;

(2) 法定代表人名称;

(3) 企业注册资本;

(4) 企业成立日期;

（5）风险等级；

（6）自身风险数量；

（7）周边风险；

（8）预警提醒。

这两个系统功能子模块均具有"自学习"和"自更新"功能,进入系统平台的企业越多、数据越复杂,它通过自学习组块转入人工智能分析的数据维度就越丰满,非但不会因为数据量增加而让使用者感到复杂烦琐,反而会提高分析和推送准确度。

目前,该系统已跨出了姑苏文化新经济开发标准试验区,为更广域的政府和企业提供服务。

2020年7月29日,苏州市上线"政策计算器"企业服务系统,将姑苏文化新经济开发标准试验区智慧政务模块的服务效能扩展到苏州市所有企业,让苏州市全域企业都享受到了变"企业找政策"为"政策找企业"的公共服务理念提升。截至2021年11月上旬,平台累计注册企业4.6万家,网站点击量超过83万次,进行了6.3万余次政策匹配,并获国务院督查典型经验做法通报表扬。

（二）知识产权托管系统——知识经济时代企业的财智管家

知识产权的管理和运营是文化IP类企业从小微企业走向中大型企业之路上必须面对而又很难做好的环节,也是全国大多数地区文化企业无法走出小微企业境地的障碍。姑苏区是文化类小微企业占比很大的区域,因此,是否能够帮助文化小微企业突破知识产权管理瓶颈,就成为姑苏文化产业园区乃至整个行政区产值提升的关键。

姑苏区开展知识产权服务工作,主要目标是构建供需对接平台、优化园区资源配置,引导、推动和帮助区内企业与知识产权服务机构开展紧密合作,满足区内企业知识产权服务的需要,从而有效提升这些企业的知识产权创造、运用、保护和管理能力。

知识产权托管的目标以区内企业知识产权工作的实际要求为基准，针对区内企业的不同类型和发展阶段要求，确立不同的托管层次目标。

一是针对一般企业的知识产权托管。这是知识产权托管服务的底层服务，主要包括企业知识产权的申请、获取、日常管理和保护等事务性内容。

二是针对中小型企业的知识产权托管。这是当前知识产权托管的主要形式，是一种服务于企业知识产权资产经营管理需要的综合知识产权委托服务关系，中小企业囿于自身规模、成本和发展的需要，这种托管服务往往采用外包服务。

三是针对大中型企业的知识产权托管。这类服务是立足于企业内部知识产权职能部门管理的特殊需要，依靠托管机构的知识产权高端服务能力所提供的特色服务，是知识产权服务中的顶层服务形式。

姑苏文化新经济开发标准试验区根据不同层次的企业托管要求，有效确定了知识产权托管目标。其中，一般企业的知识产权托管是开展知识产权工作的基本内容，满足拥有知识产权的企业的最低要求；中小型企业的知识产权托管目标定位较低，以树立知识产权管理意识、建立知识产权清单、建构知识产权管理机制、预防知识产权侵权和保护知识产权为主要内容；大中型企业则对知识产权托管提出了较高的专业性要求，以开展知识产权战略研究、建立知识产权数据库和专利导航、从事知识产权资产运营、开发知识产权商业模式等为托管的目标内容。

企业对知识产权托管有不同的目标要求，如果企业直接通过市场去寻找知识产权托管机构，由于我国知识产权制度和服务市场尚不完善，存在较大的风险和不确定性。根据试验区内知识产权托管工作需要，试验区建设先期由上海大学文化新经济研究院知识产权中心向试验区内企业提供普惠性的基础知识产权服务。后期在企业普遍确立明确的托管目标后，试验区可以通过引进、推荐知识产权托管服务机构，为区内企业提供知识产权托管公益服务,开展与知识产权托管相关的宣传、培训和孵化,加强知识产权托管监管等工作,实现园区的知识产权托管目标,并最终达到落实试验区机制规划对知识产权托管的总体目标要求。

姑苏文化新经济开发标准试验区在建设初期的目标是建立基础的知识产权公共服务体系。知识产权服务的主要内容有以下五项:

(1) 传达国家、地方各级政府的知识产权制度措施。在我国,知识产权制度政策对于企业知识产权工作的有效开展具有重要意义。因此收集、整理国家和地方各级政府制定颁布的知识产权制度政策并进行有效研究和解读,对于区内文化企业领会精神并在实践中加以落实具有重要意义。同时,由于文化企业规模较小,缺乏专业性知识产权人才,因此通过知识产权公共服务体系的协助,尽快掌握国家制度政策,对于这些文化企业及时申报、享受国家资助、扶持,规避知识产权制度风险是大有裨益的。

(2) 建立、完善试验区知识产权工作。试验区依托公共服务平台的政企沟通渠道以及拥有的各种服务平台,整合社会资源以及园区资源,为区内文化企业提供知识产权制度、文件等范本,帮助这些企业开展专利、商标、软件著作权查询、登记等知识产权基础工作,协助企业在遇到知识产权问题时寻找防范纠纷、解决问题的途径和方法。其中将姑苏·69阁文化创意产业园作为政府行政审核支持试点,直接成立了版权站,帮助园区内企业处理各类知识产权事务,形成了姑苏区内文化产业园区独有的服务特色。

(3) 协助试验区内企业开展知识产权资本运营。除了为试验区内企业提供基础的知识产权信息服务之外,还培育试验区内企业的知识产权商业资源,建立知识产权交易平台,引进金融、评估、知识产权中介机构等各方力量。知识产权托管服务系统还帮助企业开展知识产权融资,在一些文化产业园区着力开展对园区内文化企业的金融投资,在帮助企业融资的同时,实现文化产业园区经济形态的转型升级。

（4）定期进行知识产权宣传、培训。积极协调各级政府组织知识产权宣传和展示活动;编写、发布知识产权相关宣传资料;组织讲座、沙龙等活动为企业普及知识产权知识;为企业提供知识产权经验和案例;有意识地培养各文化产业园区的知识产权工作人员,鼓励试验区内企业参加各类知识产权培训和活动,提高这些企业的知识产权认识水平。

（5）建立与政府相关部门的有效沟通渠道。发挥知识产权托管系统与政府行政管理部门、行业组织和企业沟通的渠道作用,有意识地参与跨行业、跨区域的知识产权联合行动,及时向企业传达各级政府的相关信息和政策或者进行及时的通知、提醒,及时转达企业的相关要求,邀请政府部门、专家学者及社会行业组织人员召开座谈会,建立顺畅的沟通渠道和路径。

在试验区知识产权托管系统的建设初期,根据试验区内目标支持企业的发展基础、市场定位、企业要求、知识产权管理能力等因素,已形成了不同维度的知识产权托管类别。根据知识产权客体的分类,进行专利托管、商标托管和版权托管。

（1）专利托管是指企业将自己拥有专利权的专利资产委托给专利代理服务机构等专业服务机构,由该专业服务机构帮助企业进行专利权益管理的一种专利管理形式。专利托管的主要内容包括:制定专利管理制度;确立专利管理制度实施流程;开展专利挖掘、申请和转让;建立专利数据库和电子化管理系统;进行专利查新、检索和预警分析;开展企业专利战略政策和文件研究;进行其他专利日常管理工作;等等。专利托管是当前知识产权托管工作的主要内容,也是企业较为重视的知识产权托管内容。先期由试验区进行普惠性的基础服务,在模式成熟后,计划由姑苏区政府知识产权主管部门指导并给予一定补贴,指定专利托管的中介机构提供人手和专家,"入托"企业支付费用。由于政府的补贴以及中介机构成本降低,托管收费标准可比市场价低两至三成，形成多方共赢的局面。

（2）商标托管是指企业将自己拥有商标权的商标资产委托给商标代理服务机构等专业服务机构，由其代为进行商标资产经营管理的一种商标管理形式。任何一家企业只要在市场上开展商业经营活动，在日常的经营管理中就可能会涉及商标管理事务。在消费者对产品质量要求越来越高而产品同质化越来越普遍的情况下，消费者对商标特别是著名商标、驰名商标的依赖性也日益凸显。在试验区建设初期，商标托管的主要内容包括：制定商标管理制度；进行商标设计及申请；确立商标管理制度的实施流程；制定商标发展战略；开展商标商业性使用管理及市场风险控制；进行其他商标日常管理工作；等等。

（3）版权托管是指企业将自己拥有版权的作品委托给版权代理服务机构等专业服务机构，由专业服务机构根据企业的委托事项，对这些作品进行专门管理和保护的一种版权管理形式。版权托管的主要内容包括：梳理著作权资产清单；进行版权管理制度及管理流程建设；进行版权登记并归档；进行版权商业性使用管理及风险控制；进行版权维权及争议解决；进行其他版权日常管理工作；等等。在文化新经济开发标准试验区建设过程中，文化企业与软件产业的融合趋势愈发明显，版权在产业发展中已占据核心竞争地位，而由于版权管理人才匮乏，版权托管成为解决这一问题的重要方法。

基于知识产权的托管形式，可将知识产权托管分为完全托管和部分托管。

知识产权完全托管是指企业将全部知识产权委托给知识产权的专业服务机构，由其实施全部管理职能的托管方式。完全托管主要面向未设置知识产权管理机构、人员的小型企业，为其提供咨询服务，指导企业建立健全知识产权规章制度，提供知识产权信息检索和信息分析服务，知识产权申请、登记等流程服务，以及根据企业定位、市场需要和研发特点发掘企业自有知识产权。试验区建设初期知识产权完全托管以政府引导和支持服务机构提供信息分析、专利申请流程服务等服务为主,在严格保守企业商业秘密的情况下,采取由服务机构为签订托管合同的企业提供无偿服务,政府主管部门和实施单位对服务机构给予一定的服务费用补贴的做法。随着试验区内知识产权托管服务的逐渐深入,完全托管将从政府买单的形式向市场收费的方式转变。

知识产权部分托管是指企业根据自己阶段性任务的需求,将知识产权的部分工作或部分知识产权内容委托给知识产权专业服务机构进行经营和管理。部分托管较多面向具备知识产权管理机构、人员的大中型企业,服务机构为企业在专利运营、权利维护、战略规划、人才培训等方面提供专项服务。从申请取得、知识产权使用、知识产权转让与许可、知识产权战略、知识产权评估及质押融资使用、知识产权变现、知识产权侵权保护和维权等知识产权相关业务中选择确定专项服务的内容。

基于知识产权托管规模,可将知识产权托管分为小托管、中托管和大托管。

小托管是存在于个别企业与具有一定知识产权综合服务能力的中介服务机构之间,关于知识产权综合委托管理服务的一种托管服务方式。其业务主要局限于个别企业知识产权的获取、管理、保护、运用方面,具体包括:对知识产权战略与发展进行研究,提供专业方案;协助实施知识产权战略,逐步实现知识产权资本运营;协助企业开发自主知识产权,培训企业人员;对知识产权注册的各项事宜提供建议及注册,协助完成日常法律事务;完善、监督、落实知识产权的各项管理制度;监测及侵权预警,调整创新方向和内容,对侵权及时进行调查、取证,有效保护企业知识产权;帮助企业实施品牌战略,培育、协助企业实现名牌的经济价值;等等。

中托管是存在于优势知识产权服务机构或服务机构群与有一定知识产权工作基础的重点企业或产业群中的一种综合知识产权委托服务关系。主要适用于稳步提升服务对象的知识产权管理能力,提升知识产权在企业发展中的重要地位,帮助企业往知识产权高端运用层面扎实过渡。

大托管是存在于知识产权托管服务联盟与产业集群、区域重点产业之间的高端知识产权委托服务关系。具体来说是由政府牵头,综合集群政府资源、园区孵化器资源、社会服务资源组成知识产权托管联盟,面向重点产业集群提供综合高端知识产权服务,用于加速提升产业群体的创造能力。大托管是知识产权托管体系中的高端形态,目前在姑苏试验区内即将展开,可为文化新经济开发标准试验区内授权企业与试验区外被授权工业制造企业提供应对全球知识产权风险的风控屏障。

知识产权托管体系的设计对姑苏文化新经济开发标准试验区招商引资起到了立竿见影的效果,众多有发展潜力的中小文化企业有望借助该服务体系过渡发展至大中型企业。经过试验区三年的实践也再次证明,建设核心育商服务体系,辅助本地中小企业发展为大中型企业,对没有过多土地和税收优惠政策的历史文化保护区的政府来说,是一个投入产出比很高且稳定的经济发展策略。

(三)集合品牌运营体系——资源对接和市场扩展的中小企业成长助推器

中小企业的发展不可避免地要面临品牌劣势的难题。中小企业自身不拥有市场辨识度高的品牌,在市场竞争中很难获得消费者的选择认同,与大企业合作也基本处于劣势地位。

为了促进文化新经济开发标准试验区内中小品牌的发展,同时使历史文化名城的文化输出质量具有稳定标准,姑苏文化新经济开发标准试验区实施了"繁华姑苏"集合品牌运营体系。

姑苏区为推动试验区发展,专门在该区国资体系中成立了苏州姑苏文化新经济发展有限公司,以该公司为平台打造运营"繁华姑苏"集合品牌，用以打造集合品牌效应，为区域内中小企业进行品牌赋能和市场拓展，提高它们的市场竞争力。

一方面，对苏州现有非遗及文创产业进行摸底，建立姑苏区的统一标识体系，并以此为核心组建姑苏区统一标识的识别系统，包括但不限于以图形商标作为姑苏商标群的 logo 和准集体商标，通过一定的条件审核和流程，许可给符合这一条件和标准的区内外文化企业使用。另一方面，为区内非遗及文创企业进行品牌赋能，对接线上线下渠道、对接产业链、对接品牌形成合力对外合作及授权。

在对现有的统一标识等资源进行维护、管理、经营过程中，对集合品牌逐步树立品牌定位，实施品控标准管理，完善驻地管理流程，建立授权管理机制。提升统一标识以及各组商标的综合品牌经济效益，制止他人搭便车，防止商标被淡化，同时为创建品牌声誉打下相应的基础。与此同时，将姑苏区内部可能存在的 IP 增量、可能产生的各种效益资源加以拓展挖掘利用，并依附统一标识一并进行宣传。

在姑苏文化新经济开发标准试验区建设中，"繁华姑苏"集合品牌成为热门、高频的上镜明星，发挥了三重角色作用：

第一，发挥着商品标识度的品牌作用。与姑苏区众多初创和小微企业一起采用潮流化的包装、集中宣传推广等手段，提供集中化的品控把关和品牌附加值，提升商品认知度和产品销量，同时也联合主流电商平台开设专门频道，助力企业销售。

第二，起到姑苏区域文化的集中授权平台作用。与域外强势 IP 总对总合作，如与颐和园"珠璎盈福"进行品牌合作，与北京汽车进行品牌合作，联合试验区内企业摘获红点设计奖等。

第三，推动历史文化名城内老字号、非遗传统手工艺的创新产品打造。以产品、气质、生态、技术为创新维度，通过衔接文化产业类创意和制造公司的合作，将姑苏特色文化元素用新的、符合当下市场审美体验品位的形式输入市场，使其成为长三角各地的流量文化现象。这一方面改变了老字号和非遗产品"守旧"的形象,同时也以集合品牌的方式引起了客户的关注,为更多创新的实现创造市场需求。

通过近年来的持续打造,"繁华姑苏"已经成为文化新经济开发标准试验区内集IP流转与授权于一体的标杆性的集合品牌平台,以本地非遗高级定制、优秀文创、风物特产、老字号及原创产品为主要品类,积极融入长三角发展一体化,传达风雅"苏派"生活相契合的理念。自创立以来这一年时间内,"繁华姑苏"平台上聚集了40余家在地品牌,形成合力,精选导入500多款产品,并推出了"苏城地景"等一系列原创产品。未来,"繁华姑苏"将以跨界运营、文化输出、品牌声量为核心,实现区域内文化价值输出与区域外文化资源引入,连接国内头部IP产业资源,促成文化产业的交流合作,对内完善产业体系建设,对外释出IP势能。

二、文化新经济展示交流中心——沉浸式触碰"城市灵魂"的门户

姑苏文化新经济展示交流中心的核心目标是什么?

在文化底蕴深厚的苏州市姑苏区,打造融合姑苏文化、苏州IP特色,同时能够让到访者体验姑苏文化新经济公共服务体系的展示和招商多功能空间。

它向前来参观的各级领导及兄弟区、市党政代表团讲解文化新经济建设理念,用模式和实例使各层级产生共鸣,获得更广泛的支持。

它用沉浸式的观摩体验打动前来参观的企业家,使企业家惊叹于文化新经济"三商融合"所打造的前所未有的公共服务体系,提供企业发展所亟需的核心生产要素,强化企业入驻信心,加速产业落地。

它用综合空间运用体现着新时代苏州城市发展理念,成为苏州展示自身面向未来精神风貌的窗口,同时令展示交流中心所在园区从长期的闲置资产跃升为备受瞩目的文化新经济业态聚集区。

（一）"考察展示"和"企业招引"的双主题引入

姑苏文化新经济展示交流中心的设计目标主要面对两类人群，并进行了四套参观动线的设计。

1. 目标人群

（1）各级领导。展示交流中心向各级领导做工作汇报展示，介绍姑苏文化新经济建设理念和顶层架构体系，并展示姑苏文化新经济公共服务平台的体系设计、数据成果等。

（2）招商目标企业。通过提供平台介绍、产业环境介绍、扶持政策、案例等，对拟招商企业建立画像，让每个企业都能发现所在行业的市场需求，找到发展机遇，提升招商成功率。

2. 展厅核心目标

（1）展示姑苏区行政理念的先进性，形成积极的政治支持环境，得到上级政府关注并获取优质政策资源植入。

（2）展示姑苏区育商公共服务体系，使全国IP开发类企业意识到姑苏区独特、高针对性的优质营商环境可成为这些企业自身发展的核心生产力，自觉迁入，使姑苏区成为IP产业聚集高地。

3. 整体空间布局

整个展示交流中心分为两层，先期仅开发第一层，第二层作为招商多功能空间留作机动使用。一层展示交流空间按动静分布划分为展示区和交流区；按板块分布划分为文化新经济板块、招商板块和办公板块。

在动线划分上，空间分为VIP参观动线、招商参观动线、市民参观动线和全线参观动线。其中VIP参观动线以接待各级领导及兄弟区域党政代表团为主，重点参观姑苏文化新经济理念及姑苏文化新经济开发标准试验区顶层设计体系。

招商参观动线以接待企业家和企业访问团为主，重点让参观者体会到姑苏区所蕴含的文化资源土壤,直观感受到姑苏文化新经济开发标准试验区为区域内企业所提供的"三商融合"的公共服务体系,并了解区域内已产生的优秀案例成果,增强姑苏区的对企吸引力。

市民参观动线以市民及普通游客为主,主要展示《姑苏繁华图》动图和姑苏文化新经济结合品牌"繁华姑苏"的系列产品以及精品游推荐线路,在"繁华姑苏"品牌商品服务区提供现场体验。

(二) 文化资源氛围与企业发展土壤的浸入式引领

"传统与现代,一个贯穿 20 世纪中国历史的主题。我们曾经灿烂辉煌,我们曾经羸弱自疑,而今,传统正在演化为新时代的出发点,变身为现代化的有机资源与活跃资本,蕴生出创造与创新的不竭动力,成为现代生活获取内在价值的必要来源。"

这是姑苏文化新经济展厅开篇引言,也表明了姑苏文化新经济展示交流中心的核心目标就是打破陈旧古城印象、展示全新的姑苏文化新经济公共服务理念。姑苏自古为江南繁华之地、吴越商贸通衢,而今经济发展亦位列中国城市经济前茅。在当前中国经济进入转型发展的关键时期,姑苏区锐意创新,借"文化新经济"之春风,积极探索以文化元素为产业驱动的"姑苏模式"。

文化新经济是以文化元素核心为内在驱动、以拉动文化消费为主要手段、以产业转型升级为最终目标的国家级经济发展战略。姑苏文化新经济展示交流中心是融合姑苏文化、苏州特色 IP,集中展示文化新经济"姑苏模式"的交流展陈空间。该中心以文化新经济为主题,从核心理念、公共服务体系、IP 转化、创新案例等多个角度进行展示,为参观者提供一个深入了解文化新经济"姑苏模式"的窗口与平台。

姑苏文化新经济展示交流中心自建成后承担着接待各地政府和企业代表团参访及招商引资的重要作用,取得了显著的效果,为姑苏经济发展做出了巨大贡献。

图 4-1　各地党政代表团和企业代表团参访姑苏文化新经济展示交流中心

姑苏文化新经济展示交流中心展陈内容依托体验管理,在充实的展示内容的基础上,调动视觉体验和认知体验,使参观者步入"浸入式"的信息接收环境,获得最充分的观摩效果。

1. 序厅——视觉浸入的门户,体验新时代的姑苏文化风貌

姑苏区给人的传统印象是小桥流水、亭台园林,这是苏州老城区固有的特色,但也成为束缚发展想象力的"意识栅栏"。序厅元素采用了体现姑苏传统风貌的《姑苏繁华图》,但对其进行了高科技创意制作,使之成为《姑苏繁华图》动图,体现出文化新经济中将传统文化元素通过梳理和设计再创焕发出新的魅力和能量的理念。

《姑苏繁华图》是清代宫廷画家徐扬于乾隆年间绘制的,描绘了姑苏特有的水巷风貌、街衢纵横、朱栏层楼、柳絮笙歌,鲜活展现了当时苏

州"商贾辐辏、百货骈阗"的吴地民俗风情。将当时一村、一镇、一城、一街活灵活现地绘制图中,具有宏伟的历史文化底蕴。

序厅中的互动艺术装置撷取画卷中姑苏的一街——山塘街。以古与今、新与旧的交融,鲜活重现古城苏州"居货山积,行云流水,列肆招牌,灿若云锦"的繁华生活景象。同时,运用数字化科技与情境设计将其画面铺陈进行重组,对元素进行拆解重置布局,并重新创作出专属于现代的新媒体艺术繁华图。

序厅中的《姑苏繁华图》动图也与姑苏区域集合品牌"繁华姑苏"进行了互动融合。动图中的商铺、行商设置了可定制变更的后台程序,优先给予通过"繁华姑苏"品牌认证的合作企业(以符合《姑苏繁华图》时代背景的老字号为主)展示机会,同时创造性地进行了视线捕捉二维码弹出设计,使"繁华姑苏"品牌做到了展厅展示与实体销售的融合。这样的设计模式也令序厅的展示在视觉互动的基础上引导观摩者体会到姑苏充分利用和发挥文化资源优势的新面貌。

图 4-2 《姑苏繁华图》动图与"繁华姑苏"认证体系相结合的互动展示

2. "姑苏模式"展厅——展示姑苏文化新经济建设的核心路径

展厅主要诠释改革渊源、文化新经济理念与核心特征以及姑苏区文化新经济建设的措施，点明"机遇""路径""使命"三个主题。在设计上以传统与现代科技交织的风格为主，采用抽象、简约的设计形式对苏州文化元素进行归纳，将其抽象成艺术感强的文化符号。这些现代元素与传统元素相互呼应，既传递出苏州江南水乡千年古韵的风采，又不失文化新经济的科技感。

在国家"十三五"规划的指引下，姑苏区践行文化新经济发展模式，逐步建立起较为完善的发展体系，明确以"顶层架构体系、公共服务体系、城市更新体系"三大体系为发展路径，以"人才培养、金融服务、宣传推广"三项支撑为保障措施，以"智慧高地、设计高地、授权高地"三个高地为发展目标，大力构建 IP 产业发展的营商环境，筑文化新经济发展之"巢"，引产业标杆企业之"凤"，打造文化新经济背景下的"姑苏模式"。

展厅的全数字化展示媒介也使展厅的"自更新"方便自如，展厅的展示内容已根据姑苏文化新经济开发标准试验区产生的成果多次进行更新迭代，并拥有针对不同参观对象采用不同色调、不同主题的能力。

3. 公共服务展厅——介绍姑苏文化新经济"三商融合"的服务体系

该展厅以文化新经济公共服务平台为主要展示内容，详细介绍文化新经济公共服务平台的定位、建设目的、核心服务、创新之处等，演示公共服务平台的实施路径和功能特点。视觉风格采用简洁明了的线性视觉元素，在与展厅整体环境风格相融的同时表现出未来感和文化新经济的创新性。

姑苏文化新经济公共服务体系建设是文化新经济模式中政府新型育商体系的核心，包含智慧政务、知识产权综合服务、文化要素产业转化三个平台。公共服务系统将通过聚集与整合各方资源，大幅降低政企沟通成本，盘活各类产业生产要素，使政府、市场各司其职，政策、企业相互促进,优化营商环境,切实推动本地产业发展。

公共服务体系展厅承接核心模式展厅对于文化新经济"姑苏模式"的介绍,重点介绍姑苏文化新经济发展路径暨三大体系(顶层架构体系、育商公共服务体系、城市更新体系)中的育商公共服务体系。

育商公共服务体系是姑苏文化新经济开发标准试验区在落地建设过程中的重要实施手段,是由姑苏区政府与北京萨博新经济发展咨询中心合作打造的区域经济创新发展平台,主要由线上平台、线下创新设施和软性能力三方面内容构成。该体系以"育商"为核心目标,以现代价值链为立足点,通过聚集、整合资源,降低政企沟通成本,提供特色政府服务,激活各类生产要素,优化营商环境,助力企业发展,促进产业转型升级。

(1)线上平台。育商公共服务体系以线上平台为抓手,包括文化新经济智慧政务平台与IP+公共服务平台:一方面通过基于产业大数据的高度智能化匹配机制,实现政策制定与企业需求的精准对接,大幅提升姑苏区营商环境,推动产业集群式发展;另一方面打造基于IP产业链关键节点的专业服务,增强文化IP企业的创新能力,并从知识产权综合运营入手,实现文化资源到文化资产的根本性转变,形成产业升级发展的新引擎,带动区域经济的整体发展。

(2)线下创新设施。育商公共服务体系以线下创新设施为载体,为区内企业提供中国文化新经济发展基金育商资源库的独特资源,以产业稀缺能力的精准植入为主要手段,带动企业实现跨越式发展。通过上下游产业协同、虚拟产业链植入等方式,补足企业短板,大幅提升创新能力与市场能力,帮助企业做大做强,加速形成产业集聚效应,推动姑苏区招商引资环境全面升级,实现区域经济的可持续增长及对周边地区的产业带动。

(3)软性能力。育商公共服务以软性能力为支持,主要由大师驻地再创计划、姑苏专项IP打造计划、集合品牌等项目组成,旨在通过样本打造、宣传推广、品牌打造等方式，形成具有姑苏区典型文化特征的强IP，在全国范围内树立姑苏区IP产业标杆的新形象。助力构建以文化IP资源共享、价值传递、产业循环为核心的创新生态圈。

针对参观的企业人员设置了模拟展示平台的运作方式，让参观者可以直观地了解平台的设计理念、操作方式及服务特点。

4. IP转化展厅——展现姑苏文化新经济育商服务成果

姑苏文化新经济IP转化展厅以姑苏文化新经济公共服务平台为依托，通过对文化元素的梳理提炼、设计再创、IP转化、营销推广、产业授权等环节，实现优秀文化元素IP转化。通过"联合品牌、集合品牌"等发展路径，快速实现文化IP与产业和市场的对接，帮助传统产业转型升级，满足人们日益增长的美好生活需要。

该展厅是一个"活态展厅"，可根据姑苏区IP转化工作成果动态调整展示方式。在姑苏文化新经济开发标准试验区建设初期，展厅主要展示姑苏区内IP转化流程和转化案例。

姑苏区是苏州历史最为悠久、人文积淀最为深厚的中心城区，完整地保留了"水陆并行、河街相邻"的双棋盘格局和"小桥流水、粉墙黛瓦"的水乡风貌，文化资源丰富，但要将文化资源变为文化资产，还需要一定的转化流程，IP转化就是其中一条重要的途径。

IP转化有五个重要环节：梳理提炼、设计再创、IP化、营销推广、产业授权。梳理提炼是IP转化的基础，从文化内涵、形象色彩、工艺材料等多元化角度对传统文化资源进行剖析解构，提炼出能与现代社会相契合的元素；设计再创是产业对接的起点，结合当代工艺、制造或科技等手段对传统文化元素进行创意再造，产生符合当代审美与时尚潮流的设计成果；IP化是从元素走向品牌符号化的过程，对创意再造的设计成果进行品牌化打造，与现代生活相结合，并以联合品牌、集合品牌等手段，形成高辨识度、自带流量、强变现、高穿透力的品牌形象价值；营销推广是IP转化的重要宣发手段，通过多样化多媒体渠道的营销手段进行传播、推广,让消费者和产业界对其广泛认可并逐步接纳,变被动引导消费为主动行为消费;授权应用是通过商业化授权运营、产业化融合等手段,对消费零售、产品制造等行业进行IP赋能,创造新消费业态,促进产业升级,满足新消费需求,实现文化价值变现。

姑苏区历史悠久,文化资源丰厚,要将姑苏区文化资源开发为具有东方美学韵味的设计元素,实现对文化资源的深度挖掘,并为本地企业补足IP转化的资源资金短板,文化新经济育商公共服务体系是有力的依托。一方面让"他山之石可以攻玉",通过引入外部资源的方式,以全新的视角审视姑苏的传统文化资源,赋予其新的时代活力;另一方面培养孵化一批高质量的本地文化类企业,帮助企业提升整体运营能力,打造具有鲜明文化特点的IP项目与企业。

IP转化展厅通过具体案例介绍姑苏文化新经济产业转化平台的理念、思路和手段,结合成功项目介绍姑苏育商公共服务平台的独特优势,对IP产业链上的企业家具有很强的吸引力。

5. 创新案例展厅

姑苏文化新经济创新案例展厅初期以"源·创"为主题,直观表现文化元素转化授权及产业化成果。呈现案例包括以昆曲、团扇、苏绣等为代表的本地优秀转化案例,以金箔、传统瓷器、中式食器等为代表的国内其他地区转化案例,以梵高、莫奈等为代表的国际艺术家IP转化案例。

该展厅建成初期的展品来源于对符合展厅基础设计理念的产品进行的全国征集。随着文化新经济建设在姑苏区的不断深入,"设计师驻留计划""苏派新浪潮""江南潮创未来"等创意设计活动的连续开展,姑苏区本地企业的创新能力持续增强,也使展厅中的创新设计佳品层出不穷,充分体现着文化新经济建设为姑苏区带来的创意活力。

图 4-3　姑苏文化新经济展示交流中心创新案例展厅实景图

(三) 体验管理与聚焦效应的重叠应用带动片区招商

姑苏文化新经济展示交流中心除起到自身展示文化新经济理念、成果的作用外,还对交流中心所在片区——桃花坞片区起到了"重生"的作用。

提到桃花坞,苏州人都不陌生,"千年姑苏城,风雅桃花坞"。早在明清时期,桃花坞便是苏州传统手工重要的生产地与集散地,是最初的文化创意设计与产业融合发展的典范。

桃花坞历史文化片区西、北至护城河,东至人民路,南到东中市、景德路,总占地面积约1.84平方公里,约为苏州古城区面积的八分之一。桃花坞是明代画家、文学家唐寅也就是被人们所熟知的唐伯虎的故居所在地。在文化新经济开发标准试验区建设启动前,桃花坞片区进行了大规模拆迁并按唐寅故居的形态建成了一片仿古建筑,规划目标是做成一个"唐伯虎故居"景区。建成后即发现模式已经过时,所以一直闲置没有开园。桃花坞片区也成了苏州的一个老大难问题,如果没有模式清晰的业态植入,明显就会成为一个巨大亏损的"窟窿项目",所以地理位置优越的桃花坞园区就处于空置状态。

文化新经济交流中心建成后,以苏州国际设计周为推动契机,连续两年以交流中心为核心,将桃花坞片区整体纳入设计周主会场的规划范围,通过建筑再造、艺术家驻留、灯光改造等系列手段,使桃花坞从闲置旅游景区转变为苏州城市设计中心、IP 再造的聚集地。

在 2018、2019 年举办设计周期间,桃花坞主会场及各分会场总共接待游客近 15 万人次。活动促进了经贸良性互动,有力地推进了姑苏区经贸的招商工作。仅在桃花坞作为 2019 苏州国际设计周主会场期间,姑苏区经科局共为产业招商方面邀约了 122 家知名企业参会,姑苏区就重大战略合作项目、重点产业项目等三批项目进行现场签约,与中信集团、万科集团、汇桔集团、达华智能、招商蛇口等 26 家知名企业集团达成合作意向,总投资额 132 亿元。一改曾经点对点的招商模式,注重"产业招商",把筹备国际设计周与发展主导产业、把握招商方向、紧盯重大项目紧密结合起来,立体呈现姑苏区在城市复兴、产业升级、文化传承等领域的创新发展思维和成果。设计周期间邀约的出席活动的 287 名企业代表均为企业高层领导,并在自身行业内是知名的先锋领袖、精英代表,全力为苏州国际设计周保驾护航、做好产业支撑。

在流量与品牌建立上,活动期间由新华社、《人民日报》、《光明日报》、中国新闻网、中央人民广播电台国际在线、中国财经新闻网、中国网、CCTV6 等近 80 家全国重点媒体进行新闻报道,全景展示桃花坞所代表的苏州文化新经济创新创意与产业高度。与法新社、中英时报、德国 Finanzen.net 等 35 家具有影响力的国外媒体达成传播合作,内容传播覆盖经济、设计、文化、家居、生活方式等多个领域。

国内多家大媒体,如界面新闻、凤凰网江苏苏州都开设专区,进行多角度深度报道。苏州当地头部媒体苏州广播电视总台、苏州日报报业集团等也进行为期一周的前后期跟踪报道,深度宣传桃花坞的营商环境和活动亮点。上述合作媒体的报纸版面、专题页面、微信推送等累计拥有数亿级的投放量。

图 4-4　桃花坞片区姑苏文化新经济展示交流中心中庭

2019年,在桃花坞历史文化片区中增开了40%的展馆面积,使其首次成为具有明确地理导航定位的城市文化新空间。以"繁华姑苏、美好生活"为主题,展示苏州文化新经济发展有限公司正在有力推进文化新经济从战略政策到生态建设、金融创新、园区发展、文创商业等全方位的实践与成果。进行"文化新经济设计师驻留计划"的成果展示,展览邀请了国际设计大师施德明(Stefan Sagmeister)等设计师,以当代的视角观察苏州文化传统,探索非遗在新时代背景下的产业化路径,彰显姑苏文化新经济致力于区域产业提升、城市经济发展的决心与能力。

三、种子人才培养计划——为长期发展留下"造血干细胞"

人才永远是经济建设中的稀缺资源,文化新经济这类创新经济模式的建设,对人才的需求更加迫切,而且本地没有大量现成的拥有文化新经济建设经验的人才,因此,加快培养一批熟悉并且能够有效运用文化新经济资源和工具的专门人才迫在眉睫。

文化新经济种子人才培养计划是文化新经济开发标准试验区建设中极具创新性的人才培养方式。种子计划导师团队由文化、金融、设计、品牌授权、信息化、互联网等领域主管领导和国内外顶尖专家构成，每一位导师都具有丰富的领域内实践经验和创新意识。学员由参与本地文化新经济建设的年轻干部和企业家构成，一边学习文化新经济理论，一边运用文化新经济工具参与本地文化新经济开发标准试验区项目的建设。同时，文化新经济开发标准试验区项目中，由文化新经济体系向地方植入的经济资源，也由学员在学习中逐步掌握；对于部分商业资源，学员在学习中接触熟悉企业情况、获得企业信任，学业结束后便可直接与企业对接招商和落地后服务工作。

因此，文化新经济种子人才培养计划不仅是一个人才培养的好工具，同时也是一个双向、高效的本地环境和外来资源的对接工具。

（一）学员站在"巨人肩头"，国际视野与本地实践相结合

文化新经济种子人才培养计划，主要由文化新经济思维和方法论工具使用、外出游学考察、本地项目实践三部分组成。

表 4.1 文化新经济思维和方法论工具的具体内容

构建文化新经济成长性思维	结构领导力	突破传统思维窠臼，把握文化新经济战略本质，构建企业发展最优结构
	正创造镜子理论	打破企业管理定势思维，快速找到企业经营逆境向顺境反转的转换器
文化新经济方法论工具	IP＋知识产权战略管理	筑牢企业知识产权战略壁垒，规避企业知识产权运营风险
	IP＋授权工具	了解国际通行 IP 授权策略，掌握 IP 授权工具，占据授权经济游戏规则制定主动权
	IP＋文化整合营销	掌握整合营销 IMC-SIVA 工具包，决胜占领用户心智的最终战场

理论学习的主要目标是构建文化新经济成长性思维模式，这一项培养对本地干部和企业家学员而言至关重要。打破自己的原有认知，突破传统思维的束缚，才能看到新模式，相信新模式，理解和运用新模式。

在姑苏文化新经济开发标准试验区，文化新经济整体机制规划就是从内剖析姑苏经济发展机理、挖掘传统文化资源的经济潜力。在此过程中，本地干部因为原有惯性，总会觉得这个不能做、那个做不成。在种子人才培养计划中，邀请国内现任的司局级以上领导担任授课老师。从宏观思维上培养学员结构化思维，就是要让姑苏本地干部打破想法上的窠臼，看清文化新经济战略本质，带着新思路为本地区的经济开发服务。对本地企业家而言，结构化的思维有助于他们更深刻地理解文化新经济理论和经济发展方案的出发点，以更高的视野审视企业自身的发展路径，做出更清晰的战略性决策。

正创造镜子理论课程由文化新经济种子人才培养计划导师陆定邦教授主持。无论是从事行政工作还是企业工作，都会碰到困难和瓶颈，我们通常的思维模式都是解决问题。而镜子理论的培训使学员们意识到每一次困难都同样是一次机会，如何把困难"镜像"为优势，也就是把单纯解决问题这种从"－1"到"0"的过程转化为从"－1"到"＋1"的过程，就像是一个镜像的翻转，把每次遇到的问题、碰到的困难都转化为自身的优势，那么日积月累，优势就会越来越大。正创造镜子理论是文化新经济实践过程中非常重要的思路，可以在短时间积累经济发展所需要的助推力。

文化新经济工具运用的学习以 IP 的综合运用为主线，被称为"IP＋工具包"。由 IP＋知识产权战略管理、IP＋授权工具、IP＋文化整合营销几个课程模块组成，每一模块邀请国内最具商业实战经验的企业操盘手进行讲解授课。

文化新经济是创新模式，不能闭门造车，外出游学、参访国内外典型项目是种子人才培养计划的重要一环。依据与姑苏文化新经济建设的相关性,种子计划组织了以考察欧洲历史文化名城文化元素进行设计性开发为主题的荷兰游学。

荷兰有"创意之国"和"设计之邦"的美誉,首都阿姆斯特丹一直是艺术创意的"温床"。从17世纪的古老运河到新近伦佐·皮亚诺(Renzo Piano)设计的尼莫科学博物馆(NEMO Science Museum),"荷兰创意"不时给世界带来精神上的震撼。如今,荷兰艺术创意几乎无处不在,仅阿姆斯特丹就拥有梵德容(Vandejong)等遐迩闻名的创意设计公司。

荷兰文创之美,不仅仅只是看得有趣,还在于能够灵活运用在生活细节、城市公设、居家美感等各个社会层面,从个人、家庭到城市,从小处累积凝聚的生活美学无所不在。可以说在荷兰,365天,天天都有新创意诞生与商品问世。同时,全世界瞩目的TEFAF(欧洲艺术博览会)吸引20多个国家200多个顶尖博物馆参与,作为公认的世界艺术展会的引领者,TEFAF为世界艺术市场确立了标准,它的选择定义了艺术品世界的"优秀、专业和高雅",宣告了荷兰文创产业的国际地位。[①]

在TEFAF举办期间,种子计划学员带着探索"荷兰的文创魅力究竟何在?""荷兰文创能为国内文化企业管理者提供哪些有益启示?"等问题,踏上了荷兰主题游学之旅,去了解荷兰文创产业背后的秘密,领悟荷兰文创企业的经营哲学,深度学习荷兰文创产业的百年积淀。整个游学分为四个主题:

1. 利用展会发展城市文化IP

荷兰游学期间,种子计划学员在马斯特里赫特参观了每年只开放

---

① 杨晓龙、朱倩、叶婧:《大黄鸭背后的"荷兰创意"》,《中国文化报》2013年9月26日,第9版。

10天的TEFAF,并与TEFAF组委会负责人进行深入研讨,充分体会到了TEFAF如何为这座荷兰古城带来了新的活力以及马斯特里赫特如何让TEFAF从艺术市场行业IP发展成为其城市文化IP。

图4-5 文化新经济种子计划导师、学员考察荷兰TEFAF

在这次游学过程中,种子计划还以展会发展城市IP为主题,组织学员拜访了德国科隆国际艺术博览会筹委会,由其负责人解析"艺博会之母"IP与城市产业升级水乳交融的联系以及行业IP如何助力城市产业结构升级。

2. 博物馆文创IP的孵化战略

在阿姆斯特丹,学员们参观了荷兰国家博物馆,探索文化与科技的结合;在路德维希博物馆和梵高美术馆,学员们观摩了艺术品IP化的经典案例,并由梵高美术馆负责人为学员们进行了文创衍生品开发及营销战略的授课。

3. 城市古迹与商业空间的和谐共生

种子计划导师给游学团队布置了两个问题:"城市古迹的商业空间功能如何激活?"和"人文设施如何与城市建设共生共荣?"学员们带着

图4-6 文化新经济种子计划导师、学员考察荷兰梵高美术馆

对这两个问题的思考参观了瑟莱克斯教堂书店(Selexyz Bookstore)和莱顿大学城。

瑟莱克斯教堂书店被誉为全球十大最美书店之一,前身是多米尼加教堂。这座建于13世纪的哥特式教堂曾被拿破仑占领后作为军事用地,后又变成市镇档案室和自行车车库,直到2006年被改造成全世界最让人叹为观止的书店之一。

莱顿城是一个只有10余万人口的小城,莱顿大学的许多建筑也是莱顿城非常重要和具有现代特色的建筑,莱顿城与莱顿大学已融合在一起,变成了名副其实的大学城。莱顿大学的130多座建筑设施分布在莱顿城的各个角落,主要部分都在这座历史名城的中心或中心附近。大学办公楼和信息中心大楼位于莱顿中心火车站东侧,大学图书馆"杜伦"建筑群(文科)位于市中心南侧风景秀丽的护城河畔,豪莱斯实验室(化学和医学)、惠更斯实验室(生物物理、天文和天文物理)、计算中心研究所、数学研究所、医学院及附属医院,各种生物化学实验室,分布在西城区,以荷兰著名物理学家、现代超导研究奠基人命名的海克·卡末林·昂纳斯实验室坐落在市中心。这些建筑设施为莱顿市容增添光彩,使莱顿赢得"大学城"的美名。因为莱顿大学与莱顿城融为一体,大批在这座历史名城中居住和学习的学生深深地影响了莱顿的生活。

种子计划导师与学员共同徜徉在莱顿大学城中,并与荷兰一流学者进行交流,深刻感悟城市深厚的人文积淀,了解一座大学如何与一座城市水乳交融,共生共荣。

图 4-7 文化新经济种子计划导师、学员在荷兰阿姆斯特丹大学

在城市古迹与城市空间融合这个模块下,种子学员和导师还共同参观了莫里茨皇家艺廊,学习如何凭借人文设施激活街区人文气息;在荷兰EYE电影学院研讨城市荒地如何成为人文新地标;在阿姆斯特丹运河与旧城区探究旧城区如何成为人文及公共艺术体验区。

4. 特色园区保持持久生命力

库肯霍夫公园可以称得上是世界上最美丽的春季公园,同时也是全球最成功的特色农庄。这个世界上最大的郁金香公园占地32公顷,坐落于阿姆斯特丹近郊盛产球根花田的小镇利瑟(Liess),公园随处可见郁金香、风信子、水仙花等各类春季盛开的花草。园中有各种风格的亭台楼阁,公园举办各类植物及珍稀花卉展览,同时也是每年欧洲花卉游行的必经之地。

库肯霍夫公园创造了创意农业的奇迹,种子计划邀请其管理人员为学员们讲解荷兰世界领先的农业科技含量与农业产业链、产品品牌的结合,以及他们传承传统文化并将其发扬成为运营经典的品牌项目的过程。

(二) 导师进行"言传身教",亲身参与学员实践项目

姑苏文化新经济种子培养计划的预期培养目标:

(1) 为姑苏区培养一批理解、认同并能熟练运用文化新经济理念的管理干部和企业家,形成示范效应,保障姑苏区文化新经济高效落地;

(2) 充分发挥姑苏区文化资源优势,增强姑苏区招商能力和姑苏区企业在全国范围的核心竞争力,促进姑苏区税收增长;

(3) 学员带实际项目进入种子计划学习,种子计划导师资源给予文化新经济精准辅导支持,帮助项目良性成长,助力姑苏区打造本地爆款IP。

文化新经济种子人才培养计划采用战队小组培养制(N+1+1模式),即:同一单位(或同类型企业)种子计划成员+1名战队实践导师+1名学长辅导员,组成1支课程实践战队。战队成员选定一个自己正在执行的年度项目进入种子计划学习,在不同学习阶段完善项目不同领域的内容;同时通过实践导师和学长辅导员在行业内多年的实战

经验积累，帮助种子计划成员在战队考核、项目沟通、商业梳理等过程中，将课程内容与实践进行转化融合，提炼出适用于种子计划成员自身发展的文化新经济发展模式。

（三）入而论道、出则营商，运用培训资源发展自身事业

学以致用，同时运用种子计划提供的丰富的专家、资源进行自身事业的整合运用，是文化新经济种子人才培养计划所倡导的目标。在文化新经济种子计划培训过程中，涌现了众多优秀学员运用培养计划内资源助力自身事业发展的案例。

在此，我们展示其中两个学员运用文化新经济思维进行实践探索的案例，基于对学员商业秘密的保护，本书仅使用学员结业实践报告中的部分内容进行简要介绍。（以下文字为学员本人在结业实践报告中所用）

案例一 "姑苏好时光"

（一）姑苏好时光与知识产权规划布局

"姑苏好时光"是姑苏区古城保护委员会在姑苏区文化新经济战略指引下推出的一本台历，悦未来联合喜马拉雅苏州城市服务商组织专业团队将其打造为全新的"姑苏好时光"声音电台，每天创作并播出关于苏州的经典与美好，以年轻、有趣、易于传播的方式展现姑苏的生活魅力和历史文化，给人们一份体验苏式生活的最佳指南与姑苏百科书。

"姑苏好时光"平台于2019年初启动，目前在喜马拉雅有声平台、微信、头条、微博等新媒体平台同步播出。截至2019年3月，全平台播放量累计突破30万次。

我们认为"姑苏好时光"作为记录苏州的经典与美好、聚合苏州优秀文创IP的平台，与简单单纯的商业品牌开发是两个不同的维度。

经过种子计划有关知识产权管理的学习，我们对"姑苏好时光"相关的知识产权管理进行了如下安排：

（1）对"姑苏好时光"进行专门的外观及品牌设计；

（2）坚持原创及著作权的版权登记；

（3）理清对内与对外关系中的版权归属及合约；

（4）占领媒体渠道平台，在喜马拉雅电台、微信公众号、头条、微博等新媒体平台着力推广；

（5）以文创IP平台"姑苏好时光"认证为主要发展计划；

（6）择机寻求与国资机构的合作，运营好"姑苏好时光"品牌。

(二)"姑苏好时光"的品牌推广策略

1. 从4P到4C(消费者中心论)

"精致姑苏、美好时光"

从有声读物到苏式美好生活发现者

与苏式生活爱好者一起去品味"姑苏好时光"

2. 目标群体定位和分析(苏式生活爱好者)

好时光、好地方、好工艺、好产品

老苏州人，享受生活、激发内心的骄傲和保护意识

新苏州人，认识、发现、体验、认同、热爱

苏州游客，声音导游、深度体验

苏州游子，唤醒回忆、引起共鸣

3. 传播目标

成为推荐苏州及相关衍生品的权威平台

运营一年后目标粉丝达到5万人，收听过百万次

4. IMC步骤

品牌策略　借助喜马拉雅有声平台的影响力

营销范围　听众、品牌集合、声创人群、粉丝人群

技术　线上和线下(VR、视频、摄影、手绘等)

财务和战略整合　传播量、流量即收益、从作品到媒体、IP价值

(树立权威→整合资源→打造品牌IP＋)

5. 评价体系收听量

订阅量、好评量、互动量

6. SIVA 系统的运用

S（消费者的认可）：是不是好时光、好东西、苏式好生活

方案：政府、媒体、品牌＋大咖

I（消费者寻求的信息）：喜马拉雅/蜻蜓/海报/朋友圈/

线下场景：品牌助推和叠加/社群

V（价值）：节目认同、文化认同、消费认同

（发现→体验→认同→热爱）

A（入口）：开机、订阅

7. IBC（整合品牌传播）

内容：每天发现有趣的苏州，关于苏州的新发现、新视角、新故事

品牌：权威、非商业化、体验

传输：拉动营销（场景、体验、交互、数字技术、全方位体验）

举例：三元坊/苏州中学

消费者互动：听众培养（留言、点评、奖励、小游戏互动、参与制作）；粉丝培养（线下活动/主播见面会、品牌走访、优惠等）

8. 协同创意场景化传播模式

● 协同创意场景：创博会悦未来分会场活动——"姑苏好时光，小巷欢乐节"活动

以"姑苏好时光"为分会场主题，通过"看老照片，听姑苏好时光"的有声老照片展、"最美小巷空间"抖音秀、"2049苏州生活设计展"、"苏州·生活·未来——创想姑苏未来"圆桌讨论四大主题活动，在苏州典型的小巷生活空间里以回顾古城的记忆、发现小巷最美空间、展望小巷未来三大方向探寻姑苏好时光的过去、现在和未来。

● 沟通元（寻找、发掘、制作）：热播电视剧《都挺好》与"姑苏好时光"苏州深度游微旅行路线——明玉成长之路，从明玉出生地、附近的

公园、就读的学校、周边历史名人的影响到平江路与男主角相遇的饭店,以相关历史故事及人物挖掘及其与明玉这个人物的影响,推介深度旅游项目。本项目入选苏州市"匠人匠星大赛决赛"。

案例二 稀捍行动——非遗保护

(一) 稀捍行动—非遗保护—京绣

1. 非遗 IP 的潜在问题

因为中国非遗产业目前仍以师承制为主,因此和所有的非遗 IP 一样,这个领域存在着一些共通的问题,归纳出来简述如下:

(1) 原始纹样或者图形无法确认归属。

(2) 刺绣技法创新无法确认归属。

(3) 与工艺相关的各种描述、概念、定义等仍缺少统一标准。

以上几点,使后期的确权、授权、产品开发等存在着非常大的隐患和法律风险。

2. 解决方式

"文化梳理"→"再创"→"授权"三步法

(1) 文化梳理。对京绣相关传承人以及绣娘等进行采访和现场拍摄。

(2) 再创。邀请设计师、科学家等进行设计再创造。

(3) 授权。应用再创造的 IP 进行授权行为。

3. 知识产权布局方案

(1) 文化梳理步骤:在采集过程中获得采集对象的肖像、口述信息等的使用许可,并对采访文章、采集照片进行合约确权。

(2) 再创步骤:先通过与再创者之间的合约进行确权,而后视情况进行版权、专利等登记,完成确权步骤。

(3) 授权步骤:通过规范的合约明确授权的范围、时间、费用等。

(二) 稀捍行动—非遗保护—京绣—五福十全 IP

IP 说明:此 IP 来源于京绣传统图案的再创新,选取鸳鸯、蝙蝠、仙鹤、蝴蝶、凤凰等图案进行再创造,表达中国传统的五福。

目标场景:婚庆、节庆、团圆。

宣传策略:选取与场景一致的传播通路进行传播。已进行的传播包括:

(1)婚博会现场传播/世纪佳缘合作专题传播。

(2)纽约中国年现场传播。

(3)与支付宝合作集"五福"项目进行互联网传播。

授权计划:选取与场景一致的品牌以及通路进行授权。目前已授权超过15个品牌以及渠道,包括:

(1)各类品牌新年特别版:已授权资生堂/牛尔/蒙牛特仑苏等。

(2)各类品牌婚庆特别版:已授权阿尔卑斯奶糖/DOVE巧克力等。

(3)各类互联网产品:已授权微信(微信红包)等。

(三)稀捍行动—非遗保护—桃花坞版画—搜神记IP

IP说明:

根据桃花坞版画的特点,以《山海经》为灵感,设计出400个神态各异的"小神仙",成为IP。

内容挖掘:

在古典名著《山海经》中,不同的神仙有独特的个性、生活背景,这构成了IP人格化的基础。根据每个神仙的特点,结合现代生活中的场景,赋予他们更多的周边延展。比如月下老人,赋予他一系列爱心等周边。

互动传播:

(1)移动互联网传播:制作手机壁纸、表情包等,进行互联网广泛传播。

(2)特殊合作传播:与正大广场等商业地标合作,制作小神仙的气球公仔,落地传播。

(3)授权合作传播:制作神仙新年版台历、红包等,以产品传递IP价值。

第五章
"规划-实施一体化"的区域文化新经济整体发展机制规划

针对姑苏区的全局性经济机制规划,是姑苏文化新经济开发标准试验区建设的基础、核心和灵魂。

文化新经济发展机制规划不同于常规的项目规划和园区规划,机制规划的着眼点不在于项目的细节本身,而在于将整体经济环境、消费趋向、产业结构作为依托而形成的经济关联战略。它融合了宏观经济趋势和微观实施要点,在文化新经济体系里是至关重要的经济发展核心纲领和全局路线图。融合着经济模型和评测体系的文化新经济整体机制规划,是姑苏文化新经济开发标准试验区经济模式转型成功并持续高速发展的根本战略依托。

在姑苏文化新经济开发标准试验区的机制规划中,以下三点是它的根本原则:

(1) 尊重古城保护,在保护基础上焕发经济新生机。

(2) 提高视角,在更宏大的经济趋势中提炼特有的发展契机。

(3) 规划紧密链接实施,同步资源协调和本地人才培养,做到"规划即实现"。

一、苏州古城保护与经济发展的国际对标锚定和本地性战略选定

姑苏区是国家历史文化名城保护区,古城保护是天然的第一要务,文化新经济在做经济发展规划时,也应尊重以古城保护为基础的出发点。同时,我国的城市化正如火如荼地进行,城市面貌日新月异,从城市基础设施、城市街道到城市建筑都以令人炫目的速度变化着。在这种城市的扩展与更新浪潮中,历史悠久的古城、历史文化名城该何去何从?如何做到发展与保护两者的协调?如何做到在开发和更新中保持自身的特色?如何在发展中保护好古城特色?这些问题是我们必须回答的。

因此,以古城保护为根本点的经济发展总体战略,对保护全国各文化古城区而言具有典型性和可复制性。

(一)全国历史文化古城区经济发展的基本矛盾

全球化的今天,文化资本的流通以及景观造像的普遍性发展导致了城市发展不同程度的同质化现象,而文化消费和文化生产的方式使城市以文化资本的推力来完成经济结构的转型和城市形象的塑造。对于文化导向型城市复兴的探讨自然不能回避城市历史文脉自身演进的轨迹,然而全球化浪潮下的今天,城市文化发展常常是一场全球文化资本推动力和地域文化政策之间的博弈,因此,在城市研究的文化转向背景下,如何实现这两种趋势之间的平衡就成为利用文化实现城市复兴的重要前提。

随着经济的发展和人们认识的深入,历史文化遗产保护的内容也在不断地延伸和拓展,从单纯地施加保护演变到需要与社会、经济发展相联系的建设过程,同时还需满足居民生活现代化要求。历史文化名城城市化进程的加快导致古城的结构性、功能性衰退,与城市的高速发展构成强烈反差,必须在产业、文化、空间等方面进行调整、优化,防止

城市结构变迁和功能的演化带来古城衰退老化、新区开发失控问题。

我国重视对历史文化名城的保护,设立历史文化名城保护体制的规定已有30多年的时间。国务院于1982年公布了我国首批(24座)历史文化名城,于1986年公布了第二批(38座)历史文化名城,于1994年公布了第三批(37座)历史文化名城。自2001年至今,共有42座城市增补为国家历史文化名城。在这期间,我国在历史文化名城保护方面做了大量的工作,尤其在历史街区、历史遗迹的保护方面取得了巨大的成绩。历史文化遗产保护体系的建立,也经历了以文物保护为中心内容的单一体系的形成阶段,到增添历史文化名城保护为重要内容的双层次保护体系的发展阶段和重心转向历史文化保护区的多层次保护体系的成熟阶段,但历史文化名城的经济发展仍存在着全国性的普遍问题。

第一,经济结构的问题。

(1) 对传统产业依赖严重。

以文化遗产为核心资源的地区,会围绕文化资源进行初级开发,形成与之相对应的经济形态。2019年2月国家统计局发布的相关数据显示,据对全国规模以上文化及相关产业6.0万家企业调查,2018年上述企业实现营业收入89 257亿元,比上一年增长8.2%。2018年我国文化制造业营业收入38 074亿元,比上一年增长4.0%;文化批发和零售业16 728亿元,比上一年增长4.5%;文化服务业34 454亿元,比上一年增长15.4%。[①]从国家统计局发布的相关数据可以看出,我国文化产业的发展更多的是依赖制造业、批发零售业、服务业的固有产能和高产值,尚未发挥出文化资源本身的高附加值属性。文化对传统产业的发展尚未形成赋能,产业的增幅有限,甚至在文化制造业、文化批发和零售业还低于传统产业的平均水平。

---

① 《2018年文化产业保持平稳增长》,中国政府网,www.gov.cn/shuju/2019-02/13/content_5365204.htm。

我国在文化资源的利用开发上还停留在初级阶段,虽然具备一定的规模与产值,但严重依赖传统产业本身,而没有充分挖掘文化资源的高附加值属性。

(2)开发方式粗放。

在文化遗产的保护与利用过程中,一直以来都存在着很大的争议,焦点之一就是如何在保护的前提下进行合理科学的开发与利用。究其原因,在经济发展初期,粗放的开发方式往往会造成对已有资源的过度使用甚至破坏。而对于文化遗产的利用,最为简单的方式就是发展相关的旅游、零售、服务等产业。但简单的开发方式使得这些产业的营收结构仍旧遵循传统产业的经济规律,无法产生更高价值的利润,而文化资源也并未从相关的产业化发展中获得知识积累、人力资本积累甚至资金积累,虽然在短期可以形成一定的产业规模,但并不具备可持续发展能力。相反,还造成了对文化遗产过度开发的隐患以及对公共资源的大量消耗。

作为自然资源型地区,其拥有的矿产、土地等资源在粗放型发展模式下,会对生态环境造成极大的破坏;同样,文化资源型地区,其拥有的物质与非物质文化遗产已经处在逐渐灭失的进程中,如果持续采用粗放的开发方式,对文化遗产本身就是极大的消耗。同时,如果不能用可持续发展的方式进行利用开发,使得文化遗产的保护与传承更多地只能依靠政府、社会的定向投入与捐赠,会造成严重的经济负担,无法形成产业对文化资源的反哺,不利于文化遗产的保护。

可以看出,开发方式粗放、对传统产业的依赖严重,是基于文化遗产的区域经济发展的典型特征,我国对于文化遗产的利用还处在资源型开发的阶段,急需进行转型升级。

第二,产业发展的问题。

(1)产业布局趋同。

在文化遗产的利用上,文化旅游是较为常见的初级产业形态。文化旅游是依托于文化资源进行旅游产业的开发。首先,对于文化遗产本身的保护是文化旅游的根基。其次,与文化资源相关的初级产业能够带来直接的经济效益,比如餐饮、民宿等,因此许多地区在进行文化资源开发时没有从可持续发展的高度进行科学论证,直接借用已有模式,造成在一定区域内的重复建设和产业结构雷同,产业层次较低,内部基本不发生联动,反而起到了相互抵消的作用。

以苏州为例。江南水乡,小桥流水是苏州典型的自然人文景观。在苏州老城的核心区姑苏区有平江路、山塘街等典型代表,而周边地区的周庄(苏州市昆山市)、同里(苏州市吴江区)、甪直(苏州市吴中区)、木渎(苏州市吴中区)、千灯(苏州市昆山市)、光福(苏州市吴中区)等古镇,相距仅仅百公里左右,自然人文景观相近,都采用了相同的文化主题,甚至相同的入驻店家以及雷同的旅游纪念品。虽然这几个古镇都是苏州市政府发展文化旅游的重点地区,但相互之间没有形成差异化、特色化的发展定位,反而造成了同质化竞争,甚至在宣传推广等方面产生了部分的相互抵消,不但对于高端自驾游、深度游的消费者没有形成显著的吸引力,而且旅行社在进行团队旅游线路设计时也不得不进行筛选,剔除相似景点。到目前为止,在全国范围内这些江南水乡古镇无论是知名度还是消费体验都与预期相去甚远。与之形成鲜明对比的则是浙江乌镇,虽然也是典型的江南水乡,但通过立足于会展经济,通过乌镇戏剧节、互联网大会等一系列具有话题性与展示性的活动设计,一跃成为古镇新路径的典型代表之一。

(2)产业要素质量低。

对于文化遗产而言,无论是自然人文景观,还是非物质文化遗产的技艺,都属于原始的文化资源,即便是嫁接到文化旅游等产业形态中,也仅仅属于资源的"粗加工",而没有成为产业要素。这也造成我国现阶段文化产业虽然具备一定的规模和产值,但结构不合理,过多依靠制造业、零售与批发业、服务业等传统产业的带动,在内容创作、自主知识产权等核心领域的产值占比还比较低。

对于文化产业而言，最为核心的产业要素就是内容，以及在与其他产业融合发展时基于内容创作而形成的知识产权。传统的自然资源在短期内能够迅速推动该区域的经济发展，当自然资源消耗殆尽时，原有的产业模式将不能持续；而文化资源所形成的内容或知识产权是以智力资本的形式出现，在不同的时代会产生不同语境下的内容，成为推动产业可持续发展的动力。

围绕文化遗产的简单产业形态发展较快，短期效益较高，但对环境以及其他公共资源的消耗比较严重，不能形成可持续发展的模式，需要依靠前期积累的资金等资源尽快进行发展模式的产业升级改造。在此过程中，对于知识、技术、人力资本等方面的投入是必不可少的，同时需要建立长效机制，保护与扶持具有可持续发展潜力的业态加快发展。

（二）欧美历史文化名城发展三大模式及姑苏古城特性的国际对标

在姑苏区的文化新经济机制规划之初，我们首先从最早实现城市化的欧洲的古城保护中寻找可借鉴的经验，以便为姑苏古城保护与经济发展之间的关系找到可对标的国际经验、思路与途径。

在古城保护规划工作方面，在欧美国家那些有悠久历史的古老城市，很多是根据各自城市的不同特点制定了各具特色的古城保护计划，确立了不同的保护方法。随着古城保护思想的不断发展，欧洲相应地走过了一个从"修旧如旧"到模仿古风、追求完美，从单体保护到单体及周围环境的统一保护再到历史地区的整体保护的发展过程。保护的内容也由单纯保护宫殿、教堂等标志性建筑物发展到保护城市普通居住区、商业区、桥梁、工业区、工业厂房及仓库等。

当代欧美古城的保护大致分为三种模式：保护模式、开发模式和可持续发展模式。针对姑苏古城的特征，我们分析了全球具有可比性的古城,最终筛选出德国海德堡作为保护模式加以对标、美国巴尔的摩作为开发模式加以对标、英国利物浦作为可持续发展模式加以对标,确立文化新经济机制规划的综合借鉴目标。

德国海德堡是位于法兰克福南部的内卡河边的一座古城,是14世纪欧洲文化中心之一,有德国最古老的海德堡大学,现在的老城城市面貌形成于18世纪。海德堡是著名的旅游城市及大学城,现有15万人,其中1.6万人居住在老城区。当地规划部门对老城进行全区域保护:一方面是保护外围区域环境,与其西北部的曼海姆市一起制订《曼海姆与海德堡共同发展计划》,从工业布局、区域交通等方面疏解海德堡市的压力。保护海德堡老城东部的森林山区,规定在老城东部一律不得建设,保持原始的自然状态,保证了老城与自然的良好协调关系。另一方面是在发展中保护古城,把城市发展区划定在老城区的西部即老城的下水下风位置,保证了老城的规模及城市的基本形态。这实际是一种通过建设新城保护旧城的方法。这是对"片"的保护模式。

自1975年开始,海德堡市政府开始启动一项旧城维修活动以恢复老城的活力,使其重新成为购物及居住的中心。其措施是由政府收购那些得不到修缮的房屋,经维修改善后再出租给个人使用。在维修过程中对老城的每一幢建筑,无论新旧皆受到保护,保护其外观形象,进行内部维修,对那些实在难以保护的可拆除重建,但其尺寸、外观、材料,等等都要与周围环境相协调。

海德堡采取的这种模式是纯行政手段保护模式,但是,这种模式面临着巨大的经济压力。据不完全统计,德国政府每年在古城保护上的投入约千亿元人民币,同时,各项产业向新区转移造成了严重的城区空心化问题,老城区经济发展面临严重困境,只能依赖各项补贴维持城区建设。

巴尔的摩位于美国东海岸,是马里兰州最大的城市。同时巴尔的摩港是美国主要的工业港口之一,港口贸易非常繁荣。巴尔的摩市中心正是沿着其主要港口周围展开的。

自20世纪50年代巴尔的摩市政府开始港口复兴计划到现在,巴尔的摩内港区不断地进行改建和重建,内港区的面貌也发生了巨大的变化。港口改建的成功吸引了众多的政府官员和开发商前来参观学习并一度成为整个美国乃至全世界的榜样。从经济和就业的效率来说,巴尔的摩内港区以5 500万美元的资金启动,从1990年开始,市政府已可以每年从该项目获得税收2 500万到3 500万美元,每年吸引游客达700万人,这些游客在该处消费达8亿美元,在该开发项目中创造了3万个就业岗位。[①] 然而经济上的成功并不能说明一个项目的成功。在其项目建成10年后,规划学家及经济学家对其进行复盘时,认为其存在以下问题:

(1) 新区没能保持、延续原有的城市机理。原来的小街坊、小绿地改造后变为独立的大地块和大型建筑,失去了原有街道的尺度,中断了历史文脉和人文文脉。

(2) 新区建筑过于商业化。新区类似于迪士尼乐园,不像真实的城市。这种"布景式"的城市也许能吸引外来游客,但从全市来看,是历史的失落。

(3) 空间布局上,个别建筑体量过大,阻挡了城市向滨水的视线走廊。

(4) 单体建筑之间缺乏联系,反映了建筑师之间缺乏沟通,建筑师也缺乏对整个内港区历史背景的了解。

(5) 由于土地出租、出售皆为划分地块,所以大部分决策都是停留在单独"地块"的层面,而不是在滨水区域和整个城市的层面,因此也造成了地块之间的割裂与孤立。

利物浦位于英格兰西北部,城中的阿尔伯特码头(Albert Dock)曾

---

① 周晓华:《城市更新之市场模式》(第2版),机械工业出版社2007年版,第96页。

经是工业革命时期大西洋东岸忙碌的贸易港口,2004年利物浦作为海上贸易城市被列入世界遗产名单之中。20世纪70年代之后,船坞和传统制造业的衰退使得利物浦面临着严峻的困境,亟待经济结构转型和升级,其地方人口在战后的1961年至1971年也减少了18.2%,其中同一时期的失业率增加至31.4%。① 除了失业问题和人口流失困境,利物浦的城市中心区发展也逐渐缺乏活力,这使得外部投资力量对城市发展缺乏信心。大量工业遗产的闲置使得空间和经济增长模式的转型显得格外重要。利物浦是英国除伦敦之外博物馆和美术馆占据最重要地位的城市,70年代之后,利物浦面临着糟糕的教育和就业环境以及高犯罪率的困扰,从维多利亚时代就建成的那些文化机构虽然缺少资金投入和维护,却依旧是利物浦人的骄傲,而之后兴起的披头士乐队和利物浦的足球运动也都是利物浦软实力的重要体现。

1981年,利物浦地区作为首批城市复兴政策发展对象,由撒切尔政府任命默西塞德郡发展公司负责默西河沿岸包括阿尔伯特港在内的废旧码头的复兴工作,以确保社会基本设施的再开发与利用。2008年,利物浦通过"欧洲文化之都"提名的机会和活跃的系列文化活动达到城市复兴的最终效果,通过增加文化基础设施建设,特别是文化和创意产业中的新作品和新兴企业的模式进一步拓展文化资本的运营和可持续发展。自2001年至2008年,利物浦都以主题命题的方式不断加强利物浦文化和艺术的复兴,其中包括学习年(2003)、信念年(2004)、海洋年(2005)、演出年(2006)、遗产年暨利物浦建城800周年(2007)和最终推向高潮的欧洲文化之都年(2008)。

在2006年至2008年期间,每一年观众的增长率都在10%左右,另外有66%的利物浦市民至少参加了一项"欧洲文化之都"年度文化活

---

① COUCH C, FARR S. "Museums, Galleries, Tourism and Regeneration: Some Experience from Liverpool." *Built Environment*, Vol.26, No. 2:152-163.

动。"欧洲文化之都"的活动不仅分布于城市文化艺术机构聚集的码头区、阿尔伯特港、斯坦利港保护区、旧市政厅街区和威廉布朗街区等,还试图将活动的受益面扩大到更多民众,特别是那些在居住区位、社会地位和经济状况等方面都不尽如人意的群体。

据统计,2008年"欧洲文化之都"举办的时候吸引了2 770万名旅游者来到利物浦,比前一年上涨了34%,其中有260万名来自世界各地的访者,97%的来访者是首次来到利物浦。在所有的活动中,有三分之一的观众来自本地,六分之一是地区之外人口,有近5%来自海外。[1]

综合上述案例分析,可以看出20世纪80年代之后欧美许多传统工业城市都逐渐经历了经济和产业的重组阶段,许多曾经的工业城市在经济结构调整时陷入了发展的瓶颈,甚至是衰退的趋势。许多城市愈发关注文化和艺术的创造力在城市转型过程中的重要模式,思考如何通过兴建文化基础设施、举办有影响力的文化艺术活动及发展文化产业来扭转城市发展颓势,这与姑苏乃至国内很多文化古城所面临的时代特征具有很高的可比性。

对于产业和城市转型所面临的困境,各地政府都在利用文化政策的引入和导向,充分发挥新兴文化创意产业的发展契机,探索在以文化为导向的城市复兴战略下,从工业生产型社会向文化消费型社会转变的路径。从利物浦的实践来看,利物浦利用举办"欧洲文化之都"的契机真正形成了积极保护历史与工业遗迹、整体规划城中心的商业核心用地、激活文化活动整体氛围的全面城市复兴,这种通过文化与艺术的介入来实现城市复兴的成功归根结底是以文化为经济内核的保护性开发模式,这种模式主要有以下特点:

---

[1] 转引自陈瑶、陈新生:《反思文化导向型的欧洲城市复兴——以毕尔巴鄂和利物浦为例》,《合肥工业大学学报(社会科学版)》2018年第6期,第103—108页。

1. 合理有效的运行机制

2000年,利物浦政府发起成立了企业形式的"利物浦文化公司"。其职能包括最初的欧洲文化之都竞选工作以及之后"欧洲文化之都"项目的一系列实施工作,方法是由其主导并通过与其他公共、私人部门的联系和配合实现广泛的公众参与。实现方式是保持董事会成员的多样性,其组成包括地方和地区政府高层、企业领袖、地方媒体以及教育、经济、文化、旅游等机构和部门,并设立了专门的职位以维护各方关系、协调各方利益。为探索和寻找最适宜模式,利物浦文化公司根据不同的阶段需求,在董事会组成、公司结构和人员聘用上一直保持动态变化。同时董事会下属负责创意社区项目的"创意社区小组",由于联合了城市主要的公共部门和第三方代表,如地方健康基金、警方、邻里管理、住房、志愿者组织等,甚至参与了新的利物浦文化策略和相关文化规划的制定。①

利物浦将官僚式的政府管理转变为融入市场的创新管理模式,对整个城市的发展进行了机制化创新,通过成立公司性质机构管理文化大事件的运作,不仅提高了工作效率,避免了机构臃肿,独立的财务管理还可以有效控制收支平衡。其合理的管理构架吸纳了不同利益团体代表,并将参与者分成赞助、合作、支持等不同类型,明晰各类型单位的合作范畴,将决策与行政在公司平台上合一,分成小规模的具体部门以迅速应对可能遇到的问题。

2. 文化遗产保护与城市发展相结合

利物浦在城市发展过程中,各类文化遗产较多,供给新增建设用地难度较大,主要借助现成的基础设施,利用文化元素对其进行改造并重新利用。在城市层面,以遗产保护规划建设激活城市内力,利物浦市政

---

① 方丹青、陈可石、陈楠:《以文化大事件为触媒的城市再生模式初探——"欧洲文化之都"的实践和启示》,《国际城市规划》2017年第2期,第101—107页。

府对6个特色区提出保护,并通过设计规范,在保护当地建筑多样性、特殊的城镇风貌和历史特色、街区的历史肌理等多个方面提高遗产价值。① 保护规划几乎覆盖了近一半面积的利物浦城市空间,并在其中的分区中通过城市设计、工业遗产更新利用、城市公共空间等进行控制。街区层面,以遗产建筑更新利用和环境整合承载城市文化,突出城市标志,同时积极探索遗产保护区的衍生商业,将空间再造激活。

其中,脱胎于世界保护遗产 Rope Walks 大街的城市更新项目"利物浦一号"是一个成功的典范,建成后的利物浦一号成为英国最大的开放购物中心,并使利物浦成为英国零售业目的地排名前5的城市。2015年,利物浦一号访客2 700万人次,比2014年增长2.5%。文化对城市发展的赋能能力在欧洲已成为城市再生的目标和评价城市竞争力的重要指标。

3. 梯次型人才培养为城市发展提供生力军

利物浦虽然拥有大量文化遗产,但早期在发展工业背景下的市民文化素养有限,区域创意产业也极不发达,利物浦市政厅因此把2003年设为"学习年",一方面开展普及型人才培养,邀请专家学者把城市的文化遗产一一梳理清楚,让市民学习身边的文化知识,学一门新语言,掌握一种乐器的使用,参加一个文化讲习班,培养一种终身享用的文化爱好。普及性人才培养工作不仅提高市民的文化素养,激发文化创新力,也是在培育文化市场。另一方面,利物浦加大了对专业人才的培养力度。英国的创意教育在全球居于领先地位,牛津大学、剑桥大学、利物浦大学等著名大学为人才培养提供了坚实的教育基础,其中利物浦大学是利物浦城市发展专门人才培养的强力支持者之一。利物浦大力发展专门教育为产业转型提供了充沛的高素质人才,职业培训机构对

---

① 李真、盛况:《利物浦产业转型中城市更新的路径与手段》,《城乡建设》2016年第6期,第85—87页。

传统产业的失业工人进行培训,帮助他们实现二次就业。同时科研机构和高等院校的发展也为产业转型提供了坚实的技术支持。创意产业中有70%以上的从业人员都受过专业的创意或管理教育,为利物浦转型成为创意城市提供了坚实的人才保障。①

三种历史文化古城的发展模式各有成功之处,在姑苏古城的保护与经济发展之间,我们更倾向于利物浦模式作为主要的对标锚定参考,依据姑苏古城自身的特性及其所在的苏州和长三角地区的产业特性做出整体机制规划和产业选择战略。

(三) 姑苏古城的绝对优势、比较优势和机会优势

国内多数古城区不像欧美发达国家案例城市那样出现衰落的现象,古城区一直是整个城市的中心,即使在新城区发展很快的情况下,也还是商业繁荣、人口集中的地方。因此,许多历史文化名城从地价的级差效应出发,把原来古城区中的居住和其他功能转换成商贸、办公、娱乐功能,从而使低地价转化为高地价,低效益变成高效益。这种做法在表面上看来改善了古城的环境,而实际上改建后古城区的建筑容量大大增加了,土地使用功能的转换客观地导致商贸等第三产业的集中,人口增多,交通拥挤,基础设施不堪负担,古城面临新的调整与改建。苏州古城布局工整,脉络分明,功能完备,迄今仍然作为苏州市区的核心地区,承担着过于繁重的城市功能,是市区经济、商业、教育、行政等的中心。

姑苏区的文化新经济发展具有三大优势:

第一,绝对优势。姑苏区古城保护工作扎实,文化资源丰富,具备打造国际化文化 IP 的基础条件,同时具有文化要素驱动产业升级改造

---

① 李明超:《英国创意城市兴起的基础与启示》,《国际城市规划》2010 年第 4 期,第 42—49 页。

的发展资源。

第二，比较优势。与国内其他具有文化资源的地区相比，姑苏区具有明显的地理位置优势及周边产业基础优势；其位于长三角经济圈，已有的制造、科技、金融、对外贸易、互联网等产业基础好，以文化要素为切入点对这些产业进行赋能，创新产业的增值空间大，有利于实现跨越式增长。

第三，机会优势。在中美贸易摩擦的国际背景下，文化IP开发将成为中国经济结构性调整的内在驱动之一。姑苏区确立以IP经济为引领的文化新经济战略方向，在全国范围内具有先发优势。这一点我们重点展开说明。

(1) 利用长三角地区差异化发展的机遇。长三角城市群是全国经济中心，经济总量位居中国各城市群首位。据2016年GAWC（全球化与世界级城市研究小组与网络）的世界城市排名，上海已成为全球一线城市。长三角区域性中心城市，如上海、南京、杭州等城市发展各自的腹地区域，功能定位模糊，产业结构类似，重复投资严重，资源配置低效，影响了区域集聚效益最大化，需要进一步完善城市群的层级体系，形成合理的产业布局。目前，城市群内相互间的竞争多于合作，缺乏区域协同的内生动力。

姑苏区围绕文化元素进行产业的创新实践，对于长三角经济圈已有的制造、科技、金融、对外贸易、互联网等领域的产业优势而言，是进行差异化发展、实现跨越式增长的捷径。姑苏区以知识密集型产业为自身定位，通过空间上的产业集聚，发挥知识溢出效应，激发创新活力，和周边地区形成差异化和互补的产业结构，依托于一体化的基础设施网络，构建成本共担、利益共享的区域协调机制，实现姑苏区乃至长三角地区经济、社会、生态环境三者合一的可持续性发展路径。

全球范围内，被普遍承认的大型世界级城市群有六个，分别是：美国东北部大西洋沿岸城市群、北美五大湖城市群、日本太平洋沿岸城市群、英伦城市群、欧洲西北部城市群和我国的长三角城市群。

城市群是区域经济的高级空间组织形式,通过增强产业的空间联系和功能联系提升产业生态竞争力,突破行政划分等因素,通过差别化定位实现资源的高效配置。美国东北部大西洋沿岸城市群包括波士顿、纽约、费城、巴尔的摩、华盛顿5个大城市和周围的40多个卫星城镇。城市群内部有各自的优势和主导产业,如纽约的全球金融和国际贸易、波士顿的创意和教育产业,而华盛顿则作为全美政治中心推动区域和产业协作。

文化遗产在知识积累转化的过程中,可以形成驱动经济发展的产业要素,而且能够与制造业、批发与零售业等传统产业形成很好的产业融合,加速传统产业的转型升级。在城市群发展过程中,文化遗产可以为该城市提供汇聚智力资源,驱动多产业发展的可能性。诸如波士顿、名古屋、巴黎等城市都是其所在区域的文化与创意中心,实现了辐射整个城市群的产业赋能。而我国目前产业结构正处在结构化调整的过程中,原有的金融、制造等区域中心城市的地位已经不可撼动,文化能够为转型城市打上新的标签,在区域协同发展中赢得差异化定位与后发优势。

(2) 利用苏州市整体协同发展的机遇。文化遗产丰富的地区往往出于文化遗产保护的目的,在土地使用、环境治理等方面管理严格,无法发展传统的制造、化工等劳动密集型产业,而基于文化遗产的发展与利用还停留在较为初级的阶段,无法形成能够和传统产业相匹敌的经济效益,这就使得这些地区成为相邻区域的"经济洼地"。而文化遗产为区域发展提供了不同于周边地区以及产业的一种可能性,而且可以与周边地区及产业形成产业互补与协同发展。

因此在制定姑苏文化新经济机制规划时,一要注重区域协同,要从姑苏区自身的文化优势资源出发,以知识密集型产业方向为目标,从服务业入手,走差异化、特色化的发展之路;二要注重产业协同,要从产业融合的角度出发,将姑苏区自身的发展与周边区域、周边产业相结合,形成共生共赢的关系。三要注重政策协同,要从可持续发展的角度出发,制定相应政策对产业发展加以适当引导。

二、基于经济模型组的长效区域经济主线规划

文化新经济机制规划是定性和量化相结合的经济发展整体规划,依据所处地区特点的不同,设置判定指标并建构经济模型,这样的机制规划能从底层保障现实建设实施过程中所运用的复杂的经济手段和行政手段在操作时的整体性和连贯性。

姑苏文化新经济整体经济模型由基于AHP层次分析法的产业接口指标体系构建、姑苏文化新经济宏观基础经济模型和应用基础经济模型组合构成,其中应用基础经济模型组合又由消费市场增长模型、企业经济增长模型和文化新经济企业评价体系构成。

在这四个基础经济模型中,区域经济增长模型宏观指导文化资本促进区域经济增长,消费市场增长模型和企业经济增长模型是分别对消费市场和企业文化资本的应用,是构成文化新经济评价指标体系指标选择的重要依据。这一套经济模型体系对姑苏文化新经济开发标准试验区取得骄人的经济成绩单起到了至关重要的基石作用。

由于文化新经济机制规划底层经济模型体系的构建涉及大量地区和企业核心经济数据,出于保护性原则,本书在此不做数据分析和指标设定理由的描述,也不展示经济模型的结论,仅就建构方式做简要介绍。

(一) 姑苏文化新经济产业升级接口量化分析

在姑苏区发展文化新经济的过程中,产业的导向是经济发展的指挥棒,而区内园区和企业是关键的经济主体。我们使用AHP(层次分

析法)对文化新经济企业评价体系的各级指标权重进行确定；然后基于姑苏区文化新经济运行模型，通过实际案例，结合苏州市辖各区县的经济情况和产业布局，对姑苏区典型的文化创意产业园和企业进行指标评价，总结园区和企业的发展现状及问题，并针对性地提出园区和企业在文化新经济发展期所需进行升级的方向。之后对整个文化新经济所涉及的产业进行底层调研，通过大量数据对姑苏现有文创产业进行定量指标化分析，为姑苏区文化新经济产业升级接口提供判定基础。

文化新经济企业评价以培育和扶持优质文化企业为基础目标，通过探索文化新经济企业的成功模式推动产业转型，以实现产业升级和经济增长为最终目标。因此，文化新经济企业评价指标体系至关重要。与此同时，在确定文化新经济企业评价指标体系中，各级评价指标因子权重的不同会直接影响该评价的准确性。因此，如何准确、客观、科学地对文化新经济企业评价指标体系的权重进行分配是非常重要的。

评价指标权重的确定建立在该指标于评价体系层次中所处的地位及发挥的作用等基础上，即取决于其在评价体系中的重要程度。目前较为普遍使用的权重分配方法包括原始分权重法、经验权重法、同等权重法以及统计权重法等，其中基于经验权重法发展而来的层次分析法整合了定量分析与定性分析，在充分考虑分析者判断和专家意见的基础上，通过对各评价指标的多重比较而较为科学合理地进行了权重分配。因此，我们采用层次分析法来确定文化新经济企业评价体系中各级指标的权重，基于上述层次分析法分析过程，我们运用YAAHP软件测算对文化新经济企业评价体系每级指标相应于上一级指标的权重值进行了迭代计算。根据所得出的一整套指标数据，可以量化地分析出姑苏区文化产业园区和现有园区内企业相互支撑性的短板以及与周边经济体的产业链关联性，可以清晰、准确地得到产业升级接口的量化分析结论。

根据AHP分析结果，除了可以对产业链关联性有清晰的认知，还可将区域内产业园区划分成不同类型,以分析产业健康状况。

可以根据纵向指标将姑苏区内的文化产业园划分为专业型产业园和综合型产业园两大类。专业型产业园指园区以某一项产业为主导,发展相关产业及上下游产业,形成产业链,这类产业园区入驻企业中同时存在着竞争或合作关系;综合型产业园指园区对产业类型的准入标准较为宽容,产业园内综合发展各类创意产业或相关产业。

表5.1 姑苏文化产业园区AHP纵向分析类型分类

类型	文化产业园名称	数量(个)
专业型	沧浪科技产业园、平江仓街游戏蜗牛动漫基地、博济江南智通科技园、创元科技创业园、苏州工投科技创意园、大森创业中心、中创博济平江创意园、江南文化创意产业园、苏州婚庆文化创意产业园、红蚂蚁家居文化创意产业园、普灵文化创意产业园、卓展五金置业创意园、姑苏新天地、苏州大龙港茶文化创意产业园、旭日居家文化创意产业园、雅腾文化创意园	16(53%)
综合型	苏州·容创意产业园、苏州桃花坞文化创意产业园、姑苏·69阁文化创意产业园、双桥868文化创意产业园、苏州大学平江科技创业园、金狮科技文化产业园、苏州自主创新广场、苏州山塘历史文化街区、苏州平江路历史文化街区、悦未来文化创意产业园、金谷里文化创意产业园、989文化创意产业园、蓝园麒麟文化创意产业园、蓝园芳华文化创意园	14(47%)

也可根据横向指标,将文化产业园区分为企业主导型的文化产业园、政府主导型的文化产业园和协同建设型的文化产业园。企业主导型文化产业园以企业为园区的开发主体,企业在市场需求的刺激下选择文化场域或建筑载体,投资建设文化创意产业园,后期也自主运营管理创意产业园。政府主导型的文化产业园以政府为园区的开发主体,由政府选择文化场域或建筑载体,分别委托开发商和运营商进行开发和运营管理,政府能够提供一定政策优惠和税收优惠促进其发展。协同建设型的文化产业园是政府和企业共同操作的结果,政府和投资商

合作开发创意产业园,由投资商自主运营或委托运营商进行后期的运营管理。

表 5.2 姑苏文化产业园区 AHP 横向分析类型分类

类型	文化产业园名称	数量(个)
企业自发型	苏州·容创意产业园、苏州桃花坞文化创意产业园、卓展五金创意园、苏州婚庆文化创意产业园、中创博济平江创意园、创元科技创业园、姑苏新天地、沧浪科技创业园、姑苏·69阁文化创意产业园、平江仓街游戏蜗牛动漫基地、博济江南智造科技园、普灵文化创意产业园、红蚂蚁家居文化科技创意园、双桥868文化创意产业园、金狮科技文化产业园、悦未来文化创意产业园、金谷里文化创意产业园、江南文化创意产业园、苏州大龙港茶文化创意产业园、旭日居家文化创意产业园、雅腾文化创意园	21(70%)
政府主导型	989文化创意产业园、苏州山塘历史文化街区、苏州平江路历史文化街区、蓝园麒麟文化创意产业园、蓝园芳华文化创意园	5(17%)
协同建设型	苏州工投科技创意园、大森创业文化园、苏州大学平江科技创业园、苏州自主创新广场	4(13%)

(二) 姑苏文化新经济宏观基础经济模型构建

文化新经济以文化元素核心为内在驱动,以拉动文化消费为主要手段,以产业转型升级为最终目的,因此,由文化新经济这一国家级经济发展战略带来的经济增长将是检验其成功与否的重要指标之一。与此同时,作为联结文化资源与市场经济的重要主体,政府与企业的作用不可忽视。文化类企业的快速成长和发展需要得到政府的重视、培育及孵化,而标杆性的文化新经济示范企业将更有效地助力政府推动文化新经济,实现区域和国家经济的全面增长。

本章所描述的经济模型组合以文化类企业发展过程中的重要价值和运行指标为分析对象,一方面通过区域、消费市场和企业的经济增长模型构建来对文化新经济战略的价值进行评估与衡量,分析过程中设定模型的目的,然后通过研究工具得出研究结果,由此构建区域、消费市场和企业的经济增长模型;另一方面从政府层面的企业评价指标体系来对文化新经济战略中重要的运行模式进行探索和阐述。

文化的市场带动性强,有旺盛的市场需求和发展潜力,具有一定的变化规律,已经成为新的经济增长点。那么,文化在新经济中到底扮演着怎样的角色、起着怎样的作用以及能否真的带来区域经济增长,需要我们在构建基础经济模型前从理论高度探索文化资本内生化的经济增长模式。

一般来说,经济增长是指一个国家或地区生产商品和劳务增长的能力,一般被定义为产量的增加,包括经济总产量或人均产量的增加,经济增长程度可以用增长率来描绘,探究一个国家或地区经济增长的手段和方式是经济学家和学术界一直讨论和研究的重点问题。以罗默(Paul Romer)的技术进步内生增长模型为分界线,有关经济增长理论的研究可以分为两个阶段:古典与新古典增长理论和内生经济增长理论。

1. 古典与新古典经济增长理论

18世纪至20世纪40年代前后,以亚当·斯密(Adam Smith)、大卫·李嘉图(David Ricardo)、马尔萨斯(Malthus)、熊彼特(Schumpeter)等经济学家为代表,他们关于经济增长理论的研究被称为古典增长理论。其中,亚当·斯密以探寻增加国民财富的途径为主要目的,强调了劳动分工与资本积累在经济快速增长中的重要意义。大卫·李嘉图以阐明收入分配与经济增长过程之间的联系为主要研究目的,提出了边际生产力递减原理,论证了在经济不可能永久增长的意义上,当经济接近某一特殊产出水平时,进一步的增长就停止了,即达到了"静止状态"。

马尔萨斯的增长"陷阱"理论中第一次将人口增长视为经济增长理论的一个重要因素,马歇尔引入外部经济、企业衰亡理论和单个厂商面对向下倾斜的需求曲线来调和报酬递增和竞争之间的冲突,熊彼特强调了创新及其在经济发展中的作用,通过影响经济周期的波动而实现经济的增长。此外,其他学者也从不同的角度对经济增长进行了很多有意义的研究。然而,就该阶段的经济理论研究整体来看,一方面没有涉及经济增长变化的具体动因变量的研究,另一方面,关于增长理论的呈现也多以自然语言进行表述,研究方法有限。但与此同时,关于劳动和资本的重要性以及技术创新的认可等都为后期经济增长理论的发展奠定了良好的基础。[①]

20世纪40年代前后,英国经济学家哈罗德(Harrod)和美国经济学家多马(Domar)以探究资本和劳动对经济增长的影响为目的,提出了$G=s/V$(其中,G为国民收入的增长率,s为储蓄率,V为资本-产出比)的哈罗德-多马模型。哈罗德-多马强调了储蓄率和生产效率是决定经济增长的重要因素。50年代,索洛(Solow)和斯旺(Swan)对经济增长的研究被称为新古典增长模型。索洛则在引入生产函数的基础上,提出了在生产要素边际效益递减的条件下,技术进步通过对生产函数的改变将是经济增长的唯一动力。与此同时,英国经济学家卡尔多(Kaldor)在他的收入分配理论模型中,将整个经济的储蓄率进行了内化。然而该模型中需要假定外生给定的工资收入和利润收入储蓄率,因此并没有完全将储蓄率完全内生化。

2. 内生经济增长理论

1986年,罗默关于技术进步的内生经济增长模型提出了知识和技术研发是经济增长的动力所在。此后,罗默又提出了引入人力资本的内生增长模型,促进了内生增长研究的进一步发展。在该模型中,经济中存在最终产品部门、研究与开发部门和中间产品生产部门三个部门,

---

① 郭福春、阮刚辉:《经济增长理论的演化进程》,《北方经济》2002年第5期,第36—37页。

最终产品部门与研究开发部门是完全竞争的,该模型证明了人力资本的积累与技术进步的提高是促进经济增长的重要因素。

卢卡斯(Lucas)进一步对人力资本的效应进行了区分,包括内部效应和外部效应,人力资本的外部效应通过教育部门的传递,会对所有生产要素的生产率都有贡献,因而使产出生产具有递增效益。后来在曼昆(Mankiw)、戴维·罗默(David Romer)和韦尔(David N. Weil)的进一步延伸下,卢卡斯关于人力资本的内生增长模型最终形成了一个标准的四变量最终产品总量生产函数。[1]

此后,众多经济学家开始纷纷进行内生经济增长理论的研究,新古典基础经济模型中那些最终决定产量的自变量几乎都被进行了内生化研究,例如,Becker-Murphy-Tamura 模型中将生育内生化与经济增长进行了联系,杨小凯-博兰在1991年及贝克尔(Becker)和默菲(Murphy)在1992年将生产中的分工进行了内生化以研究经济增长的条件,巴罗模型和托诺夫斯基模型等对政府在经济增长中的作用及其内生化进行了研究,等等。

这些经济学家分别从不同的角度和方向对经济增长的因素进行了内生化,不断丰富着内生经济增长理论的研究。然而,虽然已有的经济增长理论研究中间接包含了教育、创新、制度等与文化资本相关的内容,但将文化资本作为单独的对象来探索对经济增长的影响研究还十分匮乏。因此,接下来将借鉴已有的内生经济增长模型,将文化资本作为独立的研究对象纳入模型中,以此构建文化新经济中文化资本内生化的经济增长模型。

文化资本是不同于物质资本、人力资本、自然资本等经济资本之外的另一种生产要素,具有经济资本的普遍特征,其价值取决于无形的文化内涵,对经济增长具有重要的促进作用。我们基于文化资本的内生

---

[1] 杨斌:《三种类型的内生增长模型》,《教学与研究》2004年第5期,第60—65页。

增长性,将文化新经济中由文化、创意等形成的资本称为文化资本,进行了文化资本内生化的基础经济模型构建。

依据指标数据输入基础模型后的分析,在姑苏区经济状态处于平衡状态时,经济增长率为正。而文化资本可以通过三种方式对经济的增长产生影响:一是作为生产要素直接作用于经济,文化资本的产出弹性系数越大,其经济增长率越高;二是通过对技术进步的高影响间接作用于经济增长,当其他系数不变时,文化资本对技术进步的作用系数越大,经济增长率越高;三是通过影响人力资本间接影响经济增长,当其他系数不变时,文化资本对人力资本的作用系数越大,经济增长率越高。

由以上模型分析可知,文化资本的存在将会通过直接影响或技术进步和人力资本的间接影响对经济增长产生恒定的正向影响作用。因此,在姑苏区发展文化新经济,进行或增加文化资本投资,对其地区的整体经济增长将起到积极的促进作用。

(三) 姑苏文化新经济应用基础经济模型组合

1. 消费市场增长模型

文化新经济战略以产业升级、发展和提高国家及区域经济为长期目标,以文创和传统企业为战略实施主体,以市场和消费者的接受和购买为落脚点,因此,消费者对文化 IP 内容与产业融合方式的认可是文化新经济战略中的重要一环。与此同时,随着国家经济的发展,人们的物质生活水平不断提高,在满足了物质生活需求后,精神文化成为消费者新的需求和追求点。由此看来,消费者对文化 IP 内容的需求将成为政府和企业实施文化新经济战略的重要动机之一,而对消费者这一产品或服务的长期需求的满足将为企业绩效和整体的发展带来新的契机,并推动消费市场的快速增长。

为了更好探讨消费者需求是否成为文化新经济发展的重要环境动

机,从而提高文化资本投入对企业绩效和整体发展的正向促进作用,消费市场增长模型的设计主要采用问卷调查的方式,对全国消费者进行随机抽样。针对当下及未来文化元素IP赋能的消费市场,通过消费者对IP附加型产品或服务的消费意愿调查,为文化新经济相关市场及企业的发展提供有力的数据支撑,并得出相应的理论模型。

此外,为了保证消费者对题项问题的理解,问卷中还特别对IP附加型产品或服务及溢价支付进行了解释。例如:

(1) IP附加型产品或服务:以文化、IP为元素,利用不同载体而构建的再造与创新、符合"文化主题＋创意转化＋市场价值"三特性、能够满足人们需求的物质实体与非物质形态的服务。包括IP本身的各类衍生品和IP与品牌商的联合产品。

(2) 溢价支付:支付的价格超过该产品或服务的一般价格,如一件普通卫衣价格在150元左右,加入某品牌IP后售价为200元,需额外支付的50元即为溢价支付价格。

该问卷调查覆盖全国26个省、市、自治区,其中女性占比63.11%,男性占比36.89%。从结论上看,对产品或服务而言,文化IP内容的加持将提高产品的附加价值,增加对消费者的吸引力。当面对满足同种使用功能的产品或服务时,仅14.67%的消费者会选择普通产品,而85.33%的消费者会选择品牌或IP附加型或品牌与IP联名的产品,这一结果正符合了消费需求高端化的现实。其中,选择品牌产品(42.67%)与文化附加产品(42.66%)的消费者所占比例相当,表明了在产品或服务中加入文化IP内容的重要性。

对于消费者和消费市场整体来看,文化新经济背景下的IP附加型产品和服务具有非常大的发展空间,是未来人们消费升级后的主要消费选择。消费者和市场对文化IP内容的需求,使之愿意购买此类产品和服务并为之支付更高的价格。因此,以满足消费者的需求为出发点,实施文化新经济战略,发展"文化IP＋"的产品和服务,将促进消费市场的快速增长,从而提高企业绩效和整体的发展速度。

消费者需求下的消费市场增长模型,适用于在消费者对"文化IP+"产品和服务具有较大需求且溢价支付意愿较高的前提下,企业或区域利用文化消费促进经济增长。

2. 企业经济增长模型

在文化新经济战略的实施中,通过文化资本的投资,不仅实现了地区整体经济的发展和增长,也对消费市场起到了刺激作用。与此同时,对企业而言,是否进行文化内容及IP的投资以实施文化战略,取决于该战略能否为企业绩效带来促进作用。

在企业经济增长模型中主要设计了三部分内容:

(1) 企业基本相关信息。主要对企业的一些基本相关信息进行了调查与统计,包括企业IP授权情况、IP授权市场状况、知识产权状况等。

(2) 企业战略中与文化资本投入相关的内容。主要包括假设模型中的几个自变量,包括文化战略意识、IP人才储备、IP开发与运营能力、IP开发与运营体系等,依据管理学常用的假设模型研究与验证方法,在文化资本内容的已有相关研究基础上,采用变量衡量的方式,共利用八个题项对相关变量进行了衡量。

(3) 企业文化资本投入带来的企业绩效。在已有相关研究的基础上,采用变量衡量的方式,利用四个题项对因变量——基于IP授权的企业绩效进行了测量。

此外,因为调研企业中包含IP被授权商,大多不具备与文化相关的基本知识产权,因此,为了探索企业知识产权储备对基于IP的企业绩效的影响,在模型设计中特别调查了IP授权产品可以为企业带来的产品销售提升率,其中64.29%的企业认为IP授权产品可以提升产品的销售率,甚至有30.36%的企业认为IP授权可以提升产品50%以上的销售率。这一结果间接证明了企业与文化相关的知识产权储备越多、创新能力越高,基于IP发展的企业绩效越好。

在对姑苏区文化类企业收集数据的实证分析基础上,我们还对企业就其运用文化IP与传统产业融合所带来的企业绩效和发展影响进行了深度访谈。其中,90%以上的企业表示文化IP内容的融入对于传统产业的发展是起到促进作用的,有助于企业提高差异化竞争优势,塑造更高的核心竞争力。此外,对于具体的文化IP投入和内容融入及产业转型升级上,大多数企业认为首先企业应该建立与文化IP相融合以进行转型的战略意识。其次,企业应该有意识地招纳或培育一批与IP相关的人才,包括开发文化内容IP、运营文化IP、掌握IP法律知识及具备IP商业化意识和能力等的人才,这是企业发展的基础。另外,对于企业自身或文化新经济市场,一方面需要具备成熟的文化IP开发和运营能力,这可以由企业自身完成,也可以由市场中专业的分工端口企业或机构实现;另一方面市场中需要有更为完善的IP开发和授权法律环境,以促使每个企业形成更为成熟的IP开发和授权体系,拥有更多的知识产权储备。这两种市场环境或企业能力的形成也将大大提高文化新经济战略对企业绩效和发展的促进作用。

企业经济增长模型适用于检验企业进行文化资本投资以及企业内部整体的思维导向,包括基于文化和产业结合的战略意识、IP人才储备、IP开发与运营能力、IP开发和授权体系以及知识产权储备对企业绩效的影响。

3. 文化新经济企业评价体系

企业是地区实施文化新经济战略的重要主体之一,尤其是在传统产业与新兴产业(如电子、信息、生物、新材料等产业)相融合的时代,如何判断企业是否进行了文化资本投资并重点借助文化内容实现了产业升级和企业发展,是地区在实施文化新经济战略中需要重点解决的问题之一。

此外,对于地区经济管理者而言,文化新经济战略的实施需要借助一些在文化资本投资中拥有成功或良好经验的典型企业作为示范企业,进行重点扶持,培养成功案例,以促进地区文化新经济战略的更好实施。因此,文化新经济企业的评定将在无形中促进地区文化新经济战略的进一步实施和发展,在此背景下进行文化新经济企业评价指标和方法的设计是非常重要的。

基于此,将结合相关研究及对前面构建的经济增长模型,设计全面合理的评价指标体系,对姑苏区进行文化产业融合的文化新经济企业进行评定。通过文化新经济评价指标体系,将实现以下目标:

(1) 培育和扶持优质文化新经济企业,促进企业的持续发展。面对企业在文化新经济战略中存在的问题和遇到的困难,如资金匮乏、人才短缺、IP申请维权困难及缺乏对接平台和企业等,政府将对优质文化新经济企业进行重点培育和扶持,为其优先提供资源和平台等,协助企业更好地跨越投入和成长期,促进新产业的快速形成。

(2) 探索文化新经济企业的成功模式,吸引其他相关传统企业的转型升级。面对被评定的文化新经济优质企业,将在其战略方向、商业模式(如产业融合方式、运营模式、盈利模式等)等方面进行新产业模式探索,从而为其他文化新经济企业提供借鉴和促进作用,并吸引其他相关传统企业积极进行产业的转型升级。

(3) 塑造地区品牌形象,实现区域经济增长。通过对现有优质文化新经济企业的评定和宣传,利用政策、地域文化、平台环境等吸引更多潜在的相关企业入驻姑苏,打造姑苏地区"文化新经济、新产业"的品牌形象,同时促进其他相关产业的发展,实现区域经济的整体增长。

文化新经济企业评价体系基于区域、消费市场及企业经济增长模型的关键要素,同时综合行业发展特点和专家意见,选取了与文化新经济紧密相关的战略、IP、创新以及经营指数为评价体系的一级核心指标,同时,其下分别设置若干个二级指标对其进行进一步衡量。

由于对企业文化战略的实施和文化资本投资的判别具有主观性特

点,有很多建立在评价者的主观认知、个人偏好等基础上,这些由个人因素带来的偏差很难消除,在模型应用上采用模糊综合评价法的设计对文化新经济企业进行评定。

文化新经济企业评价指标体系,适用于对文化企业进行筛选,以挑选合适的文化企业进入文化新经济体系之中并给予优先的政策扶持。只有满足一定指标的企业或园区才能被认定为文化新经济企业和园区,构建优势集中效应,才能快速推动区域经济增长,实现文化新经济的宏伟目标。

三、整合区域文化园区、旅游片区、人才供给的产业选择战略

国内各地大力发展本地文化创意产业时,通常都没有提前做好产业选择战略。产业选择战略与常规的产业规划不同,常规产业规划通常以本地文化传统和文化产业园区现状为导向,偏重于已有产业形态的发展驱动策略;产业选择战略则通过评价体系,依据广域产业资源和经济趋势进行主动选择判断,并区分前期优先产业、中期重点产业和长期拉动产业及边缘渗透产业的划分和定位。同时,需兼顾消费策略、人才供给策略和文化赋能策略的综合判断。

(一)国际文化创意产业发展模式启示

不同国家的文创产业发展模式不尽相同,英国是文创产业发展的先驱,美国是后起之秀,日本和韩国已成为亚洲文创产业发展的成功典范。各国的发展模式都各具特色,在此对比总结其他国家的成熟模式,以作借鉴。

1. 英国模式

英国是最早提文化创意产业概念的国家。英国分别于1998年和2001年两次发布《英国文创产业路径文件》,确立了"文化创意产业"的

概念。目前,文化创意产业已成为英国发展最快的支柱性产业,在拉动经济增长、复兴旧工业城市、促进传统产业与新兴产业融合方面作用突出。据英国文化传媒体育部 2016 年发布的《创意产业经济报告》显示:从 1997 年到 2014 年,英国文创产业增加值以平均每年 6% 的速度增长,高于英国经济 4.3% 的平均增速,文创产业增加值占总增加值的比例由 1997 年的 3.9% 增加到 2014 年的 5.2%。此外,文创产业也成为英国扩大和吸收就业的主要产业,2015 年英国文创产业聘用了 190 万从业人员,占总就业人口的 5.8%,相对于 2011 年累计增加 19.2%,成为英国就业人口最多的产业。[1]

英国文化创意产业模式主要分以下三个方面:

一是政府主导,通过出台相关政策对文化创意产业进行全方位支持与管理。英国国家文化媒体和体育部作为文化创意产业管理的核心部门,对文化创意产业进行全面宏观的纵向管理,同时协同非政府公共文化机构、团体组织共同横向管理文化创意产业。英国政府大力扶持英国文化创意产业的发展,制定合理的战略,并提供资金支持,同时注重国际文化交流与合作,加速英国文化创意产业的发展。

二是整合开发地方文化资源优势,形成产业聚集区。产业园区是英国文化创意产业发展的主要形式之一。英国政府为产业园区提供大量资金及技术支持,帮助园区持续运作并快速成长。英国文化创意产业发展较好的有谢菲尔德文化产业园区、伍尔夫汉普顿文化园区、数字媒体产业区等。

三是建立完整的产业链,即以文化产业为核心,拓展与文化相关联的产业和产品。从图书出版业,发展到音像出版,再到电影产业、文化周边、主题公园,等等,形成一个以文化产业为核心的完整的产业集群

---

[1] 吴余青、徐佳:《发达国家文化创意产业发展模式及其文创设计特征》,《湖南包装》2018 年第 1 期,第 21—23 页。

发展模式。

2. 美国模式

美国将文化创意产业称为"版权产业"。根据2004年联合国贸易和发展会议报告,美国将文化创意产业定义为:"以创意为初始资本,形成产品与服务创作、制造和销售的循环过程;以知识为基础,侧重艺术,包括有形的手工艺和无形的创意内容,在知识产权和产品贸易中创造效益"。

从产值上看,美国是全球文化创意产业的第一名,这与其高度发达的信息化工业有紧密联系,文化产业与信息技术产业相融合形成了全新的文化创意产业。版权产业的发展为美国经济增长起到了重要作用,据国际知识产权联盟(IIPA)发布的《2016美国版权产业报告》,2015年美国版权产业增加值高达2.1万亿美元,占全国经济总增加值的11.69%,其中核心版权产业增加值1.2万亿美元,占全国经济总增加值的6.88%,目前美国总版权产业增加值已远远超过了发达的金融业与保险业。美国版权产业就业人数近1140万人,占全国总就业人数的7.95%,超过了传统制造产业的总和,而且该行业平均年薪比全美平均年薪高出约21%。除此之外,美国版权产业海外市场发展速度迅猛,2015年全美版权产业海外市场收入约1770亿美元,超过了其他重要产业。总而言之,美国版权产业在促进GDP增长、就业、外贸方面都做出了重要贡献。①

美国版权产业发展模式主要有两个特点:

一是通过知识产权保护相关的法律、法规来促进产业发展。美国政府先后颁布实施《版权法》《半导体芯片保护法》《跨世纪数字版权法》《电子盗版禁止法》《伪造访问设备和计算机欺骗滥用法》等一系列版权保护法规,建立了全世界保护范围最广、规定最为详尽的法律系统。同

---

① 吴余青、徐佳:《发达国家文化创意产业发展模式及其文创设计特征》,《湖南包装》2018年第1期,第21—23页。

时，美国积极推动国际版权保护合作，为美国版权产业在海外市场的发展提供了保护，美国不仅加入为版权提供双边保护的《伯尔尼公约》，还利用自身在关贸总协定中的影响力，促使关贸总协定乌拉圭回合谈判中最终形成了 TRIPS 协议，为美国文化商品占领国际市场提供法律环境，也为美国文化商品出口的国际争端提供了有效的法律实施机制和争端解决机制。

二是美国政府不会直接干预版权产业发展。美国虽然注重宏观层面的顶层设计，但没有出台相关资金补贴政策，政府采取的主要形式是加强宏观指导和公共服务，引导与版权产业相关的电影电视、图书出版、音乐、软件等产业快速发展。美国政府对企业的管理以法律为依据，采取反托拉斯法等措施来限制垄断、保护自由竞争环境，而尽量避免直接干预。①

3. 日本模式

日本是亚洲经济较为发达的国家之一，同时日本政府也非常注重文化创意产业的发展，实施了"文化立国"的战略，成为亚洲文化创意产业最发达的国家。② 日本文化创意产业以动漫产业为龙头，游戏产业紧随其后，此外还包括时尚产业与休闲产业等。

在发展模式上，日本政府制定了灵活性较强的"政府指导体制"，出台了许多促进文化创意产业发展的相关政策，并且在税收方面给予中小型企业一些优惠政策，支持其健康发展，同时日本政府大力提供资金支持，鼓励其他行业的投资者进入文化创意产业。除了发展国内市场外，日本文化创意产业积极向海外扩展，努力开拓国际市场。

日本的文化创意产业以动漫产业为代表。目前，日本是全世界最

---

① 王洁：《产业集群理论与应用的研究——创意产业集聚影响因素的研究》，同济大学 2007 年博士学位论文，第 141 页。
② 严灿璨：《谈日本和台湾地区文化创意设计的发展对大陆的启示》，《科技与创新》2017 年第 10 期，第 51 页。

大的动漫产品生产国和出口国,其动漫产业的产权交易也是全世界最大的。动漫产业也是日本 GDP 的主要创造产业,是日本的核心产业之一。除了动漫产业之外,与之相关的周边产业也十分发达,例如著名的动漫作品《火影忍者》《海贼王》等作品在日本拥有非常大的影响力,其相关的影视作品和周边产品在海外也十分畅销,受到无数动漫粉丝的追捧。日本的动漫产业带动了日本的经济高速发展,日本以此为突破口,走向了国际市场,现今日本的动漫产业在国际上拥有极强的竞争力,形成了一条漫画、电影、音乐、游戏、玩具制作等一体化的完整产业链。

4. 韩国模式

近年来,韩国文化创意产业发展迅速,逐渐走向文化创意产业强国之列,其中数字软件产业已经超过汽车产业,成为韩国的第一大产业。韩国文化创意产业的"政府主导＋市场机制"发展模式主要有三个特征:

一是国家制定整体指导性计划,以科学的宏观计划指导产业发展,并强调计划的连贯性。1998 年起,韩国开始将文化创意产业发展战略作为强国立国的根本国策,并出台了相关的国家文化创意产业发展战略,如《文化产业发展 5 年计划》《文化产业前景 21 世纪》《文化产业发展推进计划》等,并出台一系列政策措施确保计划的顺利实施。

二是设计政策框架,以资金扶持、税收优惠等形式来引导产业发展。近年来,韩国政府持续加大对文化创意产业的投入,先后建立文艺振兴基金、文化产业振兴基金、信息化促进基金等专项基金,并利用税收、信贷等经济杠杆,对企业实行多种优惠和扶持措施。

三是营造自由竞争的市场环境,以规范有序的市场环境促进文化创意产业发展。韩国政府出台的各项政策都是针对产业而不是个别企业,以产业作为重点扶持对象,鼓励大企业与中小企业和平共处,共同参与市场竞争,利用市场优胜劣汰机制,促进整个国家文化创意产业快速发展。①

5. 国外模式的启示

综合来看,国外文化创意产业发展模式有如下启示:

一是强化政府对产业的宏观设计与政策指导。综合比较英、美、日、韩的文化创意产业发展模式,可以发现一个明显的共同点,即国家重视产业的整体设计,并出台相关政策予以支持,营造好的发展环境。在姑苏区文化新经济的发展过程中,需要明确发展方向与目标并制定相关政策与措施,引导文化创意产业快速发展。

二是发挥市场机制的基础性作用。对于文化创意产业而言,政府的规划引导是必要的,在短期内会有一定效果,但是要把产业做到一定规模很难,不具备可持续发展性,因此,对于文化创意产业来说,发挥市场机制对资源的基础性配置作用非常重要。

三是强化文化创意产业发展核心要素。文化创意产业发展的核心要素是文化产品,英美等国文化创意产业之所以能够在国际上具有较强的影响力,就在于其核心产品优势明显,例如,美国的电影业和传媒业、英国的软件业、音乐业等。因此,我们需要利用在人才供应、科技投入等方面的优势,推进创新,强调文化创意产业发展的高端化,选择具有一定文化基础的产业重点培育,打造核心文化产品。

四是打造特色品牌与旗舰企业。姑苏区应从文化资源优势出发,依托苏州的制造业基础寻找突破口,突出在特定领域的专业服务和专业形象,走特色化产业发展之路,打造特色性文化品牌。同时,文化创意产业需要具有核心产品与技术,并具有话语权的旗舰企业。因此,选择具有核心产品与技术的企业重点扶持,引导其自主创新和高端突破,使其尽快成为创意产业发展的中坚力量,并以此提升整体竞争力。

---

① 宣烨、宣思源:《国外文化创意产业发展的典型模式及启示》,《市场周刊(理论研究)》2013年第1期,第3—5页。

(二)文化新经济开发标准试验区产业选择战略

产业选择战略是一套可量化的选择指标判断体系,应与产业区位规划共同进行。产业选择战略包括评价维度和战略选择,产业区位规划则包括内外部区位分析、文化产业与资源分布分析和产业发展区位规划。

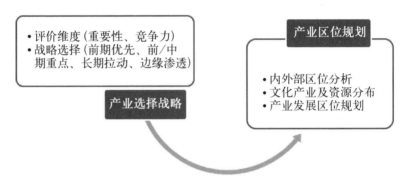

图 5-1 文化新经济开发标准试验区产业选择战略示意图

根据上文分析的国际成功模式,在文化创意产业发展中应强化政府对产业的宏观设计和政策指导。在对姑苏区文化新经济产业发展进行规划之前,首先确定产业评估的标准,其次对现有产业进行评估,并进一步将其划分为不同类别。最终针对不同类别的产业分别从企业和政府角度提出具体的发展策略。

1. 评价维度

战略分析的基本思路是对两个维度的指标进行分类。根据文化新经济的产业规划要求,根据调研获得内容,确定以下两个评价维度:

一是产业重要性指标。此处的重要性,是将企业放置在文化新经济背景下,考虑产业整体对区域经济发展的影响。具体的考量包括:该产业如果接入文化新经济,在文化产业链中的位置;该产业在文化新经济中的角色;该产业对区域经济增长的直接和间接拉动作用。总体而言，包括了产业的经济效用和社会效用考量。

二是产业竞争力指标。产业的竞争力来源于该产业下属企业的整体竞争能力，具体包括：各企业综合的现有产业业绩；各企业综合的产业发展潜力指标；该企业在区域或全国的相对竞争优势考量。

之所以采用以上两个指标，基于以下原因：

第一，现有评价工具的局限。目前，常见的战略分析工具包括SWOT分析法、内部因素评价法（IFE矩阵）、外部要素评价法（EFE矩阵）、竞争态势评价法（CPM矩阵）和波士顿矩阵法。

基于资源的有限性，在产业经济发展过程中，有许多经济学家提出了主导产业选择的基准，其中比较有影响力的如罗斯托扩散效应基准、赫希曼产业关联度基准、筱原三代平的"收入弹性基准"和"生产率上升基准"。主导产业的选择基准研究越来越引起我国学者们的重视，许多研究者结合我国国情提出了不同的选择基准，如比较优势基准、产业协调状态最佳基准、增长后劲最大化基准、短缺替代弹性基准、瓶颈效应基准等。但是，目前在主导产业选择评价研究方面还存在诸如指标选择的随意性较大、评价方法计算过于复杂等问题。

第二，文化新经济的特点要求。与企业战略分析不同，对姑苏区产业战略进行分析不仅需要对其中的企业逐一评估，更重要的是将企业放置在文化新经济背景下，思考产业整体对区域经济发展的影响。

根据资源配置理论，资源具备有限性和可替代性，即资源是稀缺的且既定的资源往往具有不同可供选择的用途。事实上，工业革命以来，人们对资源的需求不断增加，资源的稀缺性表现得越来越突出，使资源经济化、价值化的趋势更加明显。因此，如何将有效的资源充分利用成为制约经济发展的重要问题。

文化成为新经济增长点主要表现在，文化发展带动了相关产业行业和整个国民经济的发展，促使文化需求日益繁盛、具备旺盛的市场竞争力。在文化新经济背景下，产业优化升级成为必然趋势。姑苏区虽然占有先天的区位优势,拥有丰厚的文化积淀,但基于资源的有限性,如何战略性地制订产业发展计划,首先要确定各产业在其中所处的位置。

除此之外,竞争力是战略分析中不可忽视的环节,只有具备竞争力的产业才能有条件实现资源的最大化利用,使资源经济化和价值化。在充满竞争的市场环境中,企业需要通过培育自身的资源和能力,有效整合和获取外部资源,并综合加以利用,在为顾客创造价值的基础上实现自身价值。

因此,对于文化新经济发展的产业规划,产业的重要性和竞争力是重要的评估标准之一。只有在充分了解各产业在文化新经济发展中所扮演的角色,才能从整体评估的视角对其进行有效分析,并为后续建议例如资源分配提供基础。同时,要综合考量产业的竞争力才能做出正确的战略规划。

2. 战略选择

基于以上标准设置评价指数,对姑苏区各类产业进行综合评价,分别综合考量各产业内的企业状况,对其所在产业的重要性指标和竞争力指标做出评估,作为战略选择的依据。

表5.3 姑苏区产业分析评分表(10分制)

产业类别	IP产业链角色	重要性评估(分)	竞争力评估(分)
园区	整合、孵化	9	7
非遗(相关)	前端/授权商	10	8.5
设计	前端/授权商	8	9
酒店	中端/被授权商	8	9
空间	中端/被授权商	8	8
制造	中端/被授权商	7	7

根据各产业得分,将其列入产业的重要性和产业的竞争力两个维度组成的文化新经济产业发展规划矩阵。矩阵包括四个象限,根据产业的重要性的相对高低、产业的竞争力的相对强弱进行划分。具体情况如下:

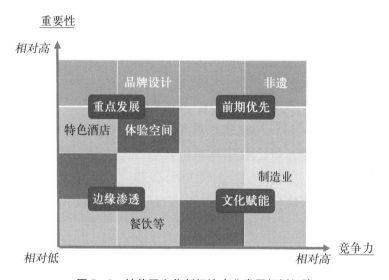

图 5-2 姑苏区文化新经济产业发展规划矩阵

A. 前期优先产业

前期优先产业应该是重要性和竞争力双优的产业。但是,我们在实地调研中发现,由于文化新经济属于新兴的经济增长模式,姑苏区也刚刚开始探索,重要性与竞争力双优的产业较少。

姑苏区的文化新经济产业发展是以文化 IP 的开发和授权为核心的。以非遗为代表的文化元素是姑苏文化底蕴的集中体现,为文化 IP 的提炼提供了丰富的素材。而且,姑苏特色的文化 IP 将具有他人难以模仿和复制的核心竞争力,可以成为具有城市品牌效应的强 IP。因此,非遗产业应纳入前期优先产业。

创意产业园区在文化新经济建设中具有基础性的作用,是姑苏区创意企业及其相关支持企业集聚之地,对文化类企业的聚集和发展、带动周边文化创业与消费具有不可或缺的作用。其规模性和经济效益、带动的就业创业及由此产生的广泛协同效应将成为文化新经济建设的基础力量。因此,创意产业园区应作为前期优先产业的载体。

B. 重点发展产业

长期以来,姑苏区非常重视古城保护工作,是全国唯一一个国家历史文化名城保护区。近年来,围绕着古城资源的开发,姑苏区已经在文旅融合等方面做了很多有益的尝试,特别是平江路、山塘街已经成为全国较为知名的旅游街区。但不可回避的是,古城资源的开发还比较初级,商业形态比较简单,产业化程度不高,没有形成具有姑苏特色的品牌模式。现有旅游人数已经接近姑苏区的承载上限,无论是硬件设施还是服务水平,都需要提升质量,向更为高端、专业的方向发展。同时,在产业形态上要摆脱传统模式,针对古城资源进行 IP 化提炼、品牌化打造,形成高附加值发展模式。

在这样的背景下,需要选取突破点来对现有的产业进行升级改造,通过深度调研发现,品牌设计、特色酒店和体验空间等细分产业方向展现出良好的发展势头,其中不少企业已经在现有的商业实践中摸索出一定的经验。因此,品牌设计、特色酒店和体验空间被列入重点发展产业。

C. 文化赋能产业

由于姑苏区地处老城区,不适合也不应该发展以制造业为代表的传统工业。但传统工业存量巨大,普遍面临升级转型的压力。在这样的背景下,姑苏区发挥自身文化资源的优势,以文化中心区为定位,与周边行政区的工业区形成共生发展关系,从而带动整个区域经济的良性发展。

姑苏区可以通过文化新经济的产业服务形成核心竞争力,占据产业链上游的高附加值部分,吸引传统工业企业在姑苏区设立以设计、授权、体验等为主要内容的创新型业务服务模块,推动提升周边传统产业的产值发展,实现双繁荣。因此,姑苏区周边以制造业为代表的传统工业被列为文化赋能产业。

D. 边缘渗透产业

其他产业(如餐饮)被列为边缘渗透产业。这类产业重要性和竞争力皆较弱,但可能关乎民生或其他社会领域。文化新经济作为新的经济发展模式,应尽量渗透其中,提升各行业的经营状况和发展潜力。

(三) 重点发展产业的选择及发展策略

1. 特色酒店发展策略

(1) 明确酒店业的地位。酒店业作为一个古老的行业,本身就是一个文化演绎的场所。随着酒店业的发展,酒店之间的竞争日趋激烈,促使出现新的经济增长点。目前,各酒店在硬件方面的差距已不明显,彼此之间的竞争也已从硬件设施的竞争转为软件,尤其是文化方面的竞争,逐步从有形的资产竞争、无形的服务竞争转到更高层次的文化领域的竞争上。

酒店文化越来越成为酒店竞争力的重要组成部分。酒店文化是酒店的软实力。文化应当是原创的,是独特的。知名酒店香格里拉的经营理念是"香格里拉热情好客,亲如家人"。丽兹-卡尔顿酒店"我们是为绅士和淑女服务的绅士和淑女"的理念,不仅是一个口号,更是一种管理模式,其对礼仪礼貌一丝不苟的要求,形成了礼貌和修养良好的员工文化,为酒店带来了许多忠实顾客和消费者,创造了巨大的经济利润。每一所酒店都在不断地更新换代,而永恒的则是酒店的精神和文化。

据统计,拥有深厚酒店文化的酒店年利润同比增长是那些不注重文化建设的酒店的 1.5 到 2 倍。[①] 面临日益激烈的市场竞争,各大酒店

---

① 季子昂:《浅析亚朵酒店酒店文化建设》,《现代营销(经营版)》2018 年第 5 期,第 130 页。

出于不同的目的或利益都在寻求文化竞争优势。所以酒店文化的建设在这个竞争的大形势下尤为重要。

(2) 提升酒店物质文化品位。姑苏区的酒店可以以典型的苏州文化为主题。酒店以拥有2500年历史的吴越文化为底蕴,以江南书香门第及苏州古典园林为主,追求文化特色,注重顾客需求体验。苏州以"精致城市"著称,小桥、流水、人家都是井井有条、细致入微,苏州园林是苏式建筑的代表,在酒店建筑装饰中可以体现到这一点,同时巧妙地与苏州环境结合,充分展示出苏州文化的魅力,将不同的苏州风情全方位多层次地向顾客展示,以其独特的文化内涵,加强顾客的体验和感受。

文化主题酒店在建筑装饰上可以采用中式园林的借景与对景,布局错落有致、精巧玲珑,室内以浓厚的文化布艺和古典家具设施为主,大堂陈设古石喷泉、青花瓷台、雕花栏柱设计元素与现代时尚结合的水晶吊灯,形成别样风味。优雅大方的酒店大堂、中国式的地板、古香古色的雕花床、精品中式茶具等等,这些不仅具有实用性,还可以供顾客欣赏,既展现酒店文化魅力,又烘托文化氛围。

(3) 落实以人为本的管理理念。对于酒店而言,建立酒店文化的实质就是制定体现人本主义的价值体系、经营目标、管理制度和服务流程。通俗地讲,就是要做好"人"的工作。没有满意的员工就没有满意的顾客。酒店文化最终会通过员工的服务行为表现出来,并被顾客所感知。高素质、有着强烈归属感和责任感的员工是酒店经营成功的"武器"。酒店应从新员工入职开始,重点培养求知好学、可塑性强的年轻人,筛选出酒店需要的管理人才。因为他们最容易把先进、科学的管理理念同酒店自身的具体实际相结合。同时,这种选拔人才的模式可以让广大员工认识到酒店唯贤是举的人才管理机制,引导员工全身心地投入工作,用努力工作来实现自身价值,使员工的整体素质不断提高。

(4) 加强员工内部沟通。要建立员工与员工之间、上级与下级之间的沟通体系,使各类人员之间能够相互配合。落实这一措施,必须加强团队内部的核心凝聚力。凝聚力的建立,第一步就是给大家时间互相认识、互相了解,可以开展一些集体活动,例如利用休息时间开展户外活动,要求每个人都必须参与,如此才能收获好的结果,使每个人都有成就感,下一次无论是路上相遇还是工作期间碰面彼此都可以打招呼。加强这样的内部沟通,可以使工作相互配合,更加高效。有这样一个良好的工作环境,员工在宽松清新的氛围中工作,身心愉悦,会更好地为他人服务。

（5）满足消费者需求并提高酒店品牌。随着我国居民的收入增长以及旅游业的复苏,大量的需求会推动酒店业的发展。我们可以从一些景区看到旅游旺季"一床难求"的现象时有发生。消费主体已经从60后、70后变化为80后、90后以及00后。80后、90后的经济基础逐渐变得稳健,他们对酒店的要求逐渐提高,简单的"洗、息、睡"型的酒店很难满足目前的主流消费人群的需求。更多的酒店需要提供康乐、商务、休闲、会务等服务才能满足日益增长的消费需求。

随着生活水平的提高,人们对于产品的要求也不断提高,更加倾向于满足自身所需的体验,所以酒店应当重视顾客对于酒店产品的需求倾向和产品为顾客带来的需求体验,在创建和研发产品时,要注重顾客的情怀和产品在形象及品位上是否符合顾客所需。在实际应用中,加强与顾客的沟通,了解顾客需求,强化顾客体验,使主题文化经深层挖掘后深入人心,形成自己独特的品牌优势,提高酒店竞争力。

（6）全面提升个性化服务。酒店服务是一种无形的竞争力,服务质量的优劣没有严格的评价标准,其价值评定往往附着在酒店文化的思想指导中。酒店服务是以酒店文化为基础,同时也是酒店文化的表现形式。在实际的操作中,消费者对于酒店文化的认识是以酒店服务为标准的,同时酒店服务也带给消费者最为直接的感受。因此,酒店服务对于酒店竞争力的提高会产生很大的影响。

当前的酒店服务行业,更加强调个性化服务。个性化服务的重点在于酒店氛围的营造,给消费者提供更为舒适的环境。酒店在提供服务上要做得十分到位与贴心,例如,为顾客提供会议厅、商务中心、外币兑换、赠送小礼品(办理入住手续或者离店时)、洗衣、接机、配备专职行李员、叫醒、前台贵重物品保险柜等服务。

在对待顾客服务上,一线员工要做到细致入微,把握好工作时间和工作节奏,做到准确、迅速、及时;仪容、仪表大方得体;服务人员要时刻保持微笑,主动向顾客问好。此外,酒店在提供基础产品服务方面也可融入酒店文化,比如在提供给顾客的浴衣、拖鞋等日常用品中加入文化元素,让客人每时每刻都置身于酒店文化的熏陶之中。例如:亚朵酒店凭借自身的特色服务在业界受到了一致好评,其特色服务主要包含移动图书馆、摄影展览、奉茶、无抵押借阅、无停留离店等等。

(7) 提供特色餐饮。美食是最能体现当地特色文化与历史的介质之一,因此可将当地餐饮文化纳入酒店文化。游客不仅能够在酒店中休息,还能品尝到当地特色美食。美食不仅能吸引游客,还有助于宣扬当地特色文化。苏州的每个区、每个镇,都有其极具代表性的美食,而姑苏区的美食文化更是源远流长。每一样具有代表性的姑苏区美食,其背后的文化都值得我们细细追溯。

2. 品牌设计类产业发展策略

(1) 明确设计类产业的作用。设计是人类为了满足自身的某种特定需要而进行的一项创造性活动,它是人类得以生存和发展的最基本的活动。而设计与文化的源流关系决定了设计的发展始终受文化的影响。设计无时无处不受文化的影响,文艺思潮、历史政治、地理环境、风俗习惯、个人修养这些因素的不同,影响了设计师和受众的思维方式,导致设计原则、设计风格、形成体系以及设计评价差异巨大。从社会发展的角度出发,不同时期的社会文化价值取向不同,设计也各具时代风格特色。

设计是一种文化现象、文化成果的缩影，同时也在不断地推动着文化的前进。中国工业设计之父柳冠中先生曾说："设计师要创造新文化"。这便体现了设计可以反作用于文化去创造文化。同时设计的物化也是在创造新的文化，设计的成果反作用于文化，成为文化历史积淀的一部分，对文化有丰富、创造和更新的作用。设计对文化的创造，既包括对旧文化的传承和发扬，也包括对新文化的探索。设计的直接目的是为人类服务，而潜在的影响将成为人类文化积淀的有机组成。由于文化的继承性和延续性对设计有着深远的影响，这样的积累和发展为后续的设计提供精神营养和借鉴。

在现代设计活动中，无论是平面设计、视觉传达、时装及配饰设计，还是工业设计和室内设计，其作品的文化内涵或者说它所反映的文化特征，早已成为人们研究评价的重要切入点，受到设计界越来越广泛的关注。可见，新时代下，设计与文化越发明显地交融在一起，相辅相成，相聚相依。设计在作为创新元素的源头和驱动产品的经济价值及商业竞争力方面，扮演着相当重要的角色。

（2）以创意和创新为核心。设计产业强调的是创新创意，其竞争力的提升本质上要靠创新能力的提升。对于设计产业来说，IP同样也是可应用的一种产业类型。一家设计公司应当有自己独有的设计理念，这种设计理念就可以作为概念主体，通过其衍生出来的产品获得利润，并成为一个IP。而一个能够在如今激烈的产品消费市场立足的IP，就必须有优秀的创意设计。

因此，企业要扩大设计创作领域，引入现代设计理念。同样，姑苏区也需要推动丰富的地方戏剧、动漫影视、传统手工艺等资源向现代艺术创意转化。以创新创意水平提升为动力，提高戏剧、动漫影视、传统手工艺等资源的品牌效益，实现艺术价值与商业价值的同步提高。具体来说，突破现有的传统文化题材，可将"苏州文化"中的"苏绣文化""桃花坞文化""园林文化""馆藏文化""昆曲文化"以及其他具有本土特色的城市文化等融入产品题材设计中来。

（3）对接传统与现实。如今，物质生活水平的提高和技术的发达使我们的生活愈加便利，多元化的媒介为人与人之间的沟通提供了越来越便利、畅通的条件。然而，这种积极现象的背后隐藏着诸多矛盾：一方面，市场上为满足欲求产生的纷繁复杂的消费品使我们忽略了人们最基本的需求；另一方面，全球范围内地区发展的不平衡，导致大量社会问题的出现，这些问题仅由政府部门已经无法得到切实解决，需要政府、大学、商业、社会团体协同参与、共同解决。因此，基于以上现状，设计理念亟待转变。设计行业不应该仅仅停留在欲求型设计的创作与生产，更应该把眼光放在人们的基础需求上，为此需要关注并发展需求型设计。

既有传统文化内涵又有一定实用价值的文创产品很有市场。把文化注入生活，把设计融入生活，才能带来更多的文化趣味和意义。创新和设计是解决问题的方法，进行文创产品设计需要进行调查研究，方能更好地针对生活中的问题拿出好的方案。通过创意设计将传统文化与当代生活联系起来，这不仅可以满足我们当代生活的需求，还是对传统文化的保护与传承。

（4）原创知识产权保护。保护知识产权，有利于调动人们从事科技研究和文艺创作的积极性。知识产权保护制度致力于保护权利人在科技和文化领域的智力成果。只有对权利人的智力成果及其合法权利给予及时全面的保护，才能调动人们的创造主动性，促进社会资源的优化配置。随着新常态下创新创业渐成主流，知识技术在经济发展中的作用越发重要，国家对知识产权的保护也上升到史无前例的高度。2015年至今，国务院下发的"国办""国发"文件中，提及知识产权的就有数十次，突显了对知识产权的高度重视。

加强知识产权保护不仅是实施国家创新驱动发展战略的必需，如今亦已成为社会共识。保护知识产权是增强自主创新能力的重要前提。创新是一个民族发展的不竭动力,是民族振兴的必要条件。保护知识产权是完善市场经济制度的重要内容。企业参与市场竞争,一靠形成良好品牌,二靠研发优质产品。特别是在知识经济时代,一个企业只有拥有自主知识产权和品牌,才能拥有竞争优势。

(5) 互联网营销。制订"互联网+文化"行动计划,推动移动互联网、云计算、大数据、物联网等与设计产业结合,引导设计企业利用互联网拓展国内国际市场,建立优势互补、合作共赢的新型产业体系。建设姑苏设计网站,建成全市设计行业的"信息、交流、交易、服务、展示"综合性网上平台,积极推荐姑苏文化设计"专、精、优、特"产品。借助设计展会网络营销管理服务平台,整合名企、名牌、名师及特色产品、作品,线上线下结合,以网络带会展,以会展促网络,推动设计行业长短线营销服务平台的有机结合。支持设计企业完善营销渠道,变革实体店,加快发展行业电商,实现线上线下融合同步发展,提高市场占有率。

(6) 人才队伍建设。加强创新设计人才培养,建立和完善设计人才职称评定体系,制定设计行业高级职业技能鉴定标准,开展设计职业技能和职称评定工作。开展设计专业技能大赛,选拔培育优秀人才。坚持美学与工艺相结合,坚持传统与科技相结合,坚持"请进来""走出去",邀请省内外优秀设计大师指导,引入先进理念,打破传统思维,引导和鼓励设计从业人员在设计业界内广泛学习交流,提升技艺。

3. 体验空间类产业发展策略

(1) 消费升级中空间产业的作用。我国正迎来新一轮消费升级的浪潮,消费者的消费行为从传统的生存型物质性消费逐步转向发展型、服务型等新型消费。品质革命逐渐展开,"幸福产业"快速发展,娱乐、通信、教育、医疗保健、旅游等领域的消费出现爆发式增长,从品质和数量两方面对供给侧形成牵引,从而充分发挥出消费在经济增长中的基础性作用和促进产业转型的关键作用。根据《2018 年中国泛娱乐产业白皮书》,IP 在泛娱乐产业融合过程中扮演了"桥梁"和"中枢"的重要角色,在泛娱乐产业与实体经济深度融合、信息消费与实体消费同步升级的大潮中,IP将进一步成为产业融合的"酵母",与农业、制造业、服务业进一步结合,形成"IP+产业"的新模式,成为产业品牌升级、文化升级的新风口。"IP+产业"将推动创新型经济发展,催生新兴业态,加快实现由"中国制造"向"中国创造"转变,满足多样化消费需求,推动产业实现高质量发展。

文化IP+空间的新业态是将IP场景化。将IP元素融入场景创造内容,突显IP的个性和跨界多元化,既独树一帜又有价值内涵。与此同时,面对激烈的市场竞争,多样化的产品层出不穷,消费者对消费场景的需求也在不断改变。从单一的购物到感官体验营销的发展,是消费升级的必然结果。因此,打造场景化的消费空间,不但是为消费者提供一种更加丰富、多元化的消费途径,而且与文化IP的结合,更是创造了一种全新的生活方式。

(2)围绕文化元素,打造文化品牌。多元业态经营模式要取得成功,必须牢牢抓住文化创意产业打造文化品牌。文化创意产业分为核心产业和外围产业,核心产业主要包括图书类、音像类、文具类、游戏类、艺术品类等等,外围产业包括文化设施、观光产业、教育培训、运动休闲、创意生活、特色美食等等。比如,2015年开业的诚品书店苏州店,就最大限度地聚集了文化创意产业的各类业态,是集文化、商务、观光、休闲、自然、美食、住宅于一体的城市文化综合体。

以文化元素为中心逐步扩充产品系列,打造文化创意品牌集群。例如诚品下属品牌有诚品酒窖、诚品知味、诚品文具、诚品讲堂、诚品书店等数十个,并通过"诚品书店"的品牌效应吸引各类流行、时尚、高端的消费品牌入驻,实现各类品牌的集聚和共赢。

(3)注重打造文化氛围。文化创意产业的本质其实是审美经济。在审美经济时代,商家出卖的重点往往不是物质产品,而是一种情调或氛围。从审美经济的角度,就不难理解诚品书店等的成功之处,他们除了满足顾客的功能性需求之外,也把大量的注意力放在满足顾客的审美需求之上。对产品体验所形成的审美和情感依赖或价值认同往往决定价格的高低,不因供求数量的变动而变动。而空间与其他产业相比,更不能忽略氛围的打造。

打造符合文化调性的空间氛围,不能仅停留在将文化元素浮于表面装饰,而应该发掘文化调性,使其融入整个环境,实现深入的契合。例如无印良品强调环保简约的生活方式,其门店的空间布置和设计均延续极简的风格,与品牌调性相符的空间为消费者提供了更佳的消费体验。

此外,多元业态模式复制推广的主要难处在于,通过文化品牌的影响力,基于审美经济,打造一条完整的文化创意产业链。因此,文化＋空间的多元业态经营,需要打基础、做品牌、精研发,久久为功方能见到实效。例如诚品的成功,在于其数十年的品牌坚持、大量的文创投入以及专业的管理经营和文化创意团队。

(4) 以顾客需求为核心的互动体验。价值共创被认为是制造企业提升自身竞争力的有效途径之一,而有效的价值共创关键在于互动导向。互动导向则是指企业注重把同消费者之间的双向互动作为企业创造价值的途径。具体来说,要具备顾客观念,以顾客为先。空间的消费从某种程度上而言可以说是购买体验,而提供的体验能否满足消费者的需求是成功的前提。因此,在空间的打造上,可以采取顾客参与的方式,鼓励顾客加入设计空间布局或装饰,并进一步深化设计体验,通过网络与顾客实现后续的反馈互动,对顾客的建议和意见及时跟进或采纳。例如,近年强势兴起的国内本土品牌企业网易严选,通过网络商城的互动体验和线下场景式体验相结合促进顾客参与企业营销活动。

(四) 基于资源优势的文化赋能和基于园区载体的文化赋能

1. 基于资源优势的文化赋能

姑苏区拥有丰富的文化资源和深厚的文化基础,应采取文化＋制造的新业态,利用科技将艺术与消费相结合,实现优势互补。总的来说,科技推动了制造业发展,文化则让科技更有温度。利用科技打造文化+制造的新业态,既可以创造商业价值,也可以创造社会价值。

(1)科技作为连接文化与制造的桥梁。一方面,智能制造已经成为全球制造业的发展方向,是工业化和信息化深度融合的关键抓手,是增强企业核心竞争力的重要内容。同时,智能制造也是我国推进制造业向中高端迈进的战略举措。经济发展进入新常态,推动产业转型升级、加快发展智能制造任务非常迫切。为加速制造业转型升级,国务院发布实施《中国制造2025》,明确提出将智能制造作为主攻方向,加速培育新的经济增长动力,抢占新一轮产业竞争制高点。国家层面实施智能制造工程,系统推进技术与装备开发、标准制定、新模式培育和集成应用,推动制造业数字化、网络化、智能化发展。

另一方面,文化和科技相结合作为我国文化产业发展的主导模式,已经成为一个日益明显的趋势。《"十三五"国家战略性新兴产业发展规划》《文化部"十三五"时期文化科技创新规划》、科技部《"十三五"现代服务业科技创新专项规划》提出发展数字创意产业,加强文化科技创新,强化文化科技资源整合。而面对文化强国建设的目标,十九大报告也提出实现优秀中华传统文化的创造性转化和创新性发展。

由此,文化IP依托科技在制造业焕发出全新的生命力。科技的发展提高社会生产力,为文化生产和创新提供了充足的资源。科技进步是文化生产作为一种独立的职业得以存在的根本原因,同时技术进步带来生产力的提高和社会财富的增加,一部分人可以不用从事手工劳动,而是创造具有符号性或者美学特性的物品并通过交换获得生存物品。

此外,科技进步促进了第一和第二产业的规模生产,解放了大量的人口资源,这部分人口资源可以投身到文化生产和创新中。再者,科技的运用有助于降低产品开发和制造过程中的成本,使文创产品的价格更加亲民。

（2）匠人及其精神是文化融入制造业的主体。以个人工作室或手工作坊为单位生产的制造业虽然面临着小规模的劣势，但与此同时，隐藏在背后的工匠精神更具有被开发的潜力。工匠精神是一种职业精神，它是职业道德、职业能力、职业品质的体现，是从业者的一种职业价值取向和行为表现。工匠精神的基本内涵包括敬业、精益、专注、创新等。具备这种精神的工匠们喜欢不断雕琢自己的产品，不断改善自己的工艺，享受着产品在双手中升华的过程。工匠们对细节有很高要求，追求完美和极致，对精品有着执着的坚持和追求，提高品质。除了产品的高品质以外，匠人在体现手艺的同时，也传递了耐心、专注、坚持的精神，这种精神的传递伴随人与人的情感交流和行为感染，这是现代的大工业的组织制度与操作流程无法承载的。

文化具有无形的意识形态，精神性是文化最基本的特征。对于文化基础深厚的姑苏，打造匠人精神是将文化资源提升为精神产物的一大途径，同时，处于微笑曲线底端的制造环节附加值较低，而匠人精神会增加产品的附加价值，产品的竞争力和收益也会获得提升。因此，在文化＋制造的新业态模式下，打造匠人精神，将其作为文化背景下的精神产物，融入产品制造的环节并加强"匠人"文化的传播，将有利于小规模手工制造业的发展。

（3）实现互动导向的产品开发过程，关注消费体验。文化新经济应该实现新消费。提倡共享经济的文化背景下，每个人都可以是"生产者＋设计者＋消费者"。制造企业和制造工匠们不能忽视自身之外的强大创造资源和创新因素。传统价值链和供应链被重构和打破，万物互联。制造业也必然要将各种生产要素进行关联，其中消费者的需求是不可忽略的元素。制造业工匠的困境之一在于生产和消费很难做到无缝衔接，人们精神层面的体验还无法很好满足。

通过网络开放协同生产，不但可以实现消费者的个性化设计，而且能够借助消费者的创意开发新的产品、扩充产品品类,使消费和生产进行互动,将创意设计、资源进行统筹整合,突破市场和企业边界,按照最接近消费者的方式进行生产,实现工艺价值商业化。

给予顾客权利参与设计产品。通常来说,制造业作为生产的下游环节更多关注产品的核心利益,而忽略了顾客的消费体验。对于传统工艺而言,体验消费能够增强消费者对传统技艺和文化的了解,有助于增强产品价值。因此,文化+制造的新业态模式通过互动导向的产品开发与改良有助于提升顾客的体验。

具体来说,在产品构思阶段,鼓励互动获取信息,了解顾客需求;产品方案征集阶段,授权顾客征询意见,增加设计方案的交流互动,降低产品开发不确定性。在产品方案筛选阶段,提供平台提高互动频率。企业通过不同媒介如微信、微博、官网等的组合,为顾客提供便捷平台与投票机会,促进顾客参与设计和评选产品方案更好地实现,增进顾客对产品的感知从而增强购买意愿。

在产品测试与商业化阶段,以奖励促互动,维护合作关系。企业整理消费者的创意方案后,以投票互动的方式选取代表性方案并投入小量初次生产,进行互动评价与投票,对最佳的创意设计方案进行公示和奖励,激励消费者持续参与。

(4)实现品质与成本的平衡。传统制造业的生产模式中最著名的理论当属郎咸平的"6+1"产业链模型。"6"指的是产品设计、原料采购、仓储运输、订单处理、批发经营和零售等6大环节,"1"指的是产品制造。但对于传统手工艺产品的制造业而言,往往会因缺乏掌握技艺的工人而导致生产成本较高。比如初次接触到苏绣并开始询价的客户往往被苏绣的价格"吓"到。苏绣高价的原因除了其工艺和选材的成本高以外,更多的则是人工成本高。苏绣的绣娘很多都是刺绣传承者,但才艺的传承并非一朝一夕,年轻的手艺人技艺不娴熟,绣龄久的艺人又少,最终导致苏绣人工成本要比其他刺绣高得多。

因此,在坚守"一针一绣艺,一线一梦境"的匠人精神的同时,也要开发低端价格产品以保证盈利并使企业正常运营。要借助科技,研发低端价格产品以扩大盈利规模。例如,就传统制造而言,物体形状越复杂,制造成本越高,但通过3D打印机,制造形状复杂的物品成本不增加,打破了传统的定价模式。此外,一台3D打印机可以打印许多形状,它可以模仿工匠每次都做出不同形状的物品。

2. 基于文化创意产业园区载体的文化赋能

文化创意产业园区在文化新经济中处于基础地位,对培育文化新经济企业和经营氛围具有不可替代的作用。特别是在文化赋能的过程中,文化创意产业园区以产业链资源聚集为自身优势,可以成为前期工作的重点载体。

(1) 建筑空间发展原则。姑苏区旧城空间文化创意产业园建筑空间的发展目标是,与旧城风貌相适应,能够搭载历史信息、传承历史文化,在不破坏其肌理的条件下进行有序开发。因此,对旧城空间的创意产业园区的建筑改造和新建都应遵循一定的开发规范,同时引导建筑向多种发展模式转型,以避免开发方式雷同。

(2) 园区外部形象策略。

一是对老建筑进行改造的策略。旧城空间内部分闲置建筑可以作为发展创意产业的物质载体,但由于年代久远,已经无法满足新产业使用功能的需要,需要进行旧建筑更新。旧建筑更新的原则主要遵循以下两点:能够与更新后的城市功能相融合,即具有再生性;在保留历史符号的基础上显现出新的面貌,即做到真正的复兴而非全盘保留。

二是对新建建筑的发展策略。姑苏区旧城空间中部分旧建筑由于不具备历史价值和使用价值,将被新建筑取代。在建造新建筑的同时,有创意和有计划地使其与周边的建筑及景观进行融合。新建建筑保持一致风格,将新建建筑与周边的建筑以对比协调的手段统一起来。

从风格上看,姑苏区现多为古城或老城区建筑,因此对于新建建筑的形态建议选择传统风格或现代本土风格。传统风格要求建筑布局、形式、体量、材料、色彩和装修均采用传统模式;现代本土风格则要求在传统建筑特征要素提炼的基础上,采用现代设计手法加以抽象表达。

建筑改造的同时,需要特别注意建筑高度。按照《苏州市城市总体规划(2011—2020)》及《苏州历史文化名城保护规划(2013—2030)》中对于建筑高度的要求,严格控制建筑高度,其中高度Ⅰ区建筑高度不限,高度Ⅱ区控制建筑高度为80米以下,高度Ⅲ区为50米以下,高度Ⅳ区为36米以下,高度Ⅴ区为18米以下,高度Ⅵ区为9米以下,特殊控制区按照历史文化名城保护规划要求执行,新建建筑高度上限为24米;同时考虑周边建筑的高度,避免相邻建筑高度落差太大,还要避免形成单调的屋顶线。

提炼传统建筑特征要素,以较为抽象的表达模式融合现代的技术手法,首先应深入挖掘苏州地域文化。苏州的地域文化主要传承于距今已有两千多年的吴国,是具有鱼米之乡特色的"才智艺术",以"智巧、细腻、柔美、素雅、平和"为城市特征。

从地域文化中提炼出传统的建筑符号。为了延续历史文脉,传承历史特色,当代建筑师在现代建筑地域化方面做出不少探索和实践,有一定的经验积累。苏州许多建筑都采用了传统建筑形态和现代建筑技术,提取历史建筑符号,结合新的结构、材料和技术进行有机转换,将历史建筑中一些局部的片段、色彩、装饰及空间组合按照现代人的审美标准进行再创造,这些建筑手法对创意产业园区的建设有重要的借鉴意义。

(3)公共空间发展策略:挖掘＋共享。姑苏区旧城空间创意产业园的公共空间的发展目标,不仅要能够满足园区内创意人员的需求,还要能够对古城内公共空间做补充。因此要求创意产业园内配备一定规模的公共空间。但是碍于旧城空间土地资源有限,改造型园区受到原有空间秩序的限制,产业园内可直接利用的公共空间很少,只能从其他角度考虑发掘公共空间。

一是挖掘潜力公共空间。改造型创意产业园受到原有空间秩序的限制,本身可改造为公共空间的面积不大,可采用如下策略:

第一,采用"先减后加"的方法。如同修剪枝叶一般减去产业园区内杂乱、冗余且没有价值或者价值较低的部分以增加公共空间,例如登琨艳在设计上海滨江创意园时,就是通过这种手法增加公共空间规模,营造园林式的公共空间。

第二,利用屋顶平台打造公共空间。旧城空间内的建筑,一般建筑高度不高,尤其是工业建筑,建筑体块大,以平屋顶为主,适宜改造成可供人休息和交流的公共平台。苏州圆融星座的屋顶花园,就是利用屋顶增加公共空间面积,同时利用屋顶绿化提升园区整体的景观品质。

二是开放园区共享设施。城市公共空间是一个具有层次性、结构性的大系统,文化创意产业园内的公共空间是城市公共空间系统中的一部分。对于产业园区公共空间的讨论不能脱离城市公共空间的大系统,就产业园论产业园。正确引导产业园区内与城市公共空间联动发展,两者之间能够产生空间整合、场所共构、有机补充、网络联动的相互作用。

姑苏区空间创意产业园普遍存在公共空间规模小、不成体系的问题,可以考虑与周边内外可用的公共空间形成互动。由于历史建造理念的局限性,旧城空间的公共空间具有规模较小、布局零星、质量较低等问题。因此,改造旧城,也需要为居民提供更多的公共空间。

产业园多为封闭式产业园,外来人员和周边居民无法便捷地使用公共空间。丹麦著名建筑师扬·盖尔(Jan Gehl)在《交往与空间》一书中写道:"一般来说,社会性活动属于浅层次的活动,发生的是被动式的接触,即作为旁观者与周边素不相识的众生在同一空间发生关系。"他指出了公共空间开放的必要性,能够使人与人之间自然地发生交往。据此,姑苏区在文化新经济建设过程中,非常注重创意产业园适度开

放,即增加园区可达性和易于参与性。不同类型的创意产业园的开放程度可有所不同,从功能业态的角度:

以商业为主的创意产业园,本身需要人流,开放程度做出了适当提高。以办公为主的创意产业园,对环境要求较高的产业,开放程度可适当降低,考虑到旧城空间居民的人口结构是以老年人为主,而老年人的活动时间集中在早晨和傍晚,与创意人员的工作时间基本错开,这类以办公为主的创意产业园可以实行分时段开放。

(4) 功能业态发展策略:静态＋动态。姑苏区创意产业园应形成创意产业集聚,完善产业链条,促进经济转型发展;弥补周边地块功能不足;为古城空间复兴活力。从需求出发,要求创意产业园能够在产业上集聚,功能上复合。

多元功能复合引导。功能复合不仅要求满足创意人员的需求,还要求能够为创意产业园带来持续的活力。园区的功能复合可以从时间和空间的双重维度进行考虑:

一是空间维度上功能的复合。文化创意产业园是一种综合型的文化产业基地,是集创作、生产、消费于一体的综合性园区。严格意义上的文化创意产业园最起码应包含工作空间、展览空间、交往空间、休憩空间及商业空间,功能体系构建时应考虑产业园的发展类型,以对功能做适当的增补;同时要求统筹考虑周边用地功能,确保古城空间功能体系协调。

二是时间维度上功能的复合。同一空间因时段变化而承载不同的功能。如普灵文化创意产业园平时以销售功能为主,在指定时段体现展示和表演的功能,空间不发生改变但呈现出使用功能的阶段性特征。

(5) 管理模式发展策略:完善＋合作。这一点主要偏重于完善规划、审批、管理制度。具体包括:

重新建立对创意产业园的论证机制。其中,要从初期的审批论证阶段开始,结合规划的建设条件进行论证。也需要在此过程中让政府、企业以及设计师、周边居民等各界相关利益代表者一起加入,共同参与。

对创意产业园的发展和整体管理进行相关法规的结合管理,使市场对其的监督机制健全化、完善化,这样也可以使政府实时掌握整体的园区发展的动态,并且可以及时地进行调控并制定有效的措施,当然这些管理措施也需要根据市场的实时变化及时调整,从而适应不断发展变化的市场需求。

对房地产的开发商以及物业管理企业提出建立相关的企业信用体系,从而能够确定企业基本的信用积分和等级,同时,政府也应该实施积极的奖励措施或严厉的惩罚措施。这些都能够使创意产业园的管理得到有效的监督。整个过程需要始终遵循从政府监督到市场主导再到企业主体管理最后达到行业自律化的实施原则,这也将使各相关利益的主体发挥各自的作用。

四、成为区域经济增长反应堆的文化新经济公共服务"三大平台"

文化新经济开发标准试验区的建设,整体规划的完成是成功的第一步,而规划与实施的衔接,需要有针对性的"工具"。在文化新经济发展机制规划中,我们看到姑苏经济发展的未来是"文化授权",并可依托周边地区强大的工业加工制造能力加以输出。但文化本身与工业利用之间还有很大的距离,这需要用文化要素提炼、IP标准化、设计输出进行过渡转化,因此设计了姑苏文化新经济开发标准试验区内的"三大平台",将其作为从文化资源向文化资本转化的核心工具。

(一)IP+公共服务平台——从文化提炼到授权利用的推动器

IP+公共服务平台,以全产业链关键节点的知识产权基础服务为主要内容,打造基础数据库,完善基于知识产权的全链条服务体系,形成知识产权综合运营服务平台。公共服务的内涵是:"提供公共产品和服务,包括加强城乡公共设施建设,发展社会就业、社会保障服务和教育、科技、文化、卫生、体育等公共事业,发布公共信息等,为社会公众生活和参与社会经济、政治、文化活动提供保障和创造条件,努力建设服务型政府。"①公共服务强调政府的服务性,是政府介入的一种服务供给机制。知识产权的二元性决定了知识产权具有天然的公共性,与公共利益密切相关。

1. 姑苏区文化 IP 企业发展现状

按文化新经济大类统计口径,姑苏区文化新经济企业所拥有的知识产权主要包括商标(48.21%)、版权(44.64%)、专利(28.57%)、商业秘密(26.79%)和其他知识产权(23.21%)。

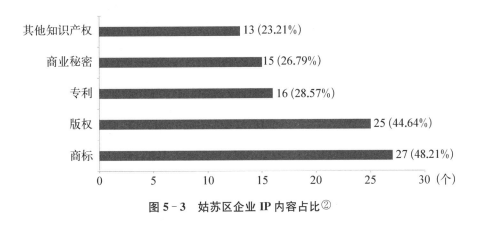

图 5-3　姑苏区企业 IP 内容占比②

自行开发(55.36%)是文化 IP 企业获得知识产权的主要途径,此外还包括合作合资获得(28.57%)、申请授权许可获得(23.21%)、市场购买获得(5.36%)及其他方式(7.14%)。

---

① 温家宝:《提高认识　统一思想　牢固树立和认真落实科学发展观——在省部级主要领导干部"树立和落实科学发展观"专题研究班结业式上的讲话》,《中华人民共和国国务院公报》2004 年第 12 号,第 14 页。
② 图 5-3 至图 5-15 均基于 2018 年姑苏区 IP+公共服务平台建设调研数据分析绘制。调研中共回收 56 份问卷,其中苏州地区 37 份,全国其他地区 19 份,均为有效问卷。

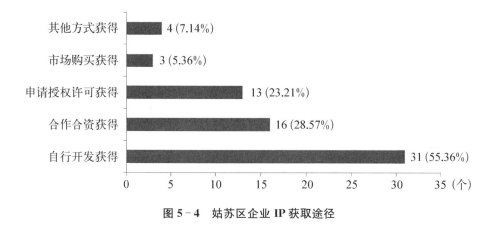

图 5-4 姑苏区企业 IP 获取途径

此外,文化 IP 企业利用知识产权资源为自身创造了经济效益(46.43%),获得了其他资源所必需的条件(26.79%),获得了国家直接资助、补贴(19.64%),获得了国家、社会荣誉称号(16.07%)等。

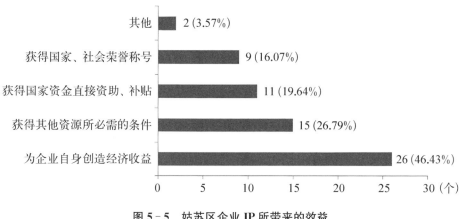

图 5-5 姑苏区企业 IP 所带来的效益

另外,文化 IP 企业的知识产权主要用以自我使用(62.50%)和授权他人使用(60.71%),也有部分用以市场交易转让(10.71%)和质押、担保(3.57%)等。

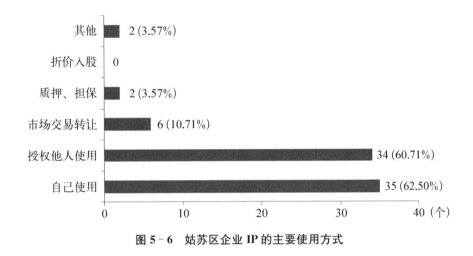

图 5-6 姑苏区企业 IP 的主要使用方式

在对知识产权的管理上，21.43％的企业表示有专门的知识产权管理制度、机构或人员，17.86％的企业由法务部、办公室和行政部门的人员监管，也有 10.71％的企业表示没有对知识产权进行管理的制度、组织或人员。

同时，42.86％的文化 IP 企业表示没有遇到过知识产权纠纷，收到知识产权律师函的企业仅有 3.57％，而知识产权遭到他人侵犯的有 17.86％，对此采取了维权行为的占到了 80％。

另外，在对知识产权的投入上，39.29％的企业表示有专项经费规划和投入，12.5％的企业有在公司的其他经费中列支知识产权费用，而 7.14％的企业表示正在依靠政府的补贴进行知识产权研发。

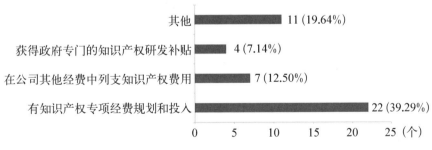

图 5-7 姑苏区企业对 IP 的投入形式

2. IP授权的主要行业

对于姑苏区而言，文化IP的合作行业主要是主题空间（50%）、文具办公（37.5%）、玩具游艺（35.71%）、饰品（35.71%）和服装（32.14%）等。

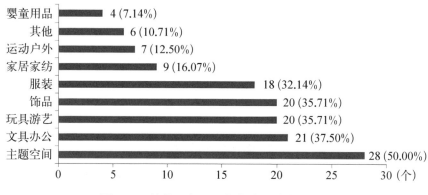

图5-8 姑苏区企业IP授权合作的主要行业

此外，对于姑苏区IP市场中的企业而言，大多认为文化IP授权于主题体验空间类（50%）和玩具、游戏、运动用品（50%）两个行业最具有前景，接下来依次是礼品、摆饰品类（30.36%），服饰（28.57%），食品（28.57%），文具/办公用品（26.79%），流行配件（23.21%）等。

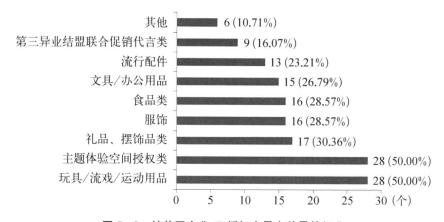

图5-9 姑苏区企业IP授权中最有前景的行业

3. IP授权考虑的主要因素

文化IP的授权与被授权企业在选择彼此进行合作时考虑的主要因素也不完全相同。对于授权商而言,被授权商品牌知名度(71.43%)、生产研发能力(71.43%)、产品销售能力(60.71%)及企业规模(23.21%)是关注较多的因素。而被授权商最关注的则是IP授权企业的IP知名度和影响力(80.36%)、IP与产品的匹配度(67.86%)、后续支持和服务(44.64%)以及版权方实力和知名度(41.07%)等。

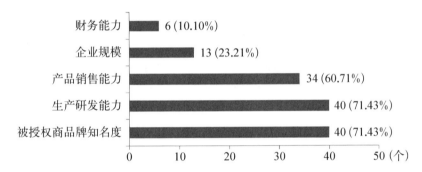

图5-10 姑苏区企业IP授权商选择被授权商时考虑的主要因素

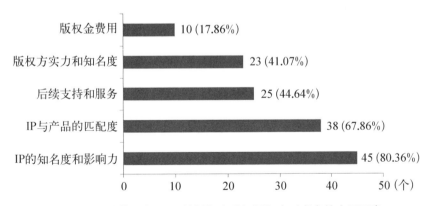

图5-11 姑苏区企业IP被授权商选择授权商时考虑的主要因素

4. IP授权的主要困难

文化IP的授权商和被授权商在市场中面临的主要困难和问题也

不完全相同。同行业内创意抄袭严重(58.93%),市场上盗版猖獗、维权成本高(55.36%),很难找到优质的被授权商(39.29%)等是 IP 授权商面临的主要问题。而被授权商则主要面临盗版猖獗,做正版性价比低(41.07%),人才缺乏,无法发挥 IP 授权价值(37.5%),授权金金额高(26.79%)等问题和困难。

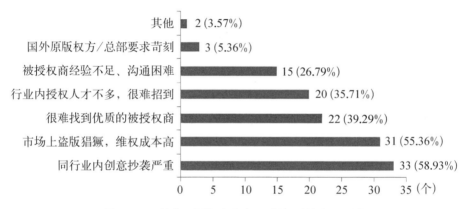

图 5-12 姑苏区授权企业在 IP 授权时的主要困难

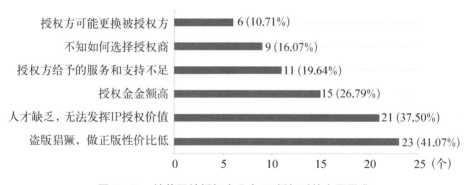

图 5-13 姑苏区被授权企业在 IP 授权时的主要困难

5. IP 授权中权利金的收取方式

目前,姑苏区 IP 授权企业收取权利金最主要的方式是进行资源互换和联合推广(41.07%),其次是在保底金的基础上根据实际销售额计算授权金(37.5%)。

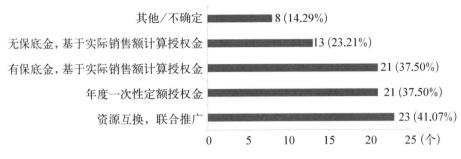

图 5-14　姑苏区 IP 企业收取权利金的主要方式

6. IP 授权中希望得到的帮助

在对"企业希望在知识产权方面获得的帮助和改善"的调研中发现，大多数企业希望可以更快、更方便地获取知识产权的信息（39.29%）、政府建立更多的知识产权交易平台（35.71%）、提供知识产权评估的标准（19.64%）、提供更多的相关知识产权人才（19.64%）、加强知识产权维权和保护（19.64%）等。

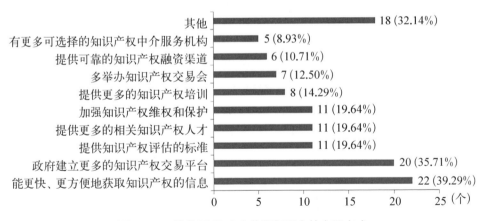

图 5-15　姑苏区 IP 企业收取权利金的主要方式

7. 姑苏区 IP 行业业务需求分析

目前对于姑苏区文化新经济企业整体而言，IP 开发仍处于初级阶段，该阶段主要存在以下问题或现象：

（1）开发人才短缺，原创能力不足。由于开发设计人才短缺，大部分企业原创能力不足。虽然部分传统文化企业在 IP 内容开发方面已取得初步成果并形成应用，但其开发的 IP 在其表现形式、故事内容、世界观和价值观方面均存在不足，未能实现 IP 的普遍传播与接受。此外，设计开发人员在 IP 开发过程中过度参考借鉴他人作品，导致部分企业提炼的 IP 形象存在同类相似的情况，甚至存在抄袭的嫌疑，不利于 IP 的创新开发。

（2）IP 元素管理方式落后，电子化管理尚未普及。大部分企业的管理基础设施（如 IT 资源等）尚不完善，管理者经营理念相对欠缺长远、系统的考虑，对于 IP 开发与存储，仍采用较为原始的模式——重要数据与素材以人脑记忆、实体道具及纸质笔记的形式存储，不利于 IP 元素存储管理的安全性与长远性，更难以实现 IP 元素的快捷流转与价值翻番。这一问题在非遗 IP 开发的相关企业中尤为突出。

（3）IP 内在原始价值难以确认，大多数 IP 开发商企业未能实现 IP 价值的提升。姑苏区暂无权威的 IP 价值评估体系，导致多数传统文化企业持有优质 IP，却因为价值确认的差异问题而迟迟未能找到契合的合作伙伴。IP 原始价值的评估确认，一方面将激励 IP 开发商进行更多创新，另一方面也有助于 IP 开发商提升话语权去对接更多资源，进行 IP 内容的二次开发与 IP 价值的二次提升。

（4）IP 侵权风险的存在。IP 开发环节中，企业面临着较大的侵权风险。一方面，设计师原创能力较弱，过度依赖参考他人设计，可能造成对他人的侵权；另一方面，部分 IP 已积累了一定的客户群，容易被他人抄袭、模仿，"猫的天空之城"在装潢风格、明信片墙和寄给未来的概念和创意等方面被市场广泛抄袭，维权成本很高。

综上我们可以做出判断，姑苏区 IP 产业链发展尚不平衡，不利于营造健康的 IP 产业环境。目前 IP 内容开发商类型企业发展势头较好，但其他几类企业实力仍相对较弱，尤其是 IP 产业辅助咨询类企业，尚未出现有代表性的该类企业，姑苏在地企业对 IP＋公共服务平台需求巨大。

8. 姑苏区 IP＋公共服务平台的服务类型

姑苏区的知识产权公共服务围绕姑苏文化的 IP 创造、IP 生产、IP 消费、IP 服务，分为两个板块：一个板块是为推动建立信息共建、资源共享的知识产权信息采集、分享和运用的完全公共服务板块；另一个板块则是为知识产权运营服务提供交易评估、维权管理等服务内容的合作公共服务板块。

姑苏区的知识产权完全公共服务板块主要设立人才资源模块、信息交互模块、业务服务模块、统计分析模块。

人才资源模块等为核心的服务功能区，主要包括整合区域人才资源优势，建立姑苏区知识产权人才库；按行业、领域条件查询专家，可与专家线上沟通。信息交互模块主要包括实时发布政策法规、行业资讯等信息；用户自主订阅栏目资讯；通过多渠道方式为用户推送信息；支持与新兴媒体互动，拓展信息交流渠道；等等。业务服务模块主要包括在线知识产权资助申请、受理、审核；在线维权援助、举报投诉，专家在线解答问题；等等。统计分析模块主要包括实时统计平台中知识产权、资助、交易、服务等数据；选择多条件、多维度组合的统计；统计结果以多种图形、表格等方式展现；等等。

合作服务板块主要设立数据中心、交易中心、服务中心、培训中心等几大功能服务区。数据中心主要包括建立姑苏区文化 IP 相关专题库，提供专业、易用的检索分析工具；为用户提供个性化的知识产权预警服务；建立区域企业资料库，多维度分析企业知识产权现状；在线进行知识产权问卷调查，图形化分析调查结果；等等。交易中心主要包括发布市场的知识产权交易、项目招标、合作等信息，提供交易过程管理服务；对交易信息发布、流程管理、结果反馈进行全程监管；建立知识产权价值评估体系，为交易双方提供参考依据；汇总交易服务机构，为知识产权交易提供第三方服务。服务中心主要包括构建知识产权服务的线上聚集区,覆盖代理服务、法律服务、信息服务、商用化服务、咨询服务、培训服务等产业领域;政府线上引导监督,市场化运营管理;服务在线申请、受理及评价;服务机构按月、季、年度评分;等等。培训中心主要包括整合区域知识产权教育资源优势,发布知识产权培训计划,提供在线报名服务;建立知识产权培训资料库,发布培训视频、课件文档等学习资料,可在线学习、下载;等等。

(二)智慧政务平台——从招商到育商的城市经营服务器

政府对企业提供政策支持的主要依据是各种文件。目前各类各级政策纷繁复杂,碎片化严重,造成企业"记不清、讲不全、把握不精准",致使政府出台惠企政策但企业很难掌握。要更好地为政府招商引资并为企业服务工作提供支撑,同时让企业能更及时、精准地了解产业政策,智慧政务平台的建设对改变政企沟通方式、提升营商环境至关重要。

姑苏文化新经济智慧政务平台的建设以政策信息资源开发利用为主线,建立信息更新和共享机制,基于统一的技术架构,构建政务管理综合信息服务平台,实现内部资源整合和业务应用整合。系统建成运行之后,将构建形成统一的智慧政务系统,为政府部门提供高度信息化和智能化的政策发布和审核环境,为企业提供全流程电子化的办事服务。通过平台的建设和长期运行,逐步建立健全电子政务的长效管理机制和运行机制,全力构筑一个"低成本、高效率、可持续"的信息化支撑环境,全面提高政府部门依法执政和提供公共服务的能力,构建政府行政管理、社会管理和便民服务的新模式。姑苏文化新经济智慧政务平台具有以下功能:

1. 政策数据库

对接市、区两级的政策数据库,按照政策文件中表述的政策类别、申请条件、实施部门等内容进行政策逻辑的信息重构。

2. 产业导航

对产业内主要企业的地理分布、企业聚合区等情况进行大数据精准坐标分析。根据产业导航结果,为姑苏区精准分析产业布局的问题。本板块结合姑苏区文化新经济的具体扶持需求(比如"企业营业额在200万元以上""利润率超过10%"等相关维度)提供符合扶持条件的、优质产业聚集区的相关企业数量及所在区域。

3. 企业数据库

选取试点园区,对园区企业用户的全维度数据进行挖掘分析。通过企业的主营业务方向、工商信息、法人对外投资、企业对外投资、企业高管信息、企业专利、企业涉诉等数百个维度,对企业进行全方位立体式画像分析。根据文化新经济的产业需求,通过产业导航得出的核心产业细分点,支持在全国、局部地区、行业门类等维度上精准筛选匹配姑苏区需要的企业目录。

根据企业画像结果,结合姑苏区文化新经济产业扶持需求、经营规模需求、企业知识产权能力、发展潜力等核心要素,建立企业征信计算模型,系统输出文化新经济运营指数评级结果。设定需求阈值,批量推送优质企业备选名录。本模块为姑苏区文化新经济具体人工选定的扶持对象,提供企业发展再分析,进一步明确企业的投资能力、运营状况、发展潜力等核心要素。

4. 智能匹配

基于大数据分析结果,根据企业实际需求主动提供精准的扶持政策等信息,并面向产业的公共服务,实现文化新经济智慧政务服务的"精准覆盖、不遗漏、不过时"。

5. 企业监测

本模块对姑苏区引入企业的产业贡献度、社会贡献度、经济贡献度等多个维度的数据进行挖掘分析,进一步建立健全客商发展档案,实时记录企业发展的关键数据,展开成长性分析,积累有效信息。

（1）社会贡献度监测。主要围绕企业直接拉动就业情况、间接促进就业等数据变化,评析引入企业的就业拉动效能。详细分析就业人数、就业工资、就业人员性别、年龄、学历等基本信息。

（2）企业经济贡献度监测。围绕引入企业固定资产投资、外资引入、销售收入、财政纳税等关键维度数据监控,建立健全企业经济贡献度模型。

（3）企业健康指数监测。企业健康指数及发展潜力,关系着企业运营的成败,也关系着姑苏区招商引资的效能考核。健全引入企业的运营健康评价体系,势在必行。企业健康指数监测主要围绕企业盈利率、营业收入、营业成本、所属产业的发展环境、科研投入、知识产权转化、科技创新、银行贷款、投融资信息等方面,全面监控影响企业发展的核心要素,设定不同指标对于企业健康发展的影响值,最终形成企业健康度指标综合评价体系。

目前,智慧政务平台的服务半径已跨出了姑苏文化新经济开发标准试验区,为更广域的政府和企业提供服务。

2020年7月,苏州市上线"政策计算器"企业服务系统,将姑苏文化新经济开发标准试验区智慧政务模块的服务效能扩展到苏州市所有企业,让苏州市全域企业都感受到了变"企业找政策"为"政策找企业"的公共服务理念的提升。截至2021年11月上旬,该平台累计注册企业4.6万家,网站点击量超83万次,并进行了6.3万余次政策匹配,获国务院督查典型经验做法通报表扬。

（三）文化要素产业转化平台——从文化丰富到产业发达的转化器

姑苏区文化底蕴深厚,但具有IP运营能力的品牌不多,究其原因,姑苏本地标志性的文化元素还停留在文化本身的认知层面,尚未形成

IP化开发以及产业化、市场化推广。产业的发展需要市场认知,就需要打造姑苏的城市文化品牌,形成统一标识体系。

2021年中国中小城市科学发展指数研究成果报告显示,全国百强县前十名中,江苏占据六席,其中有四个在苏州辖区内,同时苏州还拥有经济能力强劲的高新区和工业园区。但受到国内外经济环境的影响,增速放缓已成为普遍现象,居安思危,良好的产业基础也需要及时进行创新尝试,尽快实现模式升级。众多生产制造业企业虽然高度认同提高文化附加值的发展思路,本身的能力可以实现产品功能设计,但无法从文化内容的源头加以利用,需要经过一系列梳理、标准化、设计化之后的文化内容,才可以直接与产品设计结合。而文化资源正是姑苏区的传统优势,所以通过文化要素产业转化平台,姑苏区将逐步发展成为引领周边制造业转型升级、共生发展的文化中心区。

1. 平台定位

文化要素产业转化平台的核心定位是以姑苏集合品牌为核心抓手,打造文化新经济的IP产业化样本;结合线下以设计为核心的公共服务载体,形成姑苏文化新经济发展的产业创新机制。

作为三大平台之一,以智慧政务平台、IP+公共服务平台为支撑,姑苏IP产业转化平台将承担姑苏文化新经济发展最核心的任务和职能。

实现姑苏区IP资源的产业转化,是实现文化新经济以文化IP拉动产业经济发展的重要目标。为此,平台需要实现文化要素开发、文化要素产品化和文化产品商品化的任务。文化要素产业转化平台虽然不作为姑苏区文化新经济一期发展的重点内容,但在整个文化新经济体系中占有非常重要的地位,也将成为下一步姑苏文化新经济建设的核心工作之一。

2. 平台发展步骤

(1) 储备人才。姑苏文化新经济种子计划是由姑苏文化新经济开发标准试验区委托北京萨博新经济发展咨询中心开展的致力于培养文化新经济领域专业人才的国家级人才培养计划,承担着向文化新经济平台输入种子项目及优秀人才的工作,培养文化新经济生态体系建设的预备力量。

在姑苏大力发展文化新经济并取得了阶段性成果的背景下,加快培养一批接受、理解、认同、运用文化新经济理念的专门人才,形成一批具有标杆意义的文化新经济孵化项目迫在眉睫。

在试验区建设中,姑苏区政府提名具有文化新经济发展潜力的姑苏本地企业,入选企业高管携带种子项目进入文化新经济种子计划姑苏专项计划。以项目咨询加人才培养模式,在为姑苏打造一批文化新经济专门人才的同时,孵化一批文化新经济种子项目。

以文化新经济种子计划姑苏专项计划为支撑,为姑苏文化新经济企业人才和种子项目提供包括文化新经济成长性思维、创意战略管理、知识产权保护、IP 授权工具、文化创意整合营销等在内的全方位辅导孵化。在姑苏区打造文化新经济人才竞争软实力,推动姑苏区形成文化新经济企业集群,并使其逐渐发展形成文化新经济产业集群,助力姑苏文化新经济模式、文化新经济业态进入一个全新的发展空间,为姑苏区城市经济转型发展提供新的动力。

(2)集合品牌。打造集合品牌效应,为区域内中小企业进行品牌赋能和市场拓展,提高市场竞争力。对苏州现有非遗及文创产业进行摸底,建立姑苏区的统一标识体系,并以此为核心组建姑苏统一标识的识别系统,包括但不限于以图形商标作为姑苏商标群的 logo 和准集体商标,通过一定的条件审核和流程,许可符合这一条件和标准的区内外文化企业使用。为区内非遗及文创企业进行品牌赋能,对接国内外设计资源、对接线上线下渠道、对接产业链、对接品牌形成合力对外合作及授权。

在对现有的统一标识等资源进行维护、管理、经营过程中,对集合

图 5-16　姑苏区集合品牌"繁华姑苏"成果展

品牌逐步树立品牌定位,实施品控标准管理,完善驻地管理流程,建立授权管理机制。提升统一标识以及各组商标的综合品牌经济效益,制止他人搭便车,防止商标被淡化,同时为创建品牌声誉打下相应的基础。

与此同时,姑苏区内部可能存在 IP 增量,对可能产生各种效益的资源加以拓展挖掘利用,并依附统一标识一并开展宣传。

(3)驻地再创。对苏州代表性文化元素进行工艺标准化梳理,形成可视化、标准化基础素材。邀请国内外科学家、设计师进行驻地创作,使文化元素形成可供工业化产品设计的"原材料"。

将驻地再创成果与工业企业对接,提升工业制造业产品的文化附加值,创新出更多有中国文化内涵的爆款产品。基于实际案例,归纳梳理文化要素产业转化的方法论,并形成可复制、可推广的模式体系,通过聚集社会资源,形成平台化运营能力。

(4)设立 LAB PARK。LAB PARK 是姑苏区发展文化新经济的线下支点,是集 IP+线下服务中心、材料博物馆、色彩实验室、工艺创新实验室、设计师交流活动中心等多功能为一身的文化要素产业转化平台综合基础设施。LAB PARK 的设立,结合苏州本地优质文化资源,长三角地区优质高校资源,吸引世界一流科学家、设计师、艺术家共同参与文化要素创新,使姑苏区成为 IP 产业创新的研发中心,探索文化要素赋能传统产业的途径,为姑苏区经济增长做贡献。

LAB PARK 建设规划步骤如下:

第一步:通过 LAB PARK 的材料博物馆、色彩实验室、工艺创新实验室、设计师交流活动中心等基础设施的建立,形成线上线下育商基础能力,提高面向全国的 IP 专项招商的能力。

第二步:发挥文化新经济种子计划姑苏专项计划、文化新经济育商基金、集合品牌等配套设施的作用,逐步形成育商园区,创造业内领军企业的聚集效应。

图 5-17　姑苏区文化新经济设计师驻留计划成果展

涅槃篇

"不破不立"是经常被城市经营者提到的高频词,而改造过时的既有城市商圈则是难上加难。跳出简单的"营收思维",用"要素打造"的方式,用文化重塑城市商业肌理、焕发新机,宛如涅槃。

第六章
"姑苏八点半"——数度登上央视的顶级夜经济体系

夜经济,绝不仅仅是商业街灯光亮化工程。

夜经济,是通过时间和场景而延伸的消费链条。

夜经济,是摆脱土地财政依赖、增强城市消费运营能力的利器。

夜经济,是线上线下联动、系统化提升产业落地能力的结构设计综合体系。

夜经济,是以点带面、实现城市文化高附加值输出的显见突破点。

"姑苏八点半"是苏州在文化新经济开发标准试验区打造的夜经济综合品牌体系。它初始的设计目标就不是街区改造和夜市活动,而是以点带面的经济模式更新。

它以精确的文化提炼和时尚化加工赋予了一条最传统的老商业街全新的夜间经济面貌,继而用"夜 show""夜游""夜娱""夜食""夜宿""夜购"六大主体综合打造了完整的夜经济品牌体系。

在一个点位上获得成功后,利用品牌带动效应和溢出效应,迅速施加立体化的宣传模式,将"姑苏八点半"的实施范围逐级扩大到姑苏区其他商街和苏州全市的关联消费区。同时,利用电子消费券等金融工具将本地银行和支付宝发动起来,不仅设计了各种支持活动商家的金融工具,还自发成为活动的"地推"机构。

夜经济体系打造不仅着眼于民众消费,更着力于改变企业对姑苏传统形象的认知。借助时尚新潮的夜经济的外在面貌,系统化地盘活姑苏老城内古宅、深巷等沉淀空间资源,立体化地推出"投资热力图",收获了消费投资双丰收。

一、夜经济的核心是通过时间和场景延伸消费链条

(一)夜经济绝不是简单的亮化工程

"夜经济"是20世纪70年代英国为改善城市中心区夜晚空巢现象所提出的经济学名词,一般指从当日18点到次日早上6点所包含的以市民和游客为消费主体的经济文化活动。发展"夜经济"是提升城市消费需求、促进产业结构调整的有力举措。无论是夜宴、夜饮,还是夜唱、夜购,夜间消费大多是服务性消费,几乎涵盖了商业、交通运输业、餐饮业、旅游业、娱乐业等所有第三产业。由于夜间消费通常需要灯光,因此有人称夜经济为"灯光经济",但用灯光把城市主要街区和建筑扮靓,以形成具有吸引力的夜景并不等同于夜经济。诚然,必要的亮化是发展"夜经济"不可或缺的基础,但并不能将其理解为"夜经济"的内涵。

"夜经济"的核心在于通过在时间上和场景上延伸消费链条,以此延长经济活动时间、提高设施使用率、延长游客滞留时间,以此激发文化创造、提高消费水平、带动区域发展;夜经济的丰富程度一定程度上反映着一个城市的商业活力和经济水平。

在国际上,许多大都市已经形成独具特色兼具本土文化与国际化的夜间经济集聚区,例如:伦敦在苏荷区、戏剧中心西区等70多个区域搭建的夜经济文化集群,东京推进的"24小时日本"等。

(二) 夜经济中多样化的消费诉求

据国家统计局统计,2013年以来我国国内消费支出对于国内生产总值增长率的贡献度整体处于上升趋势,消费支出对中国经济增长的影响不言而喻。有着14亿多人口的巨大市场,消费可以说是未来中国经济发展的根本,而夜间消费则是一种消费升级。

目前,小吃街、夜排档还是我国较为典型的夜间经济形式,属于低层级开发。然而在此之外,文化、旅游、娱乐、影视等方面还有着很大的发展空间。这些产业一方面会带来大量的就业岗位,另一方面也将助力新型城市化的发展。

阿里巴巴集团从消费夜化以及夜经济便利度两个角度出发,选取调查了12个具有代表性的大中型城市(北京、哈尔滨、西安、成都、重庆、济南、上海、武汉、长沙、杭州、广州、深圳)发布了《数字点亮夜经济(2019)》报告。通过大数据分析发现,2019年,这12个城市消费夜化度为43%(即夜间消费占比),其中,夜间餐饮消费占比近4成,夜间文娱消费占比近5成,夜间网购消费占比超4成。12个城市夜经济便利度为57%(即夜间供给端活跃度),其中,夜间餐饮商家活跃度为4成,夜间出行活跃度超9成,夜间商户支付活跃度近4成。除此之外,这12个城市夜经济活跃度总体呈现南高北低态势,其中深圳、广州、长沙夜经济活跃度显著高于其他城市。"无接触外卖""分餐""禁食野味"等健康消费方式逐渐养成,带来了中国餐饮消费、餐桌文化大变革。数字化加速了"食、购、娱、游、体、展、演"等不同消费场景的融合与打通。时间上,24小时"外卖""到家服务"成为城市日常场景,消费从特定时间段扩大到了全天候消费。内容上,消费大军日益年轻化,数字化内容付费越来越被消费者接受,文娱消费的品质化、个性化、多样化、体验化成为消费新诉求。一、二线城市的本地生活服务将朝着需求更加多元化、品质化、个性化的方向演进迭代。三、四线城市的本地生活服务将迎来快速增长期,"小店经济"将在更大程度上分享由本地生活服务设施创造出的流量红利。①

(三)夜经济疏解"土地财政"依赖

传统的土地财政都是注重对新街区的"开发",不注重"运营",而"运营"有助于获得更长期、稳定的经济收益,同时还可以提升城市品牌形象,增强招商吸引力。

自2019年国务院办公厅印发《关于加快发展流通促进商业消费的意见》(国办发〔2019〕42号)以来,随着国民经济的发展和人民生活水平的提高,"夜经济"在我国许多城市迅速发展起来。据统计,北京、广州、重庆等重点城市的夜间经济消费已经占到全天服务行业营业额的50%,而百货商厦发生在18点以后的营业收入也占到了全天销售额的40%至80%。②"夜经济"所带来的旅游、购物、娱乐、休闲、体验等消费形式正在成为经济转型时期新的消费热点和推动区域社会、经济、文化发展的重要动力,也是丰富和完善城市旅游活动的重要举措。

夜经济具有丰富多彩的内涵和多元化的表现形式,而不仅仅只是白天经济的延续,如广州珠江夜游所展现出的美丽风情、成都锦里夜市所呈现出的巴蜀文化等,这些场景都是在白天所不具有的。

夜经济更接近一种舒缓城市居民生活压力和工作压力的休闲性消费方式,以及方便外来旅游者了解目的地城市丰富旅游活动内涵的体验性消费方式。因此,发展夜经济需要注重其经济与文化内涵的培养,顺应大众消费需求,才能真正发挥夜经济对区域经济、社会、文化的带动作用。

---

① 《重启夜经济,阿里研究报告解秘》,http://www.aliresearch.com/ch/information/informationdetails.
② 周葛:《金融助力"姑苏八点半"品牌点亮苏州夜间经济》,《现代金融》2020年第5期,第37—39页。

在地方政府普遍陷入"土地财政依赖"的大背景下,通过经济转型、产业改造与升级,实现经济结构调整与优化才能真正遏制地方对"土地财政"的过度依赖。夜经济一方面是经济转型的有效手段,另一方面,面对疫情的影响,夜经济的开发对形成以国内大循环为主体、国内国际双循环相互促进的新发展格局起着至关重要的作用。

以文化作为核心驱动力,从经济发展的量化指标来衡量,提炼文化元素,推动存量经济的发展,实现产业转型更新,文化新经济的内核与夜经济的转型发展是高度一致的。换句话说,夜经济其实是文化新经济的具象手段之一。

二、"姑苏八点半"的夜经济体系化打造

(一)"没落明星"观前街的新生

姑苏城是人们对苏州的古称,也是现在苏州市的核心老城区,而观前街正是苏州老城内最传统的热闹街区。

观前街东起临顿路(醋坊桥),西至人民路(察院场),主街全长780米,因玄妙观而得名。玄妙观创建于西晋,距今有1700多年的历史。15世纪,这里宫殿巍峨、香火繁盛。那时观前街的繁华,是宗教和民俗的繁华,还不是工商业的繁华。直到17世纪后,老字号陆续入驻,商业氛围渐浓,这条老街被喧闹的市声唤醒,开始了延续数百年的商业繁华。

1998年,苏州市政府投资4.64亿元对观前地区进行更新整治,至目前已经20多年。2020年前,观前街依然是到苏州游览的人们必去的一条街,尽管现代建筑遮盖住了些许姑苏风味,但是,玄妙观还在,松鹤楼、采芝斋、乾泰祥等中华老字号还在,老苏州的底子仍在。但观前街也有让不少人失望的一面。商圈杂、乱、低端,业态配比严重失衡,最为

标志性的是苏州韵味不断流失,与各地的商业步行街大同小异,缺乏吸引力,客流不断下降。

观前街的情况在全国具有普遍性,很多历史文化名城都有一条或一片历史上就留下的繁华街区,这样的街区也基本上被开发为当下城市的主要商业区、步行街。而业态老旧、新生消费力量远离,也成为全国大多数传统商业街的常态。将观前街作为文化新经济夜经济项目打造的突破点,就有了试验区项目的"典型性"。

"姑苏八点半"是2020年4月开始在苏州市旅游促进大会中首次公布要打造的文化新经济夜经济品牌。"姑苏"既标识着试验区项目所在地理位置,也代表着历史的传承;"八点半"作为品牌名称的提出,既是一个时间段概念,也是一个新时尚宣言,宣示着"姑苏八点半"不是重整一条夜景餐饮街,而是敢于以时尚化加工过的姑苏传统文化为介质,在最传统的老商业街上,外科手术式地嫁接出新枝,从而让古城老街萌发出面向年轻时尚人群的新经济活力。

2020年6月初,在苏州市文化广电和旅游局的携手举办下,以"姑苏八点半,舒心夜相伴——仲夏夜魔方"为主题的直播,成为一场夜间经济消费热潮的开端。在直播活动期间,苏州酒店住宿、景点门票、休闲玩乐等总体消费增长近1亿元,景区旅游人次环比增长12.96%,门票收入环比增长4.31%;酒店间夜同比增长22.2%,高于全国12.44%;当地休闲玩乐环比增长32.89%。六场系列直播累计观看人次突破2 122.2万,带货总流水突破5 629万元。① "直播带货"的风潮为苏州旅游业开辟人气提升的新路径,创新的模式提前引爆了苏州夜经济的开端。

观前街改造升级项目于2020年中完工,作为"姑苏八点半"示范段

---

① 《姑苏八点半攻略:6种方式打开苏州夏天,200种方法玩转千年古城!》,"姑苏八点半总入口",https://baijiahao.baidu.com/s?id=1672793000353814042&wfr=spider&for=pc。

区域,深入打造了潮流活泼的"夜宵＋夜购"经济。700米长的观前主街,在经过两个月的提档升级改造之后,焕发了新的生机。目前这条主街上增设了很多的外摆休闲区,增加了市民游客"慢生活"的体验感。新增的外摆休闲区主要包括四个区域,由东往西分别是轻餐饮区、老字号区、嗨淘市集区以及品牌快闪区。夜间的繁华也带动了白天的热闹。今天的观前街人流如织,不时有老苏州人、新苏州人拿起手中的手机拍摄照片或视频,把提档升级后观前街美景发到朋友圈。

据统计,开街两个月,观前街周末每日人流量达30万左右,越来越多的人选择"荡荡观前街"。从商业服务方面来说,"姑苏八点半"协同商区运营店铺,推出"姑苏八点半,花钱省一半""苏州锦鲤,好运等你"等活动,有效激发了消费者的消费热情。

图6-1 观前街"姑苏八点半"活动

(二)"一个平台,六大主题"的文化新经济育商系统设计

"姑苏八点半"作为文化新经济夜经济项目的突破点,从整体规划上就着重体现着文化新经济育商设计理念,将消费增长和产业招引作

为夜经济改造的两条主线,使这两条主线同步发展,相得益彰。

"姑苏八点半"以"一个平台,六大主题"为核心,以"观前街"产业整合与提升为夜间经济的先行极,以"环护城河"水上观光带打造水上夜游环,以"观前街—平江路""山塘街—石路""南门—盘门"三大片区为集中建设发展的核心板块,以南节点渔家村、北节点虎丘湿地、东节点相门仁恒、西节点枫桥夜泊为主体,旨在构筑夜经济品牌"一极一环三板块多节点"的空间发展布局,以实现存量资源的有效开发与活用刺激消费,打造苏州新的增长极。

1. 一个平台

在"姑苏八点半"正式上线以前,姑苏区已经陆续推出了"姑苏八点半"投资热力图以及微信、抖音、微博等媒体平台的公众号,利用新兴媒体的传播优势,增加姑苏区营商环境和载体政策的曝光度。自推广开始后,姑苏区抓住整体区域规划和观前街提档升级的契机,制订全方位、立体化的招商引资计划,引进了一批声光电体验馆、IP主题展、夜间网红文创打卡地等优质文商旅项目,并在2020年4月启动"姑苏八点半"全球招商网络云推介活动。在此次推介会上完成了包括"夜经济标杆项目""夜经济创新项目""夜经济金融合作项目"三批共计20家企业的集中签约。姑苏区政府充分利用新媒体

图6-2 "姑苏八点半"线上平台

招商服务平台全面、高效、及时、便捷的优势,通过打造"姑苏八点半"微信、抖音、微博公众号以及在线智能招商机器人"小舒",分析大数据并精准捕捉客商需求,扩大宣传覆盖面,增加互动层次,提升招商引资影响力。

在招商工作结束后,该平台通过从服务招商向服务旅游的转化,从交通信息、活动发布、线上商城等多个角度,快速将"姑苏八点半"所涵盖的资源点全数整合,并持续打造满足外地游客以及当地人品质化、多元化、便利化的消费需求,助力"姑苏八点半"线上线下的合力发展。

2. 六大主题——"夜show""夜游""夜食""夜购""夜娱""夜宿"

(1) 夜 show。

江南小剧场是在"姑苏八点半"应运而生的演出模式,也是"夜show"主题的核心活动。苏州艺术团体众多,其中传统戏剧、曲艺占了绝大多数,大剧院里精品演出也时常上演。但对于当地的外行观众和偶尔造访的外地游客而言,门槛过高、时间太长等原因,让他们对大戏望而却步,而"江南小剧场"的存在为观众提供了更多选择,也为苏州戏曲注入了全新的活力。该项目重点围绕观前街、平江路、山塘街等古城文旅片区,组织18家文艺表演团体,策划20台演艺节目,分布在15个场所中。

在20台常态化演艺项目中,时尚类节目有6台,占30%;通俗类节目5台,占25%;亲子类节目有3台,占15%;传统类节目有6台,占30%。艺术类型以昆曲与评弹为主。

表演技艺是一代代传承者舞台经验的积累总结。技以人传,传承人的培养是表演技艺传承发展的关键,而多演出是最好的传播,也是最好的传承。评弹是苏州评话和苏州弹词的总称,是一种用苏州方言讲故事的语言艺术,产生并流行于苏州以及江浙沪一带,于2006年入选第一批国家级非物质文化遗产。而昆曲作为汉族戏曲中最古老的剧种之一,是我国传统文化艺术,更是曲艺艺术中的珍品。江南小剧场的出现使评书、昆曲等地方戏曲、曲艺演出在文旅融合的发展推动下通过实景演出、驻场演出的方式大大增加了"曝光率",为青年演员提供了丰富的演出实践机会。常驻演出也满足了老苏州人的消费需求,为新苏州人提供了解苏州的平台,让外地游客可以了解苏州,培养文化消费习惯,推动地方戏曲、曲艺活态传承。

沉浸式感官体验剧《声入姑苏·平江》是"江南小剧场"的重点剧目之一,它将艺术实验性探索与浸入式戏剧感官体验相结合,以姑苏这座城市为背景,从状元博物馆出发,走过钮家巷、平江路和中张家巷,来到昆曲博物馆,从卫道观前到大新桥巷,途经耦园,最终抵达相门城墙。这个戏剧将人文景观与戏剧体验相结合,经过860户姑苏人家,10条古巷,路过4座园林和博物馆,用让观众身临其境的声效和音乐设计带领观众游览这座城市,使观众能够更加了解苏州,并通过成为演出的一部分获取独特的戏剧体验。戏剧与旅游资源的结合,让观众用全新的视角认识苏州的城市、文化与文明。

图6-3 沉浸式戏曲《浮生六记》海报

除了《声入姑苏·平江》这样现实与戏剧结合的感官体验剧外,还有与园林结合的实景循环式曲艺演出《遇见姑苏·游园惊梦》,沧浪亭浸入式昆曲《浮生六记》,玉涵堂真趣园沉浸式情景剧《八仙梦山塘》《寻梦山塘》等也纳入"姑苏八点半"文化新经济夜经济体系中。昆曲本身就诞生在庭院、花园、厅堂间,区别于现在的剧场演出,剧中的情节、人物与周围的环境、建筑是融为一体的,故事就是在这样的环境中诞生,人物就在花园、厅堂里活动,无须另外建剧场。如今"江南小剧场"传统剧目的模式正式寻回了中国古典戏曲演出的原生态,在向世人展现什么是"最苏州""最江南"的同时,也帮助传统剧目寻回了中国古典戏曲演出的原生态,让江南文化拥有了更多表现舞台。这种沉浸式的文旅体验也让游客不再走马观花,而是走进深巷,拓展了游玩空间和深度,充分利用文化的魅力与赋能吸引外地游客主动积极地体验苏式夜生活与苏式夜浪漫。

(2) 夜游。

夜游是"姑苏八点半"项目中将苏州不同地标串联起来的重要板块。以苏州大运河文化、水乡古典镇集社区文化、状元文化等苏州特色为轴心,从不同游客的需求出发,制定了多条苏州夜游精选路线,涵盖文化研学、亲子游玩、生态避暑路线等,在有限的时间内最大化地突出苏州魅力。

如面向本地游客的"苏州人游苏州"活动,从昆曲("邂逅昆曲、当回'昆虫'")、唐宋文化("小桥流水、唐宋记忆")、工匠文化("工匠相城、金砖访古")、苏作手工艺("遗产瑰宝、苏作巅峰")、诗词苏州("诗词里的苏州")、丝绸之乡("丝绸之乡、桑蚕吴江")等不同的内核出发精心设计了21条不同文化遗产旅游线路。配合苏州市文化广电和旅游局与苏州市总工会联合下发的《关于鼓励开展职工"苏州人游苏州"的通知》,以文化吸引游客的同时,以政策为辅助,积极鼓励本地旅行社与各工会开展活动,提高本地游客的参与热情,从而加速推进旅游业的回暖,进一步提振苏州文化和旅游行业的信心。

除此之外,从"亲子游"或"毕业季"角度出发,制定适合亲子和学生群体的旅游路线。该线路以苏州状元博物馆、苏州戏曲博物馆、苏州城墙博物馆三大博物馆为主线,以苏州作为著名状元之乡盛产梨园子弟的文化大背景为依托,穿插古法造纸、金砖制作等非物质文化遗产手工艺体验活动,并结合"姑苏八点半——江南小剧场"中的展演项目,让参与者能够在一天之内依托姑苏区文旅资源以及一个个有趣的人物和故事,感受姑苏古城的历史,激发人们对苏州历史文化的兴趣。

(3)夜食、夜购、夜娱和夜宿。

相对于"夜 show"和"夜游"的感官体验,夜经济体系六大主体中的"夜食""夜购""夜娱"和"夜宿"则是对消费场景的全面升级。

自古以来,提到苏州,人们潜意识里就会蹦出"亭台楼阁""小桥流水""吴侬软语"这样细腻温软、体现江南特色的词语。从老街深巷到桥梁古树,从园林宅邸到古塔寺庙,从才子佳人到姑苏美食,古色古香的苏州城以她的精致典雅,温柔地屹立在这江南烟雨之间。但苏州城的韵味,远不止于此。作为大运河沿线唯一以"古城概念"申遗的城市,苏州极力推进大运河和景观文化带的建设,通过"运河十景"品牌打造深挖现有文化资源,充分发挥好串珠成链的效应,更好地吸引游客来访,在留住游客的同时也带给他们更好的体验。为支持"姑苏八点半"项目,几大商圈都从自身环境特点与地域优势出发,以"非凡园区 YE"为总体概念,制定了不同的活动与夜间经济发展方式。

苏州人民商场作为从 1934 年起就为江浙沪商界所瞩目的中国四大国货公司之一,随着时代的变迁,积极跟随"姑苏八点半"的脚步,和着苏州人的居家消费的转型与升级,一路陪伴,一路随行,一起走进了新时代。先进的设备和贴心的一站式购物服务一直是当地人优先选择人民商场的理由,而随着"科技+"的深入发展,"姑苏八点半"的整合平台逐渐建立线上云购物、微信群上购、抖音直播购……各种方式的线上购物逐渐被人们所熟知。为了让顾客有更好的夜生活体验,人民商场成为苏州市第一家"七天无理由退货"商场,郑重承诺"线下购物线上退,本地消费异地退,商家承诺先行退,消费争议调处退",努力营造诚信、放心的消费环境,让顾客真正感受到"姑苏八点半,舒心夜相伴"的夜生活乐趣。

(三)"苏食苏韵"牵动文化消费模式化提升

"吃"在中国是一件大事,也是当下最具消费刚需场景的牵引力。"吃"在苏州又有着格外的精致追求,而散漫在苏州老城中的小桥流水、亭台楼阁,则成为"吃"之外处处流淌的情调与味道。这便构成了独特的文化新经济体验系统"苏食苏韵",将苏州美食与苏州风情进行主动设计性嫁接的融合体验系统。

苏帮菜是苏菜中苏锡菜的一个组成部分,是苏州的本帮菜。其特点是用料上乘、鲜甜可口、因材施艺、四季有别,完全顺应着孔子所提到的"不时不食"。

在文化新经济体系设计中,我们在"不时不食"的文化基础上,提出"是时是食"。积极向公众宣传苏州适时而食的美食文化特色,从理念上将被动摒弃转为主动推荐。

在"姑苏八点半"活动的整体设计中,将苏州美食文化元素进行识别性设计并放大,在苏州城内划分了月光码头、李公堤特色商业街、凤

图6-4 姑苏八点半——碧凤坊夜市

凰街商圈、石路步行街、平江文化历史街区、山塘文化历史街区、观前街商圈七片美食街区，既有文化历史街区，又有现代时尚的商业区，每个街区都有各自的特色。

（四）"苏州锦鲤"调动金融机构共同拉升活动参与度

文化新经济夜经济品牌重在进行经济系统的全面设计，"姑苏八点半"不仅在内容端做了"一个平台、六大主题"的系统化设计，在运营端更是加入了诸多借助外力增加刺激的方式。

在如此大型、系统化的活动体系中，政府的力量偏重于整体引导、难点协调并提供宣传资源和启动资金的支持，同时要创造性地调动各种关联机构的力量为整体活动体系做出贡献。

在"姑苏八点半"夜经济系统设计中，利用抽大奖、姑苏福袋等活动调动支付平台的积极性，利用电子消费券、商户贷款电子消费券等方式吸引银行的助力，成功将多家银行和支付平台发展成为活动"地推"单位，使文化新经济夜经济体系内容更加丰满，经济拉动力度更加强劲。

政府联合银行等金融机构共同推动"苏州锦鲤"活动，只要使用指定银行的电子消费券或从支付宝活动平台领券买单，就可以参加"天天送出锦鲤券、周周抽出手机、月月送出汽车、年底送出湖景房"的活动，充分调动了消费者使用银行消费券、支付平台消费的热情，也让银行和支付宝平台为"姑苏八点半"活动做了一波充分的宣传，从另一个角度深化了消费者的参与程度。

疫情进入相对平稳阶段后，苏州先后通过支付宝发放市级消费券、姑苏区消费券以促进消费，拉动经济快速复苏。同时"支付宝 717 生活狂欢节"在苏州观前街落地，通过发放全国消费券形式激发消费活力，丰富"姑苏八点半"消费品牌内容。为了让市民更好地使用消费券体验购物，享受便捷的数字化服务，苏州"升级调整"动作不断。

2020 年 5 月 1 日，苏州启动了"苏州锦鲤、好运等你"消费激励活动,市民可每天抽取总价值超千万元、面值不等的"苏州锦鲤券",在"姑苏八点半"活动消费时可抵扣相应金额。8月1日起,"苏州锦鲤、好运等你"消费激励活动全面升级。基于支付宝便捷的数字化工具,围绕"全区域触达、聚合使用、核销便捷"深化用户体验,仅在支付宝平台即可完成报名、发券和消费支付的全链路使用。相比其他消费券,电子消费券更"公平可追溯",每个领券人在支付宝上都有实名认证,而商家也可追溯,凭借支付宝的风控能力最大限度保证消费券不被刷单使用。

苏州银行作为金融机构参与"姑苏八点半"夜经济发展,为苏州锦鲤及"姑苏八点半"的商户提供便捷、安心的信贷支持,推出"锦鲤商户贷"业务。在苏州银行已开通苏E付并参加"苏州锦鲤"或者"姑苏八点半"的商户,符合申请条件的商户负责人可申请"锦鲤商户贷"。"锦鲤商户贷"基础额度为5万元,通过打分制可追加信用额度,用于借款人所开店面的日常运营开支。

苏州银行在"姑苏八点半"活动期间推出国内首创面向外籍游客的移动支付产品Su-Pay,通过银行"活体识别+OCR+反欺诈+大数据"的能力,实现境外人士自动化、全线上开立境内电子账户服务,实现账户捆绑云闪付、微信和支付宝账户移动支付;采用云服务模式搭建苏E付支付平台,集电商、生活、金融业务于一体,覆盖江苏全省,服务C端缴费用户200多万名。

工商银行相城支行积极参与"姑苏八点半"活动,抓住机遇,维护并拓展收单商户,活客获客,青年员工放弃双休日,组成"锦鲤小分队"加班加点拓展"苏州锦鲤"商户。他们走街串巷,挨家挨户营销,小分队成功打入社区商户群,谈拢批量发卡办理商户,一个周末便拓展存量商户200多户接入"苏州锦鲤",并营销新商家80多户,办理E支付收款码18户。

苏州市体育彩票管理中心邀请建设银行苏州分行来为苏州体彩市直辖网点业主培训,并进行"苏州锦鲤"活动宣传。每场培训讲解后,由建行员工手把手地教体彩网点负责人如何帮助消费者使用锦鲤券。

利用业务模式整合，以金融产品嵌入的方式，激发金融机构的热情来为文化新经济活动贡献力量，成为本次"姑苏八点半"夜经济活动设计中一项卓有成效的尝试。从整体收益测算，"苏州锦鲤"活动的设置大幅提升了"姑苏八点半"体系的投入产出比。

三、文化新经济夜经济体系的多维度社会经济效益

（一）多街区连片带动的品牌效益

文化新经济的夜经济设计体系，不仅是一个区域消费的成功样本，其更大的意义在于用有限资金在有限空间的打样，其品牌价值可以对多街区进行连片的辐射。

"姑苏八点半"在观前街以新时代"国潮"为标杆的推出，彻底改变了观前街这个"没落"的老商业区的消费格局，成功拉动了年轻一代和城市精英的夜消费。在总结观前街模式的基础上，"姑苏八点半"的品牌半径延伸到姑苏其他传统商业街——山塘街、平江路和盘门。

"姑苏八点半"品牌延伸行动以观前街产业整合与提升为夜间经济的先行极，打造"环护城河"水上观光带及水上夜游环，将"观前街—平江路""山塘街—石路""南门—盘门"三大片区集中建设为夜经济发展的核心板块。以南节点渔家村、北节点虎丘湿地、东节点相门仁恒、西节点枫桥夜泊为主体支持观前街与平江路、山塘街三个商圈的夜间经济联动发展。

为了发挥夜经济的整体效应和苏州园林的品牌效应，虎丘、拙政园、耦园、怡园四个园林景区在苏州夜间经济发展第一季期间都采取了延长开放措施。夜游园林错开了平日观光的人流高峰，通过夜游光影的打造，呈现出更好的苏州古典园林艺术。例如"夜游姑苏·问雅拙

政",在依循东方园林的核心美学思想与营造方式的条件下,围绕拙政园中既有的空间景点与陈设以及中国传统文化中"月"的意象,融入灯光艺术、投影互动、声境营造等现代多媒体表现手段,以崭新的媒体艺术表现方式在古典园林中营造出海纳园林时空的多媒体展演,构建一条跨时代的游园体验之道,深度探讨古代士人的精神世界与造园美学中的山水观、宇宙观,使游客产生跨越五百年的心灵共振。

拙政园的布局逻辑以李宅为序园,循空间递进,结合古人的生活空间与明四家的诗书画境,凝练出李宅八景。又在中部花园中按景层和景点循序展开,借助艺术科技融合的跨媒体技术,实现景与境的蒙太奇切换,通过影像、声音、光效激活对那些被忽略、隐存的古典造园美学的展演,是一个时间与空间多重交互的感知现场,引发着游客对园林之美的内涵以及园林造化营构间关系的追问和思考。

随着夜经济品牌建设的逐步深入,"姑苏八点半"品牌的带动效应不仅体现在姑苏区范围内,姑苏周边的周庄古镇、大阳山、李公堤、斜塘老街等多地,也以地方文化特色为核心,因地制宜地制定夜游方式与路线,规避地方缺点,放大地方优点,成为姑苏文化新经济夜经济体系的"大辐射圈"。

就连小到"最是红尘中一二等富贵风流之地"的阊门和"吴中第一名胜"虎丘的近1 200岁的山塘古街,夜经济也放大了其在《姑苏繁华图》中"居货山积,行云流水,列肆招牌,灿若云锦"的繁华市集景象,通过《遇见山塘》的昆评表演等,在夜幕低垂之际重现山塘街从825年唐代刺史白居易下令开凿至今如万花筒般精彩的市井百态。千年古镇周庄也在夜经济的加持下有了全新的面貌和旅游方式,恢复了周边地域的市场活力。

不仅是陆地夜游项目,"船游苏州"深度挖掘江南文化内涵,结合"姑苏八点半"夜经济内容,串联苏州旅游各板块而打造的"苏州江南文化艺术·国际旅游节非遗号"主题游船,以苏州古运河与苏州非物质文化遗产为亮点,让市民游客在一边欣赏两岸流光溢彩的古城风光的同时,一边参与丰富的非物质文化遗产体验活动。

(二) 多产业引领发展的溢出效益

夜经济效应会对产业形成明显的"溢出效益",让凋敝的传统老商街重现活力,让传统业态自然有序升级,同时对城市品牌具有再塑作用,可直接引领城市产业格局的变化。

城市文化品牌是世界一流城市的底蕴,也是现代文化城市形象的代表与文化创意,是城市发展的普遍战略与依赖路径。当下在以强调"国内大循环"为主体、"国内国际双循环"互相促进的大背景下,激活内需潜力,对扩大国内市场有了更深层的意义。夜经济目标对象不仅包括外地游客的夜间旅行,也包括本地居民的夜间休闲,"姑苏八点半"作为一种应对新冠肺炎疫情对经济的负面影响而被建构的品牌概念,蕴含着"姑苏"这个关乎苏州历史与传统、古巷与园林的文化空间概念,也蕴含着"八点半"这个晚间结束了整日劳作正适于品味人间休闲乐趣的文化时间范畴。

在空间与时间上,"姑苏八点半"的打造不只是对夜间经济的拓宽,其间推出的一系列具有苏州特色的精品演出、夜游路线和消费活动,的确丰富了本土居民的夜间消费活动,并且随着活动的持续开展和推进,苏州园林局、文化广电和旅游局以及民营机构的场地、人才等存量资源得以整合,小剧场、昆曲博物馆等活动载体在促进线上线下融合的同时也形成很好的拓展空间,让人气得以在姑苏各处集聚,平江路、山塘街等历史街区的价值得以释放。在雅俗交融中,探索复兴江南本土文化,实现夜经济的集合效应。

更重要的是,在现今大多数市民的休闲时间都用于上网、看电视、玩手机等生活方式的大背景下,"姑苏八点半"为人们提供了一个多元、多样、多义的文化意蕴与生活选项,让人们在对姑苏文化记忆的不断观望与反刍中，激发对城市的凝望与对故土的愁绪，从"衣、食、住、行"间看见姑苏的人文情怀与价值，并且在古今的联动穿梭中将古城文化融于现代生活并映射为世界文脉的一环，唤醒着姑苏文化的自信与再发声。

（三）文化古城区产业引入能力的重塑效益

除了夜经济整体布局的完善和设施的跟进之外，"姑苏八点半"对于传统业态的观念变革以及产业招引运作模式的创新，是文化新经济夜经济系统促进姑苏经济发展的关键环节。姑苏区借势夜经济活动带来的高关注度发布姑苏区投资热力图，将区内产业园、控保古宅等优质空间资源进行可视化推介。

招商地图引入VR技术，载入虚拟、高仿真的载体场景，通过720度的全景VR视角深化企业对载体地段和细节的感官体验，做到让招商对象足不出户看载体，为新冠肺炎疫情防控期间的招商考察提供从定性到定量、从静态到实时的全方位支持服务。

夜经济活动的带动以及招商思路的变革，为姑苏区沉寂的老建筑、老宅院带来了生机，在保留古宅外在形态的同时，内生出全新的内在空间运营形式。从入驻平江路街区的"右见适意空间"和"巴黎会馆"这两个项目就可以看出文化新经济活动改变了文化活动的关键运营者"人"对姑苏的区域感知态度，从而达到为文化古城区产业引入新业态的重塑效益。

"右见适意空间"是一座从1 500平方米的苏式老宅废墟中建起的集家具展示体验空间、享用咖啡面包空间、艺术馆、商务会客空间为一体的生活馆，是美学设计、商业与空间使用的综合关系的探索，是与城市暂时分离的另一个世界。在改造的过程中"右见"团队在修旧如旧的前提下，融合苏州文化和现代设计，充分运用了借景、对景等艺术手法，让空间每一处都有景，参考苏州园林做到"一步一景"，使得这所荒废了

20多年的老宅子焕然一新。这里作为一个"游离态"综合体,入驻了苏州众多优秀设计师,也是艺术家们的聚集地。

"右见"团队对"游离态"的最初定义是小巷里的空间综合体。"游离态空间"是一个什么样的概念?"右见"团队将非特殊定位的空间称为"游离态",它可以改变。当业主把商业空间完全确定下来之后,后续改变就会出现麻烦。如便利店、咖啡厅、酒吧等单体类特征性空间就有其定向属性,而"右见"这个空间可以随具体情况而变。

"小规模的自由之地"是设计师对于这片世外桃源的形容,人们在这个空间之中可以溜达、晒太阳、听沿街叫卖声。多重产业一体打破了传统咖啡馆的业态,并形成了消费集聚效应,使得该地在开业一个多月后即位列苏州热点咖啡馆的榜首。

与其同时成为业态创新代表的另一处项目是"巴黎会馆"。该会馆紧邻"右见适意空间",由一个三层建筑的独立院子组成,是平江路唯一具有浪漫法兰西情调的网红打卡地。它一方面是苏州中法文化艺术创新基地,也是巴黎商学院中国中心,还是各国艺术家汇集地和艺术展举办地,项目整体注重集合苏州情调及欧洲潮流,抓取时尚和艺术人文原创精品,在中西艺术审美碰撞中提炼特色文化、挖掘特定公众和特色消费创意,给苏州城市情调赋予了全新的感觉。

以上两个项目都对传统商旅业态进行了较大的变革,将传统商旅业态与信息时代的目标消费、情趣消费、潮流消费结合起来,细分业态,变泛消费为精准消费,瞄准真正的目标受众,形成消费集聚效应。

(四)姑苏文化新经济能力的输送效益

在"互联网+"时代,文化的保存、传播以及解读都有了全新的方式。而在科技的支撑下,"姑苏八点半"的文化效应也得到了放大。人们对古城文化的理解与认识已经不再简单停留于建筑实体或单纯依赖于环境风貌本身。伴随着现代化生活资料、生产生活方式的变革,可能消逝的文化通过网络"云逛街""云课堂"等方式,实现信息公开、知识普及乃至线上消费,使人们能够广泛参与,同时也保障了传统文化的保存与更新。科技赋予了"姑苏八点半"创新的实力,也成为古城文化现代化中不可或缺的一部分。

不仅如此,"姑苏八点半"的溢出效应已经不局限于促进夜经济发展和消费回补的需要,城市的文化传承、古城区的复兴,等等,其整体价值和意义已经远远超过了对第三产业的拉动。一方面,"姑苏八点半"的溢出效应在新冠肺炎疫情防控的大背景下实现了古城区人流量的明显增长,搭建了便民便商平台,在提振了商户信心的同时也为周边产业展现了示范效应。另一方面,"姑苏八点半"充分运用了网络新媒体的力量,通过对网络流量的集聚、梳理,使姑苏区初步形成了一个能够全面、有效、简洁地反映"姑苏八点半"夜经济成果的统一平台。在该平台内除了可以推送各种活动内容之外,面向消费者和商家的独立板块成功将消费者与商家串联,促进沟通便利。与此同时,对沉淀下来的数据进行细化分类,进一步加强了对平台内数据的挖掘与开发。

苏州的本地特色与网络潮流在"姑苏八点半"项目的加持下,实现了文化调性脱胎换骨的改变,平江路主街上推出主题文化夜市集,众多有文化调性的商户参与其中;在支巷里推出"外摆盒子",小清新的文创产品通过这样的方式得到惊喜展现;带有评弹、昆曲演艺功能的小茶馆依托昆曲博物馆、评弹博物馆资源优势,让游客既能有休闲去处又能体验传统戏曲文化,使得苏州在做好现有苏式文化符号的同时巧妙地实现了自我迭代。

在文化新经济概念的引导下,"姑苏八点半"以品牌围绕市场转,重点实现消费热点数字化,集合营销提升赋能夜经济的快速发展。从收入来看,苏州人均可支配收入近年来一直处于上升阶段,提升"姑苏八点半"产品文化内涵、产品质量、产品价格有效地促进了市民主动消费,并通过推出个性化、多元化、全方位产品,不断整合产业链各个业态的手段推动各个年龄层次的人群加入进来,激发民间消费潜力,形成良性循环。

自"姑苏八点半"开始实施至2020年年底,古城人流量得到明显增长:7月份观前街地区日均人流量保持在15.77万人,比夜经济系统实施前增长35.95%,夜间人流量日均4.6万人,比实施前增长59.17%。观前街地区大型商城的总销售额累计超8亿元,其中7月份日均营业额合计约888万元,环比增长44.16%,初步实现了吸引人气、集聚人流、拉动消费的目标。"姑苏八点半"在激活苏式文化因子的同时,推动形成了夜经济雅俗交融的共赏之道。

第七章

大设计、新经济——衔接文化底蕴与授权输出的设计型城市体系

"文化古城注重保护，发展经济会受到制约"似乎已经成了一个惯例，一个禁锢住思想、束缚了手脚的潜意识。

传统城市开发，有意识或无意识地以地产经济的思路为出发点，然而古城的"地"无法充分拆迁、翻新，因此没法像新城建设那样高楼平地而起、大举设置产业园区进行招商和工业开发。可管理者或许忽略了，历史文化名城、传统文化聚集区最值钱的是"人"。

无形的文化积淀要作用于"人"的身上才能得以彰显，而文化资源对产业、对区域经济的价值，也要通过"人"来转化。在姑苏文化新经济开发标准试验区的整体机制设计中，挖掘文化资源并将其转为文化资产，即通过"人"的创意、"人"的设计将其转为"人"的授权，使无形的文化积淀转化为可观的经济收益。

一、从"谈文化"到"卖设计"——用设计打造授权经济基础

在姑苏文化新经济开发标准试验区的建设中，整体机制规划明确为建立"三个高地"，其中两个分别是"输入端"和"输出端"，即从文化源头端通过对文化的梳理、提炼和标准化而形成文化资源富集区的"智慧

高地";通过对接文化古城周边众多强大的工业区产业能力锻造文化创意授权产业链而形成的"授权高地"。而从文化创意发展到可成为产业化授权商品,还有一个重要的转化过程,就是成为"设计高地"。

文化新经济中所讲的设计,并不仅是简单意义上画图出片的设计,而是发动全民性的设计认知,让这一片区域成为"设计土壤",从而使区域的设计氛围成为产业吸引要素,辅之以行政手段引导的公共服务,从而使本地区成为能够衔接和支撑授权经济的"设计高地"。

(一)从改造"地"转为关注"人"——国际创意城市的必经路

国内多数历史文化名城,都是将古城内的保护建筑作为景区来发展文旅产业,随着传统产业的衰败和信息经济的蓬勃发展,我国的城市经济格局正面临着巨大的变化。在经过了前期的高速发展之后,很多城市面临着同质化问题。为了转变和改善这种情况,因地制宜地从不同角度凸显城市的历史文化底蕴就显得至关重要。

历史文化名城的经济模式转变,在国际上有众多案例可循,从米兰到伦敦,欧洲很多城市通过设计促进产业转型。关注设计正日益成为全球许多城市实现产业转型和经济增长的必然趋势。设计产业一方面可以通过创意设计,将应用技术与传统行业相融合,实现从"卖产品"到"卖设计"的转型与飞跃,带动大批新兴产业的发展,并有效促进传统产业的升级;另一方面可以大大提升产品的附加值,形成有特色的品牌效应,带动制造业企业向服务行业延伸或向设计企业转型。

在市场需求引导下的设计不仅能够扩大消费规模,培育消费群体,还能促进市场创新和品牌创新,并进一步促进消费结构的升级。除此之外,设计可以在不消耗更多的资源和不污染自然环境的条件下通过广泛应用已有的新发明、新技术、新工具来创造社会经济价值,同时为人们带去更为舒适、健康的生活环境。

以德国柏林为例。在19世纪初期,德国借助科学技术这个有力的杠杆,快速迈入发达国家的行列,综合国力很快超越英法,成为仅次于美国的世界第二强国。其间,对技术嗅觉敏锐的柏林"聪明人"掀起了"柏林制造"的狂潮——博尔西斯、西门子和先灵基于先进技术创办的从家庭工厂起步的小企业,迅速成长为以家庭姓氏冠名的机车、电气和医药行业领域的世界巨头。拉特瑙从美国购买了爱迪生的电灯泡发明专利,回柏林创办的德国爱迪生公司,成为世界最大电器制造商 AEG,即德国通用电器。柏林作为欧洲工业化程度最高的城市,其历史上闪亮夺目的"黄金 20 年代"也随之而来。

20 世纪 90 年代,柏林市由于资源短缺、地理位置不佳等问题,使得传统工业发展受到了限制。① 但与此同时,传统工业遗产和低廉的老厂房租金为柏林集聚了一批创意设计人才。这座欧洲名城独特的历史文化基础,奠定了柏林以"设计"为主要品牌推动城市的动力。

在设计产业打造的初期,柏林提出了三个主要理念:

(1)"以高起点的设计规划实现城市重建,以大规模的创意文化推动经济发展"的理念;

(2)"节能、低碳"的设计理念;

(3)"用创意工业保护设计"的理念。

在三大理念的交织中,大量创意设计企业与艺术设计人才的集聚成为城市发展创意文化的源泉。柏林早期以传统工业与制造业为主导的城市形象,也被生态、环保与节能的新形象所取代,柏林创意设计对产品质量的控制进一步推动着该地创意产业的发展。

政策上,政府发布文件成立城市创意产业推进部,明确文化创意产业为柏林经济发展支柱的战略,以此吸引大量文创企业和设计人才的集聚。在行业组织机制上,建立柏林国际设计中心、创意柏林联盟、创

---

① 王娟、温文静、邓小诗:《全球典型城市发展设计产业经验对广州的启示》,《城市观察》2019 年第 2 期,第 17 页。

意工业等致力于引导设计领域与其他领域交织的组织。在资金支持上,政府从资金扶持和场地减租两方面对创意设计产业和创意设计人员给予大力支持,同时举办了大量的文化创意产业活动,如"柏林国际设计节""if 设计大奖""柏林国际电影节"等。

最终在政府和相关机构从政策补贴、战略发展、建设完善的服务平台、举办大型文化创意活动、注重创意人才培养等多方面措施的配合下,实现了柏林创意产业的飞速发展,使得设计产业吸引了大量基金投入。根据联合国教科文组织创意城市网络 2016 年发布的报告,在柏林有近 10% 的工作者从事创意产业。从 2000 年到 2012 年,柏林创意产业的年产值从 168 亿欧元增长到 282 亿欧元,成为柏林市发展的支柱产业。①

(二) 设计之城、产业之都——设计型苏州老城区的打造

在苏州文化新经济建设开始以前,姑苏区的情况正如柏林设计产业发展的初期,同样面临工业视角的产业资源短缺、地理位置不佳等问题。服务于低端旅游的外来人口流入,高素质人才外流,制约了该地的和谐发展。

作为苏州古城的核心区域,姑苏区可用建设地块极少,在苏州市国民经济和社会发展"十一五"规划中又进一步将姑苏区列为限制开发区域,并对其未来的发展提出了众多保护性要求,导致姑苏区在很长的一段时间内空间上的发展都受到极大的限制。

作为苏州行政面积最小却承载着苏州历史文化的重点区域,姑苏区在国家历史文化名城保护区政策导向的影响下,其产业结构并不平衡。其中,第一产业已经基本退出,第二产业主要以新型加工、电子等

---

① 《对话柏林设计周创始人:创意产业长远发展最重要的是什么?》,每日经济新闻,http://www.nbd.com.cn/rss/toutiao/articles/1385071.html。

行业为主。由于对古城多种保护政策的出台,姑苏区内的第二产业发展缓慢,第二产业的企业数量是整个苏州市内各个地区总数最少的,工业总产值也是最低的,经济总量占比不到20%;第三产业以商贸、金融、文化、旅游为主,是区内的主体产业,其中服务业占全区经济总量的80%以上。然而"十一五"以来,服务业经济总量占比虽高,占全市和市区服务业的增加值比重却逐年下降,姑苏区实现经济快速发展困难重重。

文化新经济开发标准试验区建设以来,姑苏区要在古城保护的同时做到跨越式的文化新经济发展,就要从经济角度去看待文化资源,将当地文化元素提炼出来,并依附到存量的经济体制上。改变过往的经济运行形态,让它焕发出新的活力,以此实现更精准的定位与更清晰的细分,营造更具人文气息的综合发展环境,从而带动更好的投资回报率,促进经济发展。在此过程中,文化元素是其内在的驱动力,新型消费升级是其主要手段,产业的升级以及转型是文化新经济发展战略的最终目的。商业地产、人文社区、文旅景区是它的重点应用场景。

设计型城市的打造是基于姑苏区周边地区制造工业的发达。为了更好地适应国际经济形势,在产业结构急需改变的背景下,为姑苏区的产业更新方向。它从人文社区改造、传统工艺创新、国际性合作以及人才培育等多个角度,为姑苏区打造"设计之城"建立了声誉和平台基础。

作为行政区的姑苏区,在古城范围之外,还有部分城镇区域可进行工业化建设。在姑苏区过去的发展规划中,周围城镇的同质化程度极高,大小城镇之间由于发展模式相同,存在着很激烈的招商引资竞争。姑苏区政府虽从国际校区引入、文创活动开展等多个方面试图改善这一情况,但在对文化产业认知并未扭转的情况下,试图仅仅依靠苏州本地的文化内容去实现文化经济的发展,很容易陷入"文化工业"的固定循环。

19世纪末20世纪初,西方资本主义国家由自由竞争进入垄断时代,文化也被纳入了工业化生产范畴。在此背景下,德国哲学家马克思·霍克海默(Max Horkheimer)与提奥多·阿多诺(Theodor Adorno)提出了"文化工业"理论,并认为"文化工业"具有一致性、强制性、利益化、消遣性以及欺骗性等特点。① 文化工业的发展形式具有较强的标准化特性,姑苏区在文化新经济建设启动前在产业园创建与手工业发展的过程中模式和风格较为相似,导致姑苏区非但没有走出困境,反而具有明显的同质化、功利化等特征,并出现了与苏州市周边互相争抢资源的状况。

为了扭转这一局面,文化新经济更多强调多样化,突出地方风格与文化个性。通过提取当地文化要素,将产业主题赋予产品,找到合适的场景,唤起情感共鸣,由此来形成真正的 IP 经济。建设设计型城市是姑苏文化新经济开发标准试验区的重要一环,在姑苏区古城这个场景中,向人们展示提取苏州文化要素并将其赋予产品的过程,实现用极高的运营带动率创造产品价值。作为中国首个也是唯一一个国家历史文化名城保护区,姑苏区名胜古迹众多,有着深厚的文化积淀。这一丰厚的文化底蕴便是一项高附加值的消费品,只有剥离了曾经就设计谈设计的思维方式,才能从一个更高的层面上将优质文化存量转化为产业发展竞争优势。

文化新经济设计型城市的建设,需要更加关注整体性,尤其是将其作为城市整体发展的势能。2018 年至 2020 年这三年间,姑苏区从三个方面出发,已初步实现了文化新经济整体机制规划中设计型城市的发展目标。

第一,品牌效应的打造。依托观前街、沧浪亭等古城特色商业街区和园林为载体,积极展示和推介了古城新形象、新面貌。截至 2020 年,姑苏区吸引了国内 80 多家、国际 35 家主流媒体持续关注姑苏品牌并

---

① 单世联:《"文化工业"的概念化与问题化——重读〈启蒙的辩证〉》,《马克思主义美学研究》2017 年第 1 期,第 177—234 页。

设立姑苏频道,使"姑苏"从古城形象逐步转化为文化认知形象。

与周边工业区联动,将文化新经济作为赋能引擎。在"大设计,新经济"的发展目标下,姑苏区已初步成为整合国际国内优质产业资源、提升苏州文化产业能级的重要平台,从"本地企业、文创载体、数字化转型、人才引进"四个领域出发,持续发展姑苏区设计产业,充分发挥古城IP资源优质丰富的特点,不断提升公共服务能力。三年建设期内,奥森时尚集团、均瑶如意文化、中信出版集团、阅文集团潇湘书院、万科城市更新计划、洛可可设计等大设计领域优质企业落地姑苏,喜马拉雅等互联网企业在姑苏设立区域总部。优质企业的不断落地,更增强了姑苏区作为设计中心对周边工业区进行授权发展的能力,同时线上线下的融合促进了新型消费加速崛起,形成了经济模式发展的良性循环。

第二,吸引设计人才集聚,打造国际交流合作的新平台。自文化新经济建设以来,姑苏区国际化程度逐年提升,国际知名建筑设计师贝建中、张永和,英国时尚设计师桑德拉·罗德斯(Zandra Rhodes)女爵,日本跨界艺术家村松亮太郎等设计界名人深度参与姑苏设计型城市建设工作。三年建设期以来,姑苏区已先后和意大利威尼斯市达成《走向2020苏州威尼斯可持续发展合作框架协议》,和伦敦时尚博物馆达成《苏州设计周及伦敦时尚博物馆合作备忘录》,与法国巴黎蒙马特区、法国巴黎手工业者协会分别达成促进两地文化旅游产业交流合作的友好协议,进一步提升了苏州作为联合国"手工艺和民间艺术之都"的国际影响力。

从姑苏文化新经济开发标准试验区的整体打造与运营来看,设计型城市打造的成功为姑苏区带来了巨大的流量与关注,使苏州"设计之都"的形象深入人心,并为国内外合作搭建了良好的交易平台,促进了文创企业品牌化,品牌授权国际化。地区名牌的打响对文化新经济实现产业转型、育人育商以及城市集合品牌开发这一良性循环的形成提供了极大助力。2020年,姑苏区实现通过创意设计为产业赋能,打造了中国第一个城市设计中心,融入了长三角设计网络结构。

(三) 选一城、定一业——年度国际产业集中链接战略

文化新经济建设对姑苏区进行设计型城市的打造,一方面通过政策引领、资源导入来培育姑苏区本地全面的设计大氛围土壤,另一方面以联络国际标杆性设计城市成为苏州国际设计周主宾城市为契机,每年通过与一个设计名城链接,聚焦一组主题行业来进行集中打造。

2018年首次进行"选一城、定一业"的尝试,意大利威尼斯受邀成为合作伙伴,围绕"传统的当代化与商业发展"课题,通过研究分析威尼斯的玻璃、时装、家居产业如何通过与教育、文化、旅游等产业的结合实现传承创新的问题,促成了威尼斯与苏州的家居行业合作、威尼斯大区家居设计以及以XPORT为主题的创新园区的合作。

在2018年度的苏州国际设计周结束之后,"XPORT·小公园"继续发挥能量,成为一个承载各类设计、文化艺术展示交流与商业节庆活动的城市"迷你设计中心",持续催化这座古城以观前街为中心的未来的良性更新发展。

2019年,与英国伦敦市合作,以"丝绸"为设计介质,展开以"从国际当代时尚设计交流到区域升级和可持续化发展"为主题的系列年度设计合作。伦敦时尚和面料博物馆作为2019年的主参展机构,与苏州本地产业力量深入探讨特定元素——艺术与面料/丝绸、时尚的跨世纪结合与创新。在苏州国际设计周呈现了"时尚印记:从毕加索到安迪·沃霍尔"精品特展,展示20世纪最具影响力的艺术大师们是如何通过他们极富创造性的工作、如何以"艺术为人民"的理念参与纺织和时装设计的发展潮流的。

2020年,与法国巴黎以"指间与舌尖"为主题,通过五感体验,展现法国手工艺、美食等主题,为苏州市民带来更多中法文化碰撞和全新的内容交互。主题展览陈列了巴黎特色甜点马卡龙和法国红酒。通过甜

品、美酒所折射出的西方浪漫,结合姑苏观前街的东方韵味,为观众呈现了一场中法美食间的跨国对话。巴黎在苏州进行了一系列"我们来自巴黎"主题展示,同年,苏州在巴黎蒙马特设立"我们来自苏州"主题展,也以同样的方式向法国展示了来自"繁华姑苏"、苏州博物馆、太湖雪的苏州设计和特色产品。双方围绕手工艺及美食,以展览展示、线上线下等多种形式的活动,促进了设计上的交流。

(四)梦想泡泡——多层次设计人才培养工程

设计型城市的打造,需要大量设计型人才的支撑,除了创造良好的营商环境吸引外来设计企业和人才之外,苏州本地也出台一系列措施来培养本地的设计人才。

自姑苏文化新经济建设开始以来,苏州通过了八项措施来推动苏州手工艺和文化创意产业的发展,其中包括设立"创意城市网络"建设运行专项资金,吸引社会资本参与建设运行,加大创意人才队伍的建设和培养力度。在2018年11月第一届苏州国际设计周举办之前,姑苏区已经举办了"悦未来"青年创业公社、中国(姑苏)文创精英挑战赛、321设·国际设计师节·苏州站等设计类活动。

2018年,姑苏区政府、苏州大学应用技术学院与巴黎高等应用艺术学院中国中心(LISAA中国)协商一致,三方共建"姑苏国际校区",并在苏州古城设立苏州大学应用技术学院非独立法人二级学院"苏州中法文化艺术学院"。

另外,在积极推进苏州科技创意、文化旅游和特色商贸发展的同时,苏州市区首家版权工作站也在姑苏·69阁文化创意产业园正式挂牌。

为了加大创意人才队伍的建设和培养力度,苏州的高等院校作为人才的储备基地,是城市创新的主力军,因此,姑苏在文化新经济建设期间与苏州大学艺术学院、西交利物浦大学等苏州本地院校共同举办以姑苏文化为主题的苏州高等院校设计联展。学生们通过与传统手工艺的合作，将现代设计的理念应用到设计当中，通过不断的尝试产生更多的可能性，或者通过对社区、人群的研究尝试新的社区解决方案。

2019年，以"梦想泡泡"为名，姑苏区与各合作高校从产品设计、服装设计、数字媒体艺术三个类别推动校内和社区展示，从创意与时尚趣味的角度出发，探讨当代语境下的艺术设计。西交利物浦大学城市规划设计系和建筑设计研究中心通过"重塑苏州"计划展示了三个结合研究和教育目标的最新项目。

二、持续、广泛、弥漫的意识再造——打造设计型产业城市氛围

2018年至2020年，是苏州集中进行文化新经济基础建设的三年，相较于宏观严谨的整体经济发展机制设计，为打造设计型城市而做的众多"全民活动"，则为欣赏文化新经济的建设过程提供了更加丰富和有趣的"微观视角"。

姑苏文化新经济建设以融合文旅发展、全域旅游为背景，以时代视角与城市视角，通过田野调研、人物采访以及档案搜索挖掘并组织了多位精彩解读苏州人文、历史、地理、社会等话题的学者、设计师和艺术家，策划了一批具有典型苏州地方文旅资源特点的原创主题内容，如主题展览《超中国——河道轨道映射的中国加速与压缩镜像》《设计的价值——活的传统》《改变菜单》《塑命共生：可持续设计展》等。本书选择其间的三个片段，从"全民总动员""非遗再创造"和"方言新面貌"这些不同的视角来分享姑苏文化新经济建设期间的点滴。

（一）苏州设计，早点开始——看得见、吃得到的全民设计精神启蒙

"苏州设计，早点开始"是2018年和2019年连续两年在姑苏区全域内进行的联动活动。以苏州人熟知的早点为基础，"早点开始"，开始

的不仅是早餐内容，而是通过记忆里的味道、高颜值的设计、丰富的对话让年轻人回到古城。通过不同的宣传事件和互动环节以及不同物料的投放，"唤醒"城市，并吸引城市内各类人群对苏州进行国际化设计城市打造的关注，持续引导、加深人们对苏州设计的关注和了解。同时，"早点"除了"早餐"的意思，还有"尽早启动"的寓意，活动用"早餐"这项与城市居民密切相关的事项，牵引全面"尽早"关注设计，为将姑苏文化新经济开发标准试验区打造为设计型城市做好充分的群众动员。

正月十五食元宵、立春食春饼、二月初二食撑腰糕、寒食吃"救娘饼"、清明食青团、立夏尝三新、四月初八食乌米饭、四月十四神仙糕、夏至吃面、端午吃粽子……从食物之中便可轻易地判断时节。也正因此，对于无法长期在苏州居住的人来说，想要体验苏州整年的美食，似乎变成了一件只能靠"缘分"的事。但在苏州国际设计周期间，连续 6 天，精选苏州四季主打点心，包括赤豆糊糖粥、荠菜肉丝春卷、萝卜丝酥、眉毛酥等超过 30 个品种的精致点心，让人们有机会回味苏州味道，一年时光的美食体验尽在于此。

在朱家园 14 号的"悦未来"青年创业公社，悦未来小巷文创美食节依托姑苏老店"吴门人家"，在苏州国际设计周期间，每天上午 8 点半至 10 点半、下午 2 点至 4 点，带来苏式茶点自助。除"吴门茶点"外，美食节还复原苏州官府菜，"吴门传菜"冬之韵味，每天开放一桌冬令时节最可口、最有苏州记忆的菜肴。

同时，苏州地区知名的非遗传人、手工艺人等，在悦未来青年创业公社小巷中创办了一个文创市集，让广大市民游客现场感受美食并体验苏式盆景、剪纸、苏扇、苏绣等苏作文创的魅力。与此同时，苏州市集中举办的多场手作体验课，也帮助人们在匠人的指导下现场体验苏作的魅力。

2019 年，作为活动的第二年，姑苏文化新经济发展中心启动了为本地的一些早餐店铺进行设计改造的项目。在经过了 2018 年"睡懒觉还是吃早点"的议题意见收集后,2019 年的主题以早餐"吃饱还是吃好"为探讨民生的出发点,对城市上班族的早餐菜单进行设计探讨,鼓励大众在快节奏的城市生活中"慢下来",吃好"每日第一餐",从压力带来的"生存"目的走向"生活"状态。

早点以"不同人群,不同地点,相同时间,相同事件"的特性成功实现了在不同地点聚集不同人群并在设置好的时间段内吸引人群的最大关注度的全城联动。作为宣传事件和互动环节设置的基准,在宣传苏州早点文化的同时,也引发了人们对城市与设计、城市与创新关系的思考。

(二)"苏州观|观苏州"——非遗文化与社会需求的设计融合

非物质文化遗产是苏州传统文化积淀重要的组成部分。姑苏,作为中国近代史上的富裕地区,其非遗的传承以精致而蜚声海内外。苏绣、团扇等在国内外都是顶尖手工艺的代名词,然而时至今日,苏州的手工艺制品却仅仅停留在"传统"的形态中,没有打上时代的印记,也没有体现时尚的生机。

"苏州观|观苏州"是一个为期三年、在苏州执行的跨领域的国际合作策展案,由伦敦的两位策展人 Angiet Chen 和 Lika Tarkhan-Mouravi 策划。项目策展人亲身观察并参与本地个人或群体的生活,一方面,思考在各种文化消费经验(走访著名的文化景点、参与文化活动、品尝美食与购买文创商品等)中,哪些片段能够被放大检视、重新观察;另一方面,深入了解苏州文化,期待将非遗文化与社会层面相结合,邀请社会人群透过工作坊的操作与非物质文化遗产传承人进行联动与融合,进而重新思考非遗文化传承的方式,打开非遗文化传承新思路。同时,通过实作创造出和当代城市的新对话,以便更深入地研究苏州不同的样貌。

2019 年 9 月 14 日,"苏州观|观苏州"举行了第一期工作坊。在苏州一起一起·湿地小鹿青年旅舍,两位策展人与 12 位来自各行各业的

"城市观察者"一起以"看不见的苏州"为主题,进行了一场长达 5 小时的工作坊交流。通过三个层层递进的实验章节,寻找隐匿的苏州城市基因,共同挖掘看待苏州的多重观点。策展人要求参与者使用工作坊现场提供的材料,如油泥、超轻黏土、彩色纸、胶水、大头针和照片等,将苏州印象的关键词换为可视化的表现形式。

在观察了吹糖艺人丁苏林老师的吹糖过程之后,策展人与丁老师共同合作,将其工作坊——一口糖炉"空间化",并将吹糖过程"打开",融入工作坊的独特脉络,将参与者们各自怀抱的对苏州"触不到"的记忆、经验与情感进行相互交织,将具有百年历史的技艺拓展出更广阔的想象和创作空间,转化成一处活的文化环境。

(三)《相对"吴"言》——重塑城市文化认知的声音切片

在传统形态的社会结构中,"乡音"便是社会认知和族群识别的显性指征。然而在当下社会流动速度显著增加、普通话教育普及推广下,方言已经逐渐失去了使用环境。即便在苏州,很多本地年轻人已经不会说苏州方言吴语,再过一段时间,或许大部分人都会听不懂本地方言。然而,方言不仅是一种地方语言,它还沉淀着地方文化的特征,甚至可以说,方言是蕴含本地历史、人文印记的"密码"。

《相对"吴"言——苏州城市声音切片》的创作立意从展现历史变迁中的吴方言及它与今天的吴地文化所发生的种种勾连出发,尝试将苏州方言与说唱 rap、电子音乐做结合,以苏州本地方言的曲艺形式评弹为基础,创作出《书梦》与《家梦》两首在形式与内容上互文的歌曲。

其中,单曲《书梦》的创意来自晚清小说《海上花列传》。《海上花列传》是对话全部采用苏州土语写就的吴语文学第一杰作,本是作者花也怜侬(韩邦庆)的一场大梦,原著叙事的藏闪结构也如梦似幻。

为了体现"梦"的意味,电子音乐制作人王璐决定采用 Ambient 风格来给音乐打底,空灵的电音轰鸣与合成器模拟出来的介乎生旦之间的昆腔人声,更加重渲染了一种不切实的时空悬置感。人声语言部分根据《海上花列传》、苏童中篇小说《红粉》、张爱玲散文《"嗄?"?》、张宗和与张充和于1949年与1959年往来书信(载于《一曲微茫:充和宗和谈艺录》)以及张允和《昆曲日记》等改编创作。音乐部分摘引苏州评弹《白蛇传·赏中秋》片段,运用或蒙着些时代感,或一如时下平常语调的苏白,将吴方言里蕴藏的多种音乐性格铺呈开来。

整个音乐EP(迷你专辑)除了在试着思考诸如"新"与"旧"、"守"与"破"、"墙内"和"墙外"这些传统文化的保护与传承问题以外,揣摩他方赏客的懂与不懂,尝试理解当下局内人对于蜕变的渴望,在强调方言传承保护意义的同时,也为传统戏曲文化寻找到新的商业表达途径。

三、一年一周的国际设计大狂欢——苏州国际设计周

年份及主会场	主 题	主宾城市	逻辑:城市复兴	逻辑:产业更新	逻辑:生活美学
2018 桃花坞	大设计,大经济	威尼斯(玻璃、时装、家居产业)	桃花坞文创社区、文化地标风之亭、城市信仰、大象无形	设计之城主题展示、浮生六记、一页知年、情调苏州、苏州设计院校联展、国际设计峰会	对话蒙马特、慢食苏州、亲子设计节、FENDI环保设计展、千兔望月、拉杆箱市集、苏州早点设计
2019 桃花坞	精致苏州,美好生活	伦敦(艺术与面料/丝绸)	繁华姑苏、文化地标言乐庭、墨西哥邀请展、日本多媒体邀请展、超·中国、苏州观	院校联展、设计博览会、设计秒圈粉、年画赋兴、设计的价值、可持续设计展、丁宅新创聚落	改变菜单,苏州早点开始第二季、光荣之城、旅行漫游展、吴语

续表

年份及主会场	主题	主宾城市	逻辑：城市复兴	逻辑：产业更新	逻辑：生活美学
2020观前街+观前经济商圈	产业赋能，城市互联	巴黎（指间与舌尖）	逻辑：旨在通过发展大设计、优化国际合作，探索创意设计对城市更新、社群构建、价值消费的引领路径以及5G时代创意设计产业自身的数字化转型 活动：观前街多彩装置、设计教育、Q4设计消费季		

（一）2018年苏州国际设计周——大设计，新经济

1. 主题："大设计，新经济"，聚焦城市复兴、产业创新、生活美学

"大设计"：立体呈现苏州在城市复兴、产业升级、民生改善、文化传承等领域运用创新设计思维所取得的成效以及苏州立足长三角放眼世界的国际格局。

"新经济"：有力推进文化新经济从战略政策到生态建设、金融创新、园区发展乃至文创商业等全方位的实践与成果。

2. 主宾城市：威尼斯

图7-1 主宾城市威尼斯展览现场

展陈内容：XPORT VENICE，围绕"传统的当代化与商业发展"课题，通过研究分析威尼斯的玻璃、时装、家居产业如何通过与教育、文化、旅游等产业的结合实现传承创新的问题。

成果：通过将文化作为一个平台，为过去和现在建立了连续合作，促成了苏州家居行业合作、威尼斯大区家居设计以及以 XPORT 为主题的创新园区的合作。

3. 主题展览、主题活动、主题对话

主会场：姑苏区桃花坞

分会场：苏州市历史文化街区及产业园

（1）主题展览：

展览一　城市的信仰

通过摄影师的记录，让大众看到世界知名城市标志性建筑的历史时刻，比如它们的建设过程甚至是轰然塌倒前最后的景象。通过将百年前的欧美街景和今天中国生活场景之间的对比，体现城市的功能和

图 7-2　城市的信仰

魅力并没有因为时空的不同而产生根本性的变化。

展览二　设计之城主题展示

通过多媒体互动商业艺术装置《姑苏繁华图》展现苏州自古作为富贵风流之地和繁华市井的城市景象,并从中选出五个苏州代表性门类——纺织、木工、建造、餐饮和盆栽,邀请苏州本地工艺大师和当代杰出设计师通过其作品呈现苏州设计"从文人到人文"的转变并就苏州作为"设计之城,产业之都"进行讨论。

图7-3　《繁华姑苏图》动图(© 夏至)

展览三　万科"Footprints——大象无形"

集中展出扎哈·哈迪德(Zaha Hadid)、安藤忠雄(Andou Tadao)、斯蒂芬霍尔(Steven Holl)、张轲、柳亦春、青山周平(Shuhei Aoyama)等25位国际知名建筑师的作品。在不同阶段中国城乡建设发展遇到新的瓶颈和挑战时,建筑大师与万科的合作和实践,承担了探索与引领的使命,这是万科"大"系列作品的精神内核,也成为"Footprints——大象无形"展的线索。

展览四　"桃花坞"文创社区品牌尝试

定义未来"文创社区",将传统文化作为未来发展的重要资源,以社区为载体,探索创新科技手段、经济模式、城市空间规划与传统文化发展的联系。

图 7-4 大象无形

图 7-5 "桃花坞"文创社区品牌尝试

展览五　文化地标——Pavilion 风之亭

风之亭为以快闪店形式承担设计周期间的信息发布、文化沙龙等功能的临时展厅建筑。作为设计周开幕式及一周活动期间的核心舞台,与文昌阁、主展厅、街区形成连接与呼应。设计周期间在 Pavilion 风之亭内展示威尼斯国际艺术双年展中中国城市馆围绕苏州主宾城市的文创社区研究以及全球优秀案例。

图 7-6　Pavilion 风之亭(© 夏至)

展览六　浮生六记

以"非遗之美,生活即道"为思考,在《中国传统工艺振兴计划》的引导下,展示中国传统工艺走进现代生活的价值,让传统工艺在现代生活中得到新的广泛应用,围绕"现代设计走进传统工艺、传统工艺走进现代生活"的核心理念,遵循"百姓日用即道"的思想,期待形成代表中国文化价值观和东方生活美学的创意产品与工艺设计体系。

展览设计通过生活场景化的展示空间,用触手可及、信手拈来的传统工艺设计展品来讲述传统工艺背后的故事,特别展出苏州本地手工艺创新优秀作品。

图 7-7 《浮生六记》文创展

展览七 一页知年——桃花坞年画×荷兰最美图书展

展出过去一年荷兰最美图书评委会汇集提名的出版物,评选出最佳书籍。

图 7-8 一页知年——桃花坞年画×荷兰最美图书展

此次在苏州巡展,旨在推动中荷两国在平面设计以及文创产业的优秀作品交流。此外,最美图书苏州展览特别展示桃花坞木刻年画,位于苏州昆曲博物馆的百花书局等展出苏州最美图书及印刷设计优秀作品。展览以印刷工作坊的形式呈现,观众可以进行现场印刷体验。

展览八　苏州高等院校设计联展

苏州的高等院校作为人才储备基地,是城市创新的主力军,设计周特别邀请苏州大学艺术学院、西交利物浦大学等院校共同举办苏州高等院校设计联展。学生们通过与传统手工艺的合作,将现代设计的理念应用到设计当中,通过不同的尝试产生更多的可能性。又或通过对社区、人群的研究,尝试新的社区解决方案。

图 7-9　苏州高等院校设计联展

展览九　情调苏州

主要陈设情调苏州系列旅游口袋书、唐伯虎和秋香系列的玩偶、胶带、信纸等苏州 IP 文创产品、非遗文创及文人书斋展示,同时设置二十四节气主题区域(涵盖明信片、海报、团扇、装置等),通过展示、影像、互动等方式多方位呈现苏式生活美学,展现苏州情调。

图 7-10 情调苏州

展览十 环保也时尚——Camina campus 环保设计展

此为 Camina campus 品牌特展。该品牌秉承"创而无失,造而无损"的理念,采用各种回收材料制作手袋及时尚配件,是当下最为成功的环保奢侈品牌之一。该品牌从芬迪家族的视角出发,通过创新设计、文化传承,塑造国际顶尖时尚品牌、推动社会文化发展,倡导女性设计师并宣传女性主导创意产业的历程,借此向公众传达"保护环境,关爱社会"的时尚理念。

图 7-11 环保也时尚

展览十一　千兔望月

"千兔望月"大型装置艺术展原为国际(北京)亲子设计节与关注留守儿童的公益组织联合推出的公益活动,1 000 只由意大利国宝级设计师斯蒂凡诺·乔凡诺尼(Stefano Giovannoni)设计的兔椅摆出"千兔望月"造型,象征着爱和团聚、亲情与延续,色彩缤纷的兔椅带领人们进入欢乐惬意的童话世界。

图 7-12　千兔望月

展览十二　新文房四宝:传播工具的未来

该展览在 2019 苏州国际设计周展出期间,同时呈现了苏州本地文房四宝的创新设计作品以及韩国设计周优秀青年设计师的优秀传播设计作品。

展览十三　对话蒙马特

该展览获得法国蒙马特旅游局的大力支持,旨在更深层次推进苏州与蒙马特两地旅游文化资源交融互鉴,借助艺术文化的力量,通过政府层面的有效对话,真正落实对接当地文化工作者、艺术家、商家之间的互动交流与深层次合作,同时使两地传统文化获得传承,使艺术得到进一步普及。

图 7-13 沟通的工具

图 7-14 对话蒙马特

展览十四 设计猫主题展

日常是什么？日常是喝水用杯子，吃饭用筷子，杯子是透明的，筷子是直直的，我习惯了这样，这就是我的日常。设计猫主题展展示日常生活中的美学和趣味。

展览十五 风之亭叙事展

这是策展团队对老城区里由各式各样的废旧座椅所构成的社区进行的一系列公共空间观察记录，也是对日常生活事物的观察和经由设计的再发现。希望借助展览发问："当代的生活方式下，传统的材料和手工艺如何能够重塑地域文化的价值？"

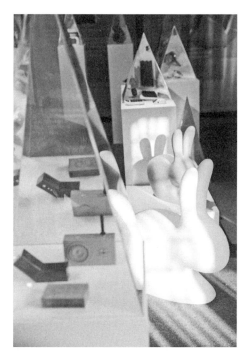

图 7-15 设计猫主题展

图 7-16 风之亭叙事展

展览十六　苏州设计，早点开始

以苏州人人熟知的早点为出发点，将早点"不同人群，不同地点，相同时间，相同事件"的特性作为宣传事件和互动环节设置的基准，在宣传苏州早点文化的同时，引发人们对城市与设计、城市与创新的关系的思考。

图 7‑17　苏州设计，早点开始

展览十七　慢食苏州

慢食中国在"大设计　新经济"的语境下推广中国慢村样板，并与意大利首个慢村——位于布雷西亚省的卡莫妮卡山谷地区共同就《慢村共建国际网络宣言》的持续深化，进行共同的探讨。慢食苏州通过慢食市集使消费者直接与生产者联系，对食物的种植和生产方式均有影响。消费者超越原本的被动角色，变为协同生产者。缩短食物供应链，拉动区域经济发展。

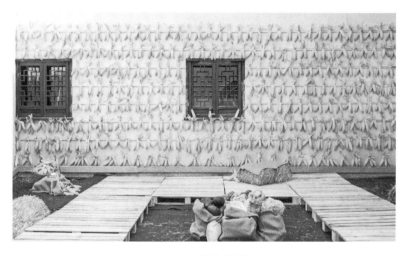

图 7-18　慢食苏州(1)

图 7-19　慢食苏州(2)

(2) 主题活动：

活动一　拉杆箱市集

2019 苏州国际设计周期间，主会场筹备落地规模为 30—50 个摊位的市集，涵盖当地及异地优秀文创设计品牌/个人的主题拉杆箱市集。

图 7‑20　拉杆箱市集

活动二　国际亲子设计节——童心理想城(苏州站)

以"如何用设计推动儿童友好型城市建设"为思考的出发点,将"童心理想城(Kidstopia)"作为活动的主题,旨在构建一个真正为儿童而设计、为亲子而设计、为现代家庭而设计的卓越平台。

图 7‑21　国际亲子设计节

（3）主题对话：新苏作产业交流主题对话。

保护与发展的压力永远是并存的，也是彼此激励的过程。"新苏作"深度产业交流在2018苏州国际设计周期间，从"传承创新与永续发展"这一主题出发，思考：面对不断更新的生活与时代，传统的工艺是应该坚守还是改进？要如何做才能赋予这些传统的艺术以新的活力？

图7-22 新苏作产业交流主题对话

（4）主题研讨：威尼斯主宾城市主题研讨会。

研讨会旨在就文化、旅游、经济、就业等话题进行深入交流，通过设计周平台以及共同的活动，把两个城市的灵魂、未来的规划愿景结合到一起。

（二）2019年苏州国际设计周——精致苏州，美好生活

1. 主题

"精致苏州，美好生活"，聚焦城市复兴、产业创新、生活美学。

2. 主宾城市：伦敦

展陈内容：伦敦：时尚印迹——从毕加索到安迪·沃霍尔精品特

图 7-23　威尼斯主宾城市主题研讨会

展以及博洛尼跨界桑德拉时尚家居展。主题论坛议题为"从国际当代时尚设计交流到区域升级和可持续化发展",与苏州本地产业力量深入探讨特定元素——艺术与面料/丝绸、时尚的跨世纪结合与创新。

图 7-24　伦敦:时尚印迹——从毕加索到安迪·沃霍尔精品特展

图 7-25 博洛尼跨界桑德拉时尚家居展

3. 主题展览、主题活动、主题对话、主题研讨

主会场：姑苏区桃花坞

（1）主题展览：

展览一 繁华姑苏，美好生活

展览邀请了国际设计大师施德明等四位设计师，以当代的视角观

图 7-26 文化新经济设计师驻留成果展

察苏州文化传统,探索非遗在新时代背景下的产业化路径,彰显姑苏文化新经济致力于区域产业提升、城市经济发展的决心与能力;同时展示苏州文化新经济发展有限公司正在有力推进文化新经济从战略政策到生态建设、金融创新、园区发展、文创商业等全方位的实践与成果,以及"文化新经济设计师驻留"计划的延续成果。

展览二 文化地标——言乐庭

沉浸式体验装置"言乐庭",灵感来源于"苏扇"。用扇面山水画与现代设计语言相呼应,体现苏州城市气质。

图 7-27 Pavilion 言乐庭

展览三 日本 NAKED 多媒体邀请展

在光影绚丽的多媒体艺术展览中,数字艺术家村松亮太郎(Ryotaro Muramatsu)试图与观赏者探讨世间万物的关系、生命与死亡的关系,用多媒体的方式优雅且富有诗意地展现其中的魅力。

展览四 法国馆——巴黎沙滩

展馆主题为巴黎沙滩,馆内呈现巴黎沙滩、棕榈树、躺椅、遮阳伞,

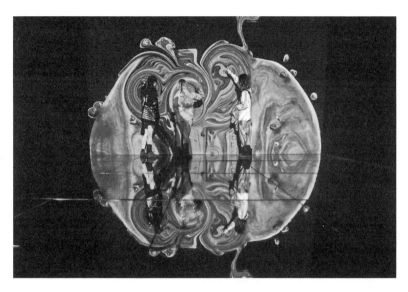

图 7-28　NAKED 多媒体邀请展

营造出美丽的海岸线风情。馆内同时布置有餐饮区和酒吧区,巴黎两家蒙马特百年餐厅特聘厨师亲临现场制作法国小食,并有法国著名调酒师特意调制的一款鸡尾酒,为大家带来巴黎味道以及巴黎设计和苏州制造的创意结合。

图 7-29　法国馆——巴黎沙滩

展览五　墨西哥邀请展

作为北京国际设计周的城市联动项目,苏州国际设计周同样邀请墨西哥来到苏州参展,展现墨西哥的多元文化与设计,通过工艺创新、空间设计、原创文化、文化机构和学术平台等不同维度,全方位展示和推广墨西哥设计理念,勾勒出一个生动鲜活的多元化现代设计之城。

图 7-30　墨西哥邀请展

展览六　改变菜单

在"2017国际慢食全球大会·成都"期间,国际慢食协会首次提出MENU FOR CHANGE(改变菜单)倡议,呼吁人们从食物选择与消费上行动起来,"以手中的筷子与刀叉为武器,应对全球气候变化"。苏州国际设计周响应该运动,慢食 FOOD FOR CHANGE 项目首次以展览形式呈现,从食物消费、食物选择、食物浪费等方面展开。

展览七　早点开始:吃饱还是吃好

延续上一届成功的操作模式,本届为本地的一些早餐店铺进行了设计改造。在经过了2018年"睡懒觉还是吃早点"的议题意见收集后,2019年的主题以早餐"吃饱还是吃好"为探讨民生的出发点,对城市上班族的早餐菜单进行设计探讨,鼓励大众在快节奏的城市生活中"慢下

图 7-31 改变菜单

图 7-32 早点开始

来",吃好"每日第一餐",从压力带来的"生存"目的走向"生活"状态。

展览八 院校联展:梦想泡泡、重塑苏州

苏州大学艺术学院以"梦想泡泡"为名,从产品设计、服装设计、数字媒体艺术三个类别进行展示,从创意与时尚趣味的角度出发,探讨当代语境下的艺术设计。西交利物浦大学城市规划设计系和建筑设计研究中心通过"重塑苏州"展览,展示了三个结合研究和教育目标的最新项目。

图 7-33　院校联展:梦想泡泡

图 7-34　院校联展:重塑苏州

展览九　苏州观|观苏州

"苏州观|观苏州"是一个为期三年、在苏州执行的跨领域的国际合作策展案,首次亮相。策展人通过收集材料、研究对象个人手势以及大量

资料,将糖人吹糖的过程记录下来,希望能发扬这项传统艺术。展览通过实作创造出和当代城市的新对话,以便更深入地研究苏州不同的样貌。

图 7‑35　苏州观|观苏州

展览十　2019 北京设计博览会苏州站

苏州国际设计周作为北京国际设计周"走出去"的创新产物,自然

图 7‑36　2019 北京设计博览会苏州站

也少不了来自北京国际设计周相关的展览内容。为了呼应2019苏州国际设计周的主题,对话具有深厚历史底蕴和文化魅力的桃花坞历史文化片区,策展团队精选了两届北京设计博览会中具有代表性的获奖设计作品,形成了包括生活方式、亲子互动在内的综合展览体验。展览同时针对苏州和长三角区域要素进行了新的创作,包括乔麦年画,并融合了伦敦艺术学院该年度部分毕业作品的展示,与主宾城市伦敦在空间概念上产生对话。

展览十一　超·中国——河道轨道映射的中国加速与压缩镜像

现代城市中的快速通道(高铁、高架)在作为连接空间的工具的同时,也产生了离散的空间;作为边界的打通者,也产生了新的边界。展览希望通过河道、轨道交通方式的变迁及影响,探讨当前中国城市化中面临的共性话题。

图7-37　超·中国——河道轨道映射的中国加速与压缩镜像

展览十二　年画赋兴计划

一场新文化与传统文化相碰撞的年画赋兴运动,遵循着改造与保护并存的原则而前行。以文化艺术为导向,邀请专家、艺术家与院校学生加入,在传统与创新的共同作用下,通过创新形式——"夜光"来改造年画,宣告着传统文化年画的一次骄傲的回潮,以期市民重新关注传统文化。

图 7-38 年画赋兴计划

展览十三 设计的价值——活的传统

从"工艺复兴""方法与技艺""迭代与创新""理想社会"四个方面，讨论设计行业如何为传承与活化传统手工艺带来新思路、新价值。

图 7-39 设计的价值——活的传统

展览十四　"塑"命·共生：可持续设计展

100％由"垃圾"搭建的空间及装置组成的主题展览，包括展览在内的全部板块内容，从用材到产品到搭建等，均以尽可能接近100％可持续利用为目标。除了融入多种垃圾再造材料外，也利用了2018年苏州国际设计周的遗留材料及包括废弃塑料瓶、废弃渔网在内的"垃圾"，通过直接再利用及改造利用等方式，使已经"退休"的物料得以继续发挥"余热"。所有装置在展览期间开展"展品领养计划"，观众可以扫二维码填写申请表，为自己代表的本地社区、学校、社会团体、环保组织与企业等对装置进行非营利目的的免费"领养"。由设计团队精心打造的"由垃圾打造的0垃圾感模块空间"则作为可持续材料应用的样板间以快闪的形式出现在苏州各处。如此全周期范围内力求可持续的尝试，在国内尚属首次。

图7-40　"塑"命·共生

展览十五　光荣之城：苏州城市荣誉感摄影艺术海报展

以"精致苏州·美好生活"为主题，2019苏州国际设计周策划并开展了"城市荣誉感摄影海报"征集活动。这些作品在2019苏州国际设计周活动期间展出,希望能够让记录者和观赏者有归属感和获得感,进而生发出荣誉感和责任感。

图7-41 光荣之城

展览十六　黑胶猩猩×相对"吴"言:苏州城市声音切片

以吴语为元素,以文字、音乐、物件为载体,构成一个有趣的吴语空间。吴语构成苏州城市声景中最重要的一部分,这一项目呈现的是由乐音、话语和声音图案构成的记忆碎片。它叙述苏州人的喜怒哀乐、苏州的城市氛围与风物以及这座城市所独有的生活美学。

展览十七　留园园林文创

留园园林文创汲取中国文人取山水于造景、化意境于修园的东方美学精粹,将文人墨客写意的生活方式提炼成可融入当代日常生活的创意文化商品。特色产品包括中国传统乐器开瓶器、留园有声明信片、仿珐琅勾边园林书签、"哆点糕兴"苏式糕点等,以巧思和设计为游客们提供苏州园林旅游的美好回忆和纪念。

图 7-42　苏州城市声音切片

图 7-43　留园园林文创

展览十八　苏州平面设计师协会成立 20 周年特展

为庆祝苏州平面设计师协会成立 20 周年,重点展现苏州平面设计在地方经济文化建设中起到的积极作用及取得的丰硕成果,促进江南文化的传承与创新,2019 苏州国际设计周、苏州平面设计师协会、苏州美术家协会联合举办"看|好|你——苏州平面设计师协会成立 20 周年特展"。

图 7-44　苏州平面设计师协会成立 20 周年特展

展览十九　传统与创新之光——来自姑苏本土的设计展

本展馆的设计主题是"传统与创新之光",深厚的姑苏传统文化孕育出繁荣的现代姑苏设计产业。展馆汇集了姑苏区 18 家优秀设计企

图 7-45　传统与创新之光——来自姑苏本土的设计展

业的优秀设计作品,设置了传统工艺、创新设计、服务设计三大主题展区。在展馆的设计上,用苏州传统元素＋现代创新元素＋立体几何解构相结合的方式,诠释姑苏传统工艺之美和现代设计创新亮点。

展览二十　微博美学

设计,并非遥不可及,从古至今,字、笔、服饰、绘画等生活的方方面面,都能看到设计的影子。微博设计美学涵盖设计、绘画、艺术、手作等泛生活领域内容,一直以来秉承"以微博之力,助力中国原创设计"的理念,是广大设计师、艺术家推广品牌、提升个人影响力的首选社交媒体类平台。本次展览围绕汉字、服饰、文房、玩娱、漫画等五大内容设计了主题区域,邀约美学原创博主将其作品植入其中,全方位阐释了"设计改变生活"的理念,以创意方式展示设计力量,将传统与现代、复古和时尚相结合,用不一样的语言讲述设计变迁。

图 7-46　微博美学

展览二十一　设计秒圈粉生活形态 & 圈粉·享市集

挖掘本地历史背景、情感元素,并将其融入令人脑洞大开的视觉创作中,以最贴近日常的方式呈现在大众眼前;将"圈粉"概念加以延展并结

图 7‑47　圈粉·享市集

图 7‑48　设计秒圈粉生活形态展览

合苏州传统文化设计了沉浸式展览、圈粉主题厨房、工作营等系列活动。

展览二十二　"Go And Hit The Road"旅行漫游展

这是 ttg 旅研社自 2018 年开始打造的品牌活动,希望能够邀请众多旅人中的有趣代表,展示他们如何在旅行中探索人生的一万种可能。

图 7-49　旅行漫游展

展览二十三　姑苏文化新经济展示交流中心

姑苏文化新经济展示交流中心是姑苏发展文化新经济的核心窗口。姑苏文化新经济展示交流中心包含《姑苏繁华图》展厅、苏州非遗驻地成果展厅、核心展厅、育商公共服务系统展厅、IP转化展厅、创新案例展厅、快闪店等,也是姑苏设计周期间政府参观和招商引资的主要场所。

图 7-50　姑苏文化新经济展示交流中心

展览二十四　"光怪陆离"旅行漫游展

围绕"旅行"主题,包含关于音乐×旅行的影像展、纪录片放映、"打包天真"诗歌票根展等多元形式,为大众呈现一场别有趣味的"漫游体验"。

图 7-51　"光怪陆离"旅行漫游展

展览二十五　平江路：丁宅新创聚落

原处于大儒巷西口的清代四进结构建筑——丁宅整体搬迁至平江路。以"记忆的结构"为展览研究对象,将建筑空间抽象成一个容器,举办新创聚落艺术展,使文化商业新地标平江街区的艺术氛围得到了浓缩展示。

图 7-52　平江路：丁宅新创聚落

展览二十六　西北街的微光

西北街的居民包括姑苏原住民和外来人口,这些新旧苏州人构成了苏州高速发展的基础,他们勤勉、努力同时也有着生活的烦恼、幸福,夕阳下的北寺塔,映照的正是这一幕幕日常、美丽、微不足道的生活。

项目组通过采访、聊天,走访了 100 多户西北街居民,收集到了 40 多个西北街的秘密,将这些秘密通过灯光闪烁(莫斯信号)出来:我们看到的每一个灯泡的闪烁,都在诉说着一个西北街的秘密,一些西北街的日常,一段对亲人的牵挂和欲言又止。这一艺术装置每天 24 小时对公众开放,虽然是临时性的,但展览内容可以有效唤醒人们对姑苏历史核心地域经济、政治和社会状况以及日常生活体验的回应。

图 7-53　西北街的微光

(2) 主题活动:

活动一　吴语声音艺术跨界原创 EP《相对"吴"言》

吴语声音艺术跨界原创 EP《相对"吴"言——苏州城市声音切片》,通过专业音乐学学者的概念策划,将苏州评弹、苏州话 rap 说唱和电子音乐相结合,创作出《书梦》与《家梦》两首在形式与内容上互文的歌曲。歌曲在强调方言传承保护意义的同时,为传统戏曲文化寻找到新的商业表达途径。

图7-54 相对"吴"言

活动二 苏州火车站:平门城墙"摆渡船"

一条临时开设的摆渡航线,搭载苏州火车站南广场至平门城墙一线的观众,经水路前往2019苏州国际设计周位于桃花坞的主会场。

活动三 年度设计大奖

每一座致力于发展创意产业的城市,都应该有一个与其影响力相匹配且在行业内具有权威性的设计奖项。2019苏州国际设计周与新华社合作,推出"年度设计大奖",通过权威专业的推荐、选拔与评比,表彰并致力于创新设计的团体及个人,推动苏州文化新经济战略发展。2019苏州国际设计周"年度设计大奖"分为"都市更新奖""创产融合奖""工艺传承奖""服务设计奖""传播促进奖"五个专项奖,体现了苏州的创意资源和设计活力,同时为本地设计人才尤其是院校学生和行业新人提供了进入行业、展示才能、与外部优秀设计资源交流对接的平台,明确了苏州作为"设计之都,产业之城"的定位,促进城市创意产业良性发展。

图 7-55　年度设计大奖

（3）主题对话：

对话一　从国际当代时尚设计交流到区域升级和可持续发展

2019苏州国际设计周以伦敦时尚博物馆于苏州开设分馆为契机,邀请了拥有最先进创意产业设计理念的欧洲城市伦敦市作为主宾城市。设计周期间,由伦敦市的政界、商界、学界,特别是创意设计品牌、设计师组成的代表团到访苏州,并参加了主题对话,全面展现了伦敦市优秀的创意设计理念和资源,并与苏州本地的产业进行了对话和交流。

对话二　从苏州到纽约|贝建中

贝聿铭,华人建筑师里最响亮的名字,似乎是一个超越了时代的存在。与之相联系的那些建筑,如美国国家美术馆东馆、卢浮宫"金字塔"、苏州博物馆等,都被时间证明了永恒性。2019苏州国际设计周期

第七章 大设计、新经济——衔接文化底蕴与授权输出的设计型城市体系

图 7-56 从国际当代时尚设计交流到区域升级和可持续化发展

图 7-57 从苏州到纽约|贝建中

间,特别邀请贝聿铭之子贝建中通过主题演讲及对古城文化的专题对谈分享贝氏与苏州的故事。

对话三　丁宅新创聚落、西北街的微光|艺术的闪念

苏州丰沛的文化魅力,很大程度上源自历史上众多发生在这里的艺术高光时刻。以"丁宅新创聚落、西北街的微光|艺术的闪念"为主题的论坛,邀请阎硕、方二、孟瑾、石玩玩、Ken Wilder 等多位海内外当代艺术家,以分享会的形式来展现自己独特的观察视角和文化洞见。

图 7-58　艺术的闪念

对话四　苏州国际设计周|加速时代的生活设计

高速发展的时代,如何才能精致生活？如何从经济地理学的专业角度观察与思考苏州这座最强地级市的未来？主题论坛"加速时代的

生活设计"邀请欧阳应霁、郑作彧、殷智贤、王晓阳等不同专业的专家、学者,从他们的视角与实践进行解读与分享。

图 7-59　加速时代的生活设计

图 7-60　速托邦

对话五　城市中国|速托邦——城市化加速主义下的城事

速度是一个当下的热词,许多领域的"加速"现象,如生产加速、信息传输加速、生活步调加速、感知加速……带来的却是各种"压缩",如人们对于时间认知的压缩、焦虑、牺牲多样性等。主题沙龙以加速和压缩下的中国城市化为主题背景,从商业空间、生产要素、都市人文等角度进行讨论。

（4）主题研讨：姑苏文化新经济建设 2018 年以来的成果展示,以及"文化新经济资源协同与投资驱动研讨会"。

为了更好地总结姑苏文化新经济开发标准试验区的实践经验成

果,规划未来发展蓝图,"新经济、新投资——文化新经济开发标准试验区建设的资源协同与投资驱动"内部研讨会在2019苏州国际设计周期间召开。

江苏省和苏州市主要领导、全国经济和文化产业领域学者、大型金融投资机构负责人在会上共同分析文化新经济相关产业的发展现状与时代机遇,讨论新经济形势下以文化要素为核心的独特的金融及投资模式;探讨从政策保障及公共服务层面发力为企业和投资机构补齐产业链、价值链的相应短板的方案。

图7-61　2019文化新经济开发标准试验区建设主题研讨会

(三) 2020年苏州国际设计周——产业赋能,城市互联

1. 主题

"产业赋能,城市互联",推动苏州文化新经济建设融入长三角一体化战略。

2. 主宾城市:巴黎

主题:"指间与舌尖"

内容:法国巴黎是2020苏州国际设计周的特邀展览城市。在苏州观前 XPORT·小公园设立主宾城市巴黎展馆,通过对法国艺术品、工艺品及红酒文化的展示,为人们带来指尖与舌尖上的法式风情。在巴黎蒙马特设立"我们来自苏州"主题展,分别围绕手工艺及美食,开展包括展览展示、线上线下等多种形式的交流活动。

图 7 - 62 主宾城市巴黎

3. 主题展览、主题活动、主题对话、主题研讨

主会场:观前街区及商圈

分会场:桃花坞历史文化片区

(1) 主题展览:

展览一 XPORT·小公园

"X",代表开放和无限可能,"PORT",是港口,是门户,是风向标。2020 苏州国际设计周期间,拥有近百年历史的小公园迎来全新形象。"在地设计、在地创新",XPORT·小公园对场地已有的集装箱等构件进行重新组合,结合城市、街区、社区、个体的具体需求,通过堆叠的集装箱与亮眼的轻质屋顶,在苏州最热闹的核心商圈中围出一处气质迥异却又处处与苏州、与小公园的现状与历史皆有呼应的独立空间。

图 7-63　XPORT·小公园

展览二　多彩宝盒

多彩宝盒，一个为众多"个人"设计的宝藏空间。在这个用充满活力的粉色弹力带织就的半开放空间里，人们以"聚·隔"为主题，共同探

图 7-64　多彩宝盒

索后疫情时代的社会互动和文化交流,通过不同的视角去体验城市空间。

展览三　众行拱廊

在观前街西段,曲折蜿蜒的"众行拱廊"闯入没有树木、没有城市家具、没有遮阳挡雨篷盖的宽阔步行街上,以熟悉又陌生的形态打破原有空间的秩序,为使用者带来丰富而难以预料的体验。2020苏州国际设计周闭幕后,应深圳设计周之邀,众行拱廊建筑装置赴深圳进行展出。

图 7-65　众行拱廊

展览四　蓝天泡泡

此为2020苏州国际设计周最具人气打卡地之一。苏州观前街龙凤金店四楼露台上,一组蓝色圆形簇状结构的奇异装置在设计周期间亮相。屋顶下的露台空间点缀着不同形态的蓝色充气家具,在作为设计周展陈与活动空间的同时,也提供了一个有趣惬意的休息环境;露台边缘的另一个蓝色镜面充气泡泡则可作为望远镜,观察经由它映射之后形成的奇妙的观前街映象。

图 7-66 蓝天泡泡

展览五　回廊绿洲

在苏州历史悠久而喧闹的商业区中,"回廊绿洲"围合现有的北局三弄小广场,将拱廊结构首尾相接,围绕广场上的六棵小树,形成一个既开放又内敛的炫彩空间,为设计周活动和路人休憩提供了绝佳场所。

图 7-67 回廊绿洲

展览六　游牧王国——Nomadland

用隐喻的手法在观前街上布置了一个代表后疫情时代的思想入

口,借用十个玻璃盒子,把世界的碎片用拼接剪贴的手法进行布局,邀请路人随时驻足观赏这个可以偶遇相谈的场景,进入新旧意识交汇流动的时空牧场,邀请公众探索"自然、人造物、游牧世界"的想象极限。

图 7-68　游牧王国——Nomadland

展览七　璀璨迷宫

一个由塑料板和塑料瓶组装而成的互动艺术装置。它的前身是由大小景观发起的一项长期参与式研究项目——"未来计划"。这个变废为美的环保互动装置,由 1 000 块透明的 PET 塑料板以榫卯式的框架结构组装而成。它有着开放式的安装体系,参观者将废弃塑料瓶插入装置的双层网格中,使装置的表皮逐渐形成有趣而丰富的肌理,互动过程中渗透着塑料回收与再利用的环保意义。

展览八　"为旅而居"旅行漫游展

"为旅而居"旅行漫游展通过《在西伯利亚森林中》《非洲小札》《为什么是兔子》等多本书籍展示作者如何"为居而旅"——在旅行中找到自己或物质或精神上的理想家园,借由书籍,与参观者一起探索旅行和生活的新可能性。

图 7-69 璀璨迷宫

图 7-70 "为旅而居"旅行漫游展

展览九　ttg station·渔民客厅

以城市观察之名建立另一种视角的城市文化链接。展览以两处城市——苏州与顺德为物理原点，追溯两个城市之间地缘文化的相同与不同；以城市观察之名实现顺德与苏州的文化交流，让年轻人一起观察、探索城市，共建另一种视角的城市文化内容，让看似千篇一律的城市旅行变得更有意思。

展览十　院校联展——虚拟工作室

展览首次展示了三个后疫情时代的"虚拟工作室"："商队古驿站——重塑苏州老城院落类型""江南公园——长江三角洲特大城市地区的绿色心脏"和"零土葬——零土葬时代的水火葬和纪念仪式"。在

图 7-71　ttg station·渔民客厅

图 7-72　院校联展——虚拟工作室

数字环境中,绘图艺术可以找到新的表达方式。作为对后疫情时代虚拟工作室设计教育的研究,这个展览也是一个新旧教育方式结合的庆典。

展览十一　院校联展——孵化通道

展览通过在场地用鸡蛋托盘搭建一条封闭式的通道,创造出一个沉浸式的展览空间以展示苏州大学建筑系优秀建筑模型作品。凹凸不平的鸡蛋托盘为整个空间带来独特奇妙的光影效果。鸡蛋托盘并不是全部铺满整个空间,而是有虚有实,光线透过虚空的位置穿入空间中,营造出多变的明暗关系。选取鸡蛋托盘作为材料,一是因为其廉价环保,二是鸡蛋对应着孵化,寓意着其中展品的作者未来可期。

图 7-73　院校联展——孵化通道

展览十二　IP 姑苏×20

IP 姑苏,城市力量。苏州一直致力于孵化、创造、传承独特的城市 IP。本次展览旨在从非遗活化、设计赋能、手工艺创新、古城更新四个维度,展现姑苏丰富的文化资源与浓厚的设计创新氛围,点亮历史文化名城之"核",推动社会形成"好设计在姑苏"的大众认知。

图 7-74　IP 姑苏×20

展览十三　繁华姑苏——新经济、新设计、新生活

以姑苏优秀传统文化为起源,紧扣"大运河文化""长三角一体化"发展的时代要求,联合中国探月中心、颐和园、北汽集团越野车分公司、北京华胥氏、资生堂、上海朴素、黄山好礼等合作伙伴,展示繁华姑苏的

图 7-75　繁华姑苏——新经济、新设计、新生活

发展成果与规划，系统展现自 2018 年 5 月姑苏区获批国家文化新经济开发标准试验区这两年多来的工作成果。

展览十四　青年生活启示

通过镜头讲述与苏州年轻人生活相关的事物和活动，运用特写镜头突出他们认真细致的态度，展现苏州年轻人的生活状态。全片贯穿以几个针对苏州年轻人的象征性事物，具象物体与象征事物交叉剪辑，体现苏州年轻人静谧而又旺盛的生命力。

图 7-76　青年生活启示

（2）主题活动：

活动一　Q4 设计消费季

Q4，见证多维设计力量。作为本年度苏州国际设计周新增的重要板块，"Q4 设计消费季"以创新设计为切入点，汇聚新产品、新服务、新理念，为不同行业设计出全新消费场景，充实人们的日常生活与消费选择。2020 苏州国际设计周期间，作为 Q4 设计消费季活动展览主阵地的 XPORT・小公园摇身一变，化为设计消费创新试验场。

艺术

"无语看波澜：新园林故事"当代艺术展，将 40 多组国内外的艺术作品融入苏州古典园林沧浪亭、可园,打造"艺术介入、城市更新"经典范例;"城市艺术地图"项目,联动苏州众多文化、艺术场地,共同探讨"当代创意设计助力城市复兴"文化命题。

图 7-77　Q4 艺术

汽车·中国车设计大奖

"2021 中国车设计大奖",聚焦中国汽车工业设计,通过奖项、论坛等形式,从多维视角引领汽车设计与消费潮流,引导人们发现中国车之美,为中国汽车产业助力,促进消费内循环。

图 7-78　Q4 中国车设计大奖

汽车·汽车创业营

"汽车创业营"活动,以汽车为载体,通过车身装饰、车辆内部空间布置等方式,在有限的空间内展现出苏州创业者们的无限创意,为创业者带来了全新销售模式体验,同时为消费者创造了令人耳目一新的消费场景。

图 7-79　Q4 汽车创业营

美食

Q4 设计消费季美食板块,对美食、设计与城市人文进行融合实验:

图 7-80　Q4 美食

为苏州老字号进行包装再设计,上演一场来自老字号的新国潮表演;也在园林博物馆中举办了一次关于食物、城市与设计的深刻对话,对苏式生活美学做出了新的诠释。

美食·WET 菜食场

一场不同寻常的快闪活动,在菜场中悄然发生。大厨现身菜场,利用白天被顾客们"挑剩下"的"丑菜",制作出一道道色味俱全的美食,将传统意义上的 WET 湿货市场变为"W 健康、E 环保、T 创新"的新型菜"食"场。

图 7-81 WET 菜市场

家居

家居智能科技,打造城市中现实版的创梦空间,为实现全民健康绿色环保的生活方式引发更多关注和思考,也提供更多解决方案。

时尚

以"我的 & 我的"为年度主题的时尚板块,通过"秀与展"的形式,在苏州国际设计周观前街及桃花坞会场,展现苏州时尚的底色与创新。"唤醒苏州的时尚基因"时尚之夜,以设计之名,以专业、热爱、坚持的时

图 7-82　Q4 家居

尚态度,为世人呈现苏州独具魅力的时尚新名片,共同讲述苏州的时尚与设计的故事。

图 7-83　Q4 时尚

旅宿

Q4 旅宿设计消费季,以"心安之地"为年度主题,探讨如何利用创意设计群体的独特力量打造差异化服务,同时协同2020苏州国际设计周官方线上平台的设计护照推出"双面姑苏IP设计之旅",发掘关于旅行的更多可能性。

图7-84　Q4旅宿

非遗

这是一场传统文化与生活、时光、传承、时尚相互碰撞融合的对话。四时应物展览,用科技将自然与人文遗产相融合,展现中华大地的神奇

图7-85　Q4非遗

浩渺和中华文化的雄伟瑰丽。一年四季,时间风土构成一方水土,养育一方人,时间即为四时;传说和想象就是文化和文明的萌芽,即为应物。"四时应物",便是文明发展的脉络根源。

亲子

在这间充满"宝藏"的"童趣实验室"里,组织了创意花艺师、花儿与扇子、布艺江南小夜灯、儿童气味实验室、竹编"芭蕉扇"等八场亲子工作坊,引来无数家庭参与其中,为人们带来全新的亲子关系与消费模式体验。

图 7-86　Q4 亲子

数娱

腾讯游戏《穿越火线》"苏城遇谜城"主题活动,通过虚拟代言人摆摊、苏州传统文化表演、夜娱电竞赛事等文娱体验项目,用无限的想象力和创造力,打造线上线下结合的"设计新消费"场景。

活动二　设计之旅

从"一周"蔓延到每一个"日常",2020 苏州国际设计周,从一个小小的片区，延伸到这座城市大大小小的街巷。苏州国际设计周，特别开设设计之旅项目，让我们走进日常生活中熟悉的品牌，立体、深入、全景式地感受设计之美。以创意为关键词，以可持续发展为落脚点，设计周将创意的种子撒向了更多土壤。姑苏区、虎丘区、吴中区、工业园区等各大区域，都与设计和产业发生了有趣且充满意义的联结与互动。在这座弥漫着桂花香气、滋养着馥郁文化的城市里，设计无处不在。

图 7-87　设计之旅

活动三　设计护照

作为 2020 苏州国际设计周的官方线上平台，设计护照将国际设计周的基因融于一体，从城市到商圈，从产业到行业，涵盖了城市圈、设计圈、内容电商等多个板块，并与 Q4 设计消费季、苏州市民卡联动，联合打造长三角云上设计周，释放文化消费新活力，发掘创意产业的更多可能。

（3）主题对话：

对话一　人类与人类，人与人

2020 苏州国际设计周主题对话以"人类与人类，人与人"为主题，

图 7-88 设计护照

探索新冠肺炎疫情的影响下,因"人类与人类"和"人与人"之间的联系、交流而产生的新的思考方式和生活方式,以设计之名,创造一个更具弹性、可持续的和谐未来。

图 7-89 "人类与人类,人与人"主题对话

对话二 双城对话——文化创意助阵疫后经济复苏

2020苏州国际设计周期间,苏州市政府与墨尔本市政府携手苏州国际设计周组委会,双方政府与受邀企业代表以"探索文化创意举措助阵疫后经济复苏"为主题,举办"双城对话"在线交流活动,分享两市文创与商业领域成功案例,共同探讨疫情后城市发展新思路。

图 7-90 双城对话——文化创意助阵疫后经济复苏

对话三 禅意设计静心慢生活

"禅意设计"在过去数十年间已成为一种走出亚洲、风靡世界的生活方式。2020苏州国际设计周将"禅意设计"纳入年度"城市艺术"板块,发起一系列"禅意设计"主题的精彩论坛、沙龙、分享与活动,并通过共同发起并努力推动"国际禅意设计交流中心"参与"WDW(世界设计周城市网络)亚洲地区走向2022合作计划",不断促进区域内年轻人形成以东方智慧为基础的文化共鸣、传承与创新。

(4) 主题研讨:

研讨一 WDW(苏州)城市联动研讨会

研讨会由WDW亚洲走向2022项目汇报开始,并通过连线达沃斯进一步提出并探讨了关于促进与加强中国各城市创意设计产业发展及

图 7-91 禅意设计静心慢生活

在该领域相互合作联动等一系列问题,分享了关于建立创意城市的生动经验与鲜活案例。

研讨二 文化新经济 IP 产业研讨会

研讨会邀请国内行业资深专家聚焦文化 IP 产业化开发主题,就文化品牌提升、文创产品标准化开发及产业跨界授权与融合发展议题展开深度交流与研讨。

第八章

繁华姑苏——承载苏州城市时尚定位的集合品牌运营体系

姑苏文化底蕴深厚,但知名文化品牌寥寥。究其原因,姑苏本地标志性的文化元素还停留在文化本身的认知层面,尚未形成 IP 化开发以及产业化、市场化推广。

产业的发展需要市场认知,首先就需要打造集合姑苏文化特征的城市文化品牌,形成统一标识体系,再打造文化新经济的 IP 产业化样本,通过文化新经济评价体系的评判,筛选具有市场前景的活化素材,并将转化成果以方法论的形式固化为 IP 转化平台的核心能力,通过创新中心的实体运营形成开放式合作模式,连接知名企业,形成更大范围的模式推广。

"繁华姑苏"这个文化新经济模式下的姑苏城市 IP 集合品牌就此诞生,它身上赋予了三重使命:

第一,以文化品牌替代地理标识。具体说来,要用"繁华姑苏"这个"公地品牌",加上品牌管理的系列手段来承载历史上"苏州制造"品味高雅、工艺极致的文化认知属性。避免传统市场上因为出路不一、品质不明的"苏州货"而拉低了苏州地域品牌的价值。

第二,打造新时代苏州文化产品的"潮流"标签,带动中小企业市场竞争力。历史上苏州产品的强大,也让人们对苏州产品有"固有认知",

一提到苏州产品便是传统的苏绣、苏扇等形象。同时，消费人群对新潮、创新商品的追求使传统的苏州老字号被冷落在角落中；互联网消费形式日渐成为主流，初创企业的品牌弱势难以获得消费者关注，更难以与电商平台争夺利益。"繁华姑苏"作为姑苏文化新经济集合品牌，可以集合更多的资源、更强的力量，扮演好"品牌门户"的作用，这样也使姑苏更加成为需要"资源赋能""品牌支持"的老字号企业、中小企业的发展土壤。

第三，使用集合品牌力量拉动区域经济的整体增长。集合品牌内涵被消费人群认可，则可在严格的筛选、品控机制上使之外延于更广阔的商业领域。在姑苏，已经成功实践了用集合品牌打造潮流市集，拉动一个商业地块的繁荣；用集合品牌统筹体验性旅游线路，形成一个个的精品主题游产品；用集合品牌带动文化产业园区的提升，打造独特的IP产业型园区。

以文化新经济商业转化创新为目标的城市文化品牌"繁华姑苏"，将逐渐成为苏州区域IP产业转化的核心承载力量。

图8-1 姑苏集合品牌"繁华姑苏"成果展

一、以苏州工艺水准之名——联合品牌彰显苏州精细之魂

（一）打造以文化为主导的区域品牌，避免地理区域品牌的"公地悲剧"

区域文化集合品牌可以视为城市文化整体力量的商业价值集合。

区域文化集合品牌的概念在经济学上来源于"区位品牌"（Regional Brand，也称区域品牌）。区位品牌指来自同一区域内的某类产品在市场上具有较高的知名度和美誉度，为顾客所信任，给顾客形成品质纯正、质量上乘的印象，该区域的企业在市场开拓中可以凭借区位品牌效应，节约营销费用，迅速打开市场。如意大利的皮鞋、荷兰的鲜花、日本的数码产品、瑞士的手表、洛阳和菏泽的牡丹、漳州的水仙、杭州的龙井茶等，都是知名的区位品牌。

区位品牌往往是区域产业竞争优势的体现，具有区位品牌的产业往往是当地的优势产业和主导产业，在竞争中有较高的市场占有率，对推动区域经济发展具有重要的意义。如果说企业品牌是企业价值源泉的话，那么区位品牌就是地区内某一产业的价值源泉。因此，很多地区把创建区位品牌当成产业发展的重要目标，创建区位品牌已成为地区经济发展的强大动力。

区位品牌的形成也可能是历史悠久、地理优势、产业集群三种因素综合作用的结果。比如某地区地理气候环境比较适合生产某产品，该产品在该地区有着悠久的生产历史，随着生产规模的扩大，就容易形成产供销一体化的产业协作格局，同时为了提升产品竞争力，科研开发机构也开始建立，产业集群效应也随之显现出来，区域产业竞争力进一步增强，区位品牌优势会越来越明显。

区位品牌的形成不是一蹴而就的，需要数十年甚至上百年的时间，需要区域内政府和企业的共同努力。但是，由于区位品牌不属于某一

企业，或者说是属于该区域的所有同类产品生产企业，由于涉及的企业较多，难免有"害群之马"，所以区位品牌相对于企业品牌来说更加脆弱，形象更容易受到损害。虽然往往只是区域内少数企业违法经营，但经过媒体曝光以后，造成的客观传播效果是消费者认为该地区所有的企业都有问题，从而引起"多米诺骨牌"式的信任危机，经过数十年甚至上百年树立起来的区位品牌在一夜之间声名扫地，得不偿失，极大地影响了当地产业的发展。这种现象在经济学上称为"公地悲剧"，由美国学者加勒特·哈丁(Garrett Hardin)教授于1968年提出：设想有一块草地，每年生产一定数量的牧草，在不受任何制度约束的前提下，所有牧羊人都倾向于过度放牧以扩大自己的收益，而不考虑别人和集体的利益，结果牧场会由于过度放牧而退化、毁坏，羊群因无草可吃而饿死，最终所有的牧羊人都一无所获。经济学家们认为，并非只有自然资源才能成为"公地"，公地的本质特征在于决定资产使用方式的产权结构，如果某种资产的产权安排决定了很多人都能不同程度地使用这种资产，那么这种资产就具有公地的特性。可见，区位品牌具有明显的公地特征，其所有权不像企业品牌那样明确，当地企业都可以依附区位品牌发展。这种品牌寄生现象，使得企业鱼龙混杂，一些厂商存在严重的机会主义行为，为了经济利益见利忘义，不乏假冒伪劣商品，不仅损害了消费者的利益，也损害了整个区位品牌的形象和区域内其他企业的利益。

从经济学的角度看，"公地悲剧"的根源在于产权不清晰，解决公地悲剧问题的关键在于明晰产权或对行为人建立起约束机制。在文化新经济开发标准试验区建设过程中，姑苏区政府专门在国资体系下成立了苏州姑苏文化新经济发展有限公司，将其作为姑苏文化新经济集合品牌"繁华姑苏"的品牌持有及运营主体，取得了显著的成效。

（二）苏州织造的皇家品质——与颐和园打造联合IP产品系列

2020年11月4日，北京市颐和园园长杨华与苏州姑苏文化新经济发展有限公司总经理陈曦,于苏州姑苏文化新经济展示交流中心进行战略合作签约,标志着双方在苏州城市文化集合品牌"繁华姑苏"与颐和园"珠璎盈福"品牌在咖啡杯套装的友好合作基础上建立了全面战略合作的关系。

双方通过合作可以把姑苏区内的优秀文创、风物产品以"繁华姑苏"集合品牌打包"进宫",未来共同开发产品;颐和园和"繁华姑苏"均可借助对方独特的IP资源体系,打通"京—苏"产业交融通道,实现优质资源的互补、共享和流转。"繁华姑苏"将以姑苏本地非遗、文创为抓手,以颐和园"皇家之名"推介自身品牌与优秀的姑苏文化,打开用"繁华姑苏"区域集合品牌与颐和园的集约型IP互益结合的战略合作格局。

颐和园是清代皇家园林,举办了皇家"大雅斋"瓷器展,赋予了"颐和园"品牌独特的女性气质。而苏州女儿是不少古典诗词经常吟咏的对象,苏州女红闻名天下,丝绸、苏绣都是皇家贡品……苏州女子以其美丽、智慧在中国文化中留下浓墨重彩的一笔。自古以来,精美的苏工苏作就是历代皇家御贡,是皇家文化的重要组成部分。清朝乾隆皇帝曾三下江南,颐和园的苏州街也是仿造山塘街建造而成的。

基于上述资源互补因素,双方共同尝试性地推出了"颐和园×繁华姑苏·珠璎盈福丝巾咖啡杯套装"联名研发IP产品,产品主打京苏古时风韵。苏绣在古代作为皇家御贡,有"帝王绣"的美誉,其精巧的图案寓意美好,璎珞是众宝所聚,寓意无量光明,是中国仕女常配之物。套装以璎珞纹融合传统福禄、绣球、万寿、如意等多种吉祥纹样,寓意喜乐圆满,福禄绵延,与名贵的丝绸、金玉搭配,尤得当代女性喜爱。

产品结合颐和园"大雅斋"瓷器元素与苏州"非遗"技艺苏绣,以京苏古典文化精华为主要元素,为当代职业女性的休闲下午茶量身定制。在纹饰上,将传统璎珞纹解构重组,让中国元素呈现出国际时尚气息。工艺上采用18k金描金工艺,更显精致华贵,衬托使用者的优雅自信。

图 8-2 姑苏集合品牌"繁华姑苏"成果展

(三) 粗放越野的苏绣内饰——与北京越野品牌联合设计国风内饰

2021年4月19日,北京越野BJ80探月版在2021上海车展正式首发亮相。其内饰由"繁华姑苏"文创品牌集合平台携手北京越野与中国探月工程"双YUE联盟联合实验室"打造,在全国首秀的BJ80探月版融"国风"于航天"黑科技",以苏绣国潮元素为媒介做文化赋能。

BJ80车型以"探月"为主题,在苏州产业端以"繁华姑苏"文创品牌集合为平台,链接专业企业"钱小萍刺绣研究所""云裳绣艺"的青年刺绣家,用360个小时,在定制座椅和车顶等处精心打造出"流云""弯月""星空"等主题元素,使得太空主题、国潮风尚与BJ80探月版完美融合。

"繁华姑苏"用集合品牌作为苏州文创和手工艺整合的对外输出端口,与其他高价值品牌和平台进行"总对总"合作,并进行品牌附加及品质把控,发挥区域品牌的重要作用。目前,"繁华姑苏"已与中国探月中心、颐和园、北京越野、黄山好礼、华胥氏文化、江南赞等知名IP进行交流合作,以"长三角消费一体化与大运河文化交流""京苏文化产业合作""文化/文旅/科技/零售合作互联"为线索,带领更多苏工苏作走出姑苏,与民族工业、航天科技等实现跨界联合。

二、以潮流设计创意之名——集合品牌打造创意设计标准

(一)品牌集合店的运营启示

随着互联网经济的发展,实体经济领域的消费心理也发生着巨大变化,精神消费逐渐替代曾经的物质消费。相比传统零售店,集合店的承租能力、品牌聚合力及顾客完整体验感都大大增强,逐渐成为购物中心的主流。

"品牌集合店"是涌入国内实体商业的新鲜血液,各种类型集合店通常以购物中心为主要渠道设店来优化客流量和赢利点,并输出优质、个性化、趣味性强的客户体验,集合店的出现同时满足了消费者、购物中心、品牌之间的核心需求。

品牌集合店也被称为"品牌概念店",即在一家统一名字的大门店内汇集多个品牌的产品,货品种类可涵盖服装、鞋、包、首饰、手表等多个品种,不同风格及设计理念的各个品牌被同一店面"召集"在一起,融合为一个备受关注的品牌集合店。近几年,我国零售终端竞争日益加剧,品牌集合店已成为一股强大的新生力量。第一种是多品牌集合店,这种店铺的面积大多在300—1 000平方米左右,以风格分明的大众服装为主体,在每个品牌之间既有明显差异的品牌定位,又有密切的关联。品牌与店铺之间不是租赁关系,而是买货、代理或者代销中的一种,进货量、款式的选择权都属于店铺方。第二种是买手制精品集合店,这种店铺的面积一般不会太大,以属于同一风格的多品类商品为主要组合方式,多品牌组合。这类店铺销售的大多数都是一些定位一致

或者是颇具潜力的非知名高端品牌商品,所有商品都能准确地阐释店铺的文化定位,遵循一致的店铺风格,彼此之间有着很和谐的关联性。第三种是生活方式类集合店。这类集合店又称为"Life Style Store"——即以某种生活形态为店铺定位,产品全部围绕这种形态组合而成。在产品线上,一般会以全系列的方式呈现,包含服装、配饰、鞋包、文具、生活杂物等,有些大型集合店还会增加餐饮、咖啡、茶吧甚至画廊、酒店等经营类别,形成真正意义上的全方位综合型生活方式集合店。第四种是百货式多品牌集合店。这类店铺是传统百货业的缩影,又称"小型百货",一般占地面积在1 000—5 000平方米左右。虽然这类店铺在经营模式上部分与百货业雷同,但是在合作方式上又有差异,比如当品牌的店员入驻店铺时,是由品牌方安排而非店铺方。以上种类的划分,增强了"品牌集合店"在国内发展的竞争优势,拓宽了其市场出路,可以很容易结合到各种业态中。

多种品牌集合店实体店面业态和商业模式的兴起,也为姑苏文化新经济建设"繁华姑苏"文化集合品牌打下了消费者认知基础。而"繁华姑苏"集合品牌不偏重于把不同的商品集中于店面销售,而专于品牌的创新创意文化特质,用自身的"精神特质"带动传统制造业产品的提升。

(二)设计师驻留计划与创意大赛

为体现"繁华姑苏"作为区域集合品牌的创意带动属性,苏州姑苏文化新经济发展有限公司精选苏州非遗传承人和传统手工艺大师为基底,邀请国际知名艺术家和时尚品牌设计大师以设计师驻留计划的形式,在苏州本地对传统手工艺进行深入了解,以产生国际艺术视角与中国传统手工艺的跨界融合。

在国际设计师驻留计划正式启动前,先期到访的国内知名设计师张简士扬、谢承元、黄稚雅,在遵循"保护、传承、活化、创新"的原则上,以姑苏本地代表性非遗技艺为创研基础，从设计、艺术、商业等领域参与设计研发、材料革新与产业转化，以此助推传统非遗技艺与现代设计、当代生活相融合。

2019年8月15日，在苏州姑苏文化新经济展示交流中心正式举行以"美的驱动力"为主题的"文化新经济设计师驻留"计划启动活动。启动活动发布文化新经济设计师驻留计划的目的是邀请国内外设计大师深度探访姑苏本地代表性非遗手工艺项目，体验本土文化，与非遗传承人深度探讨创意，打造具有苏州元素及前沿创新的设计作品，助力创承工作。发起方苏州姑苏文化新经济发展有限公司为设计师驻留计划设置的目标便是将传统文化保护与创新设计相结合，让国际设计天才重磅助力苏州传统工艺创新发展。

第一批进入驻地计划的国际顶级设计师施德明团队于2019年8月来苏参加驻地之旅，并进行了持续3个月的驻地交流创作。整个驻留项目遵循"保护、传承、活化、创新"的原则，探访苏绣、缂丝、桃花坞木版年画、剪（刻）纸、苏灯等姑苏本地代表性非遗手工艺项目，体验本土文化，与非遗传承人深度探讨创意。所有驻地成果是对文化内容的高质量整合，是对产业结构升级的一种尝试，是对市场供求探索的一种拓展，是对行业转型发展的一种引领，并在2019苏州国际设计周向大众呈现。

文化新经济设计师驻留计划是一种将传统技艺与潮流设计相融合的尝试，以姑苏本地代表性非遗技艺为创研基础，从设计、艺术、商业等领域参与设计研发、材料革新和产业转化，以此助推传统非遗技艺与现代设计、当代生活相融合，力求设计出贯穿文化新经济理念的展示装置、融合现代美学又不失传统元素的工艺品、满足大众生活需求的日常用品，未来还将与多种产业结合进行商业转化，通过各类销售平台和产业转化平台逐步向市场投放，使姑苏非遗能够在商业范畴得到广泛传播，以此探索全新非遗商业化路径。

"君到姑苏见,人家尽枕河。"小桥流水、河街相邻一直是大家印象中苏州平江路的古朴风貌,而近来这条历史老街新增了细微处的点缀。

"简直让人舍不得'下脚',这些集体卖萌的窨井盖真是处处都充满着艺术!"游客们在游览平江路时偶遇名为"平江古巷"的窨井盖,不由发出感慨并纷纷驻足拍照。这枚窨井盖创意灵感源自平江路"水陆并行,四方一色"的对称之美。水光映照夹岸的民居,天水一色,上下对称的双棋盘格局,左右对仗,整体呈现纵横对称、四方一色的绝美格局。设计师将平江路中桥、亭、民居窗棂等元素以对称的形式组合在一起,精致工整又具有强烈的设计感,使整条道路似乎"活"起来了。

图8-3 姑苏文化新经济设计师驻留计划成果转化——苏州窨井盖实景

这样的"苏城地景"是苏州姑苏文化新经济发展中心和苏州姑苏文化新经济发展有限公司对"设计师驻留计划"成果的实际应用,同时也是"运河十景"的城市景观设计,是在苏州姑苏区住房和建设委员会、苏州姑苏古建保护发展有限公司等单位的支持下实施的。

设计师在平江路、山塘街、麒麟巷等历史文化老街区,基于街区在地的文化元素,进行景观创作,以现代都市的产物——窨井盖作为传承与应用载体,将刻色板的质地与图腾化的桃花坞IP转换为街区的窨井盖,让最能够代表姑苏文化特色的年画非遗在苏城"遍地开花"。在美化城市风景的同时,也在默默地为游客引路,增加出行的趣味性。设计得五花八门的窨井盖,也可以成为鲜明的城市名片,上面的图案会告诉游客这个城市什么最著名、什么最好玩或这座城市的历史故事。

图8-4 姑苏文化新经济设计师驻留计划成果展——苏城地景

文化是经济高度发展后的提纯,工艺与技术则是文化在不同时代的缩影。苏州这座历史悠久的文化名城,在2 500多年的发展中形成了独具魅力的设计文化,创造出许多不朽的传世作品。从咫尺之内再造乾坤的古典园林到锋刃之下巧夺天工的苏作技艺甚至是市井百姓衣食住行的方方面面,无不闪耀着设计的灵光,成就了今天苏州"世界文化遗产典范城市""全球手工艺与民间艺术之都"等诸多美誉。

作为苏州之"核"的姑苏区,近年来以文化产业为驱动,全力建设文化新经济开发标准试验区,招引了一批有活力的创新企业,集聚了一批有才华的设计人才,打造了一批高水平的创意产品,通过文化创意设计让古城不断焕发新生。设计周上的"繁华姑苏、美好生活"展览,即是

图 8-5 姑苏文化新经济设计师驻留计划成果展——苏灯的材料与设计更新

"苏州姑苏文化新经济驻留计划成果"的集中展示,引得游人纷纷驻足拍照、打卡留念。

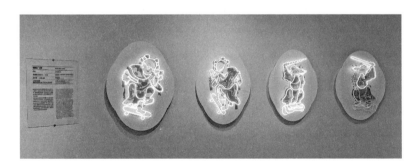

图 8-6 姑苏文化新经济设计师驻留计划成果展——霓虹门神

"苏州既是历史文化名城,也是活力澎湃的创意创新之城。"姑苏区区长、苏州国家历史文化名城保护区管委会主任徐刚表示,打造设计之城是苏州建设文化新经济的重要平台和抓手,不仅体现了苏州依托创意设计促进高质量发展的能力与成果,也向世界打开了一扇开放之窗,打造了一座开放之城,吸引更多的新设计、新产业落地苏州,提升硬核姑苏的可持续发展软实力。

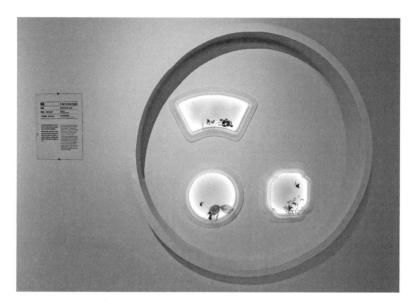

图 8-7　姑苏文化新经济设计师驻留计划成果展——苏绣借景

自 2019 年国际设计师驻留计划启动以来,姑苏文化新经济开发标准试验区内涌现出众多具有国际审美水准的非遗手工艺创新产品,设计师驻留计划取得了丰硕的成果。2021 年以来,姑苏文化产品创新的重点由国际设计大师与本地非遗大师的结合转至对本地设计创意的培养。

2021 年 8 月,为挖掘江南文化核心内涵,带动苏州在"吃、住、行、游、购、娱"全域旅游体验,打造一个立足姑苏、深化长三角、传播面向全球的文创赛事原创品牌,由姑苏历史文化名城保护区、姑苏区人才工作领导小组主办的第一届"繁华姑苏杯"文创精英挑战赛正式启动。

为多方面发掘优秀创意设计人才,赛事活动突破了静态的手工艺品设计,一共设有三大类别:文创产品 IP 设计大赛、短视频创意制作大赛、沉浸式剧本创作大赛。

参赛人员可以用"江南文化"元素、"大运河姑苏民俗文化旅游节"IP 及"运河十景"独特文化旅游资源为创意来源,制作特色鲜明、市场性强的 IP 设计作品;可以以"江南古城·姑苏印象""繁华姑苏,大美江南""运河十景"等为话题标签,通过长度为 50 秒至 3 分钟的短视频在主流直播平台上展现姑苏城市形象;也可以围绕全域旅游"大景区"打造,以历史人物、故事或地名为背景,组织剧本类游戏创作大赛。参赛剧本作品内容形式不限,仅需内容形态重点围绕江南文化、大运河文化、姑苏古宅空间载体等元素。

"繁华姑苏"创意设计大赛既可以达到传统创意大赛创造亮点创意产品的文化目的,也可以达到为"繁华姑苏"集合品牌输送创意源泉,再由集合品牌带动区域内中小企业发展的经济作用。

(三) 红点设计奖标定设计水准标杆

"繁华姑苏"作为区域创意水平的引领品牌,自然不会错过国际创意设计大奖,为自己树立品质标杆。

当代好设计奖(Contemporary Good Design Award,简称 CGD)是红点奖四大奖项之一。红点奖源自德国,是世界上知名设计竞赛中最大、最具影响力的竞赛,被称为设计界的"奥斯卡",与德国"iF 奖"、美国"IDEA 奖"一起并称为世界三大设计奖。

当代好设计奖由德国红点奖机构主办,旨在为当代社会甄选好设计。评审流程基于红点奖 60 余年专业评审经验,国际评审团均由红点挑选,并由红点全程负责参赛作品评审环节,保证奖项的专业性、严肃性和权威性,每年获奖率仅有 1%—2%。

2020 年 12 月,由德国红点奖机构发起的 2020 当代好设计奖获奖名单正式揭晓。苏州姑苏文化新经济发展有限公司参选的"繁华姑苏"系列 IP 产品"颐和园×繁华姑苏·珠璎盈福丝巾咖啡杯套装""炉缘阁·筷乘波涛跃龙门"双双斩获"当代好设计奖 WINNER 2020"。

此次获奖产品是以前沿设计理念，为"繁华姑苏"非遗工艺赋能与创新，将非物质文化遗产转化为非物质文化潮流的成果。

当代好设计奖获奖者获得包含全球红点设计博物馆巡展、设计交易与投资对接会、市场推广与销售渠道推荐等在内的 14 项服务，在体现设计界对产品设计与工艺品质权威认证的同时，也为产品提供了巨大的市场推广机会。

三、以品牌经济拉动之名——扩大品牌影响提升区域经济

（一）"苏派新浪潮"——老字号和非遗手工坊的创意新面貌

"繁华姑苏"品牌在姑苏文化新经济开发标准试验区内以"苏派新浪潮"为主题对传统非遗手工艺以及老字号产品进行了一系列设计创新的推动。

1. 一"筷"激起千层浪

筷子古称"箸"，是我国在世界范围内最富辨识度的文化符号之一，能够引发国人关于聚餐、团圆、情感交流的美好联想。

在江南，因船家忌讳停"驻"不前而称其为"筷"，表达了期望行船畅"快"的雅趣，与积极进取的拼搏精神相契合。

"炉缘阁·筷乘波涛跃龙门"由"繁华姑苏"品牌、华胥氏文化与苏州姑苏仿古铜非遗技艺老字号炉缘阁共同研发，采用七寸六分中国筷标准长，纯铜材质，表面抛光，有黄金质感，颇具分量感。

从"一只艇"到"一双筷"，从船艇外观抽象而出的流线造型，筷子中间以水纹线分割，以桨为筷托，两根筷子合在一起即为船艇的造型，分开背对背持握，手指恰好与筷子水波状弧度贴合，蕴含了乘风破浪、鱼跃龙门之意，其运动元素与中国文化的融合，亦有奥运精神团结友好与

拼搏进取的寓意。

2."新国潮新匠造"

新国潮是当下年轻人消费的一种价值潮流,新匠造突出老字号品牌精益求精、匠心耕耘的工匠精神,"繁华姑苏"致力于弘扬老字号诚信为本、守正创新的商业品质,为老字号注入当代潮流时尚的新活力。

雷允上是苏州传统吴门医派老字号,至今已有 300 余年的历史。"繁华姑苏"携手雷允上全新推出传统酸梅汤料包产品,将中医文化融入年轻潮流。酸梅汤包装采用复古画报风格,由印刷纸＋酸梅汤色棉绳＋吊牌＋烫金贴纸组成,同时呈现年轻人喜爱的时尚、精致、摩登感。搭配带搅拌棒功能的过滤器,让汤料包使用更加便捷,以摩登复古设计,让老字号焕新。

(二)"繁华姑苏"潮流市集——集合品牌带动街区经济"微升级"

借势文化新经济"姑苏八点半"夜间经济品牌在苏州成功铺开,"繁华姑苏"品牌重点打造的"繁华姑苏"潮流集市专区也在观前小公园正式启动,大批知名潮流品牌和网红美食与市民游客在夜市激情相约。

小公园位于苏州市姑苏区人流量最大的观前街核心商圈的中心区,更是很多苏州老百姓从小到大的共同回忆,但随着观前街的衰落,小公园区域也是门可罗雀。为配合"姑苏八点半"品牌,繁荣夜间经济,"繁华姑苏"将潮流集市专区设置于此,用以重振小公园区域的商业生态环境。

"繁华姑苏"潮流集市通过携手国内外知名潮流品牌,打造一个时尚潮流元素的聚合平台,更成为本地年轻人网红打卡地。集市专区分外摆商户区、主题活动区,繁华姑苏品牌区、潮流品牌门店区、网红拍照装置区五大功能板块,更专门突出了四大核心亮点:

亮点一 潮流轻奢集

迎合年轻人当下推崇的"轻奢"态度,即品质要好、式样要潮、档次适中、价格实惠,潮流集市用最热最新潮的进口正品男女服装服饰,满足他们"成功拔草"的心愿。悄悄喊出口号：爱时尚，爱自己！

亮点二　网红打卡地

到网红地点，找特殊元素，精心选好角度，穿最潮最美的衣服，用最新最热门的姿势，拍几张特殊观感的照片或一段视频，让好友们秒懂"你也来这里了"的信号，这就是"网红打卡"的诀窍。潮流市集为年轻人准备了网红复古车、时空集装箱、霓虹夜装置等打卡元素，满足每一颗期待打卡的心。

亮点三　国潮新势力

国潮是国与潮的结合、传统和现代的结合、智造与品牌的结合、情怀与自信的结合，是当下很多年轻人最喜爱的时尚风格。潮流集市为喜爱国潮风的年轻人邀请了一系列知名品牌入驻。

亮点四　潮流文创、网红美食

故宫文创、繁华姑苏等一大批国内知名的文创团队带来顶级文化与潮流的创新产品，设计无处不显，品质无处不在。

在潮流集市东侧的太监弄，潘玉麟糖粥、许记绿豆汤、百年同龢桃花果子、分子冰淇淋、花间午后等网红美食在"苏好食"美食亭里以"繁华姑苏"联名款形式亮相。

繁华姑苏潮流集市区域内分为外摆商户区、主题活动区，繁华姑苏品牌区、潮流品牌门店区、网红拍照装置区五大功能板块。其中，繁华姑苏品牌区是文化新经济"姑苏模式"的生动实践。繁华姑苏集合品牌汇聚了一批优秀的姑苏文创、老字号、非遗等产品，这些产品重磅登场，以打破传统的、全新的场景化策展体验方式，为外地游客、市民带去一场最地道、最具烟火气、最有姑苏特色的盛宴，开启一场时尚文创与苏式生活美学的碰撞之旅。

此外，主办方在周末不定期邀请知名KOL、网红艺人等，带来丰富多样的分享和表演，还在不同时间推出不同主题季，例如咖啡主题季、网红美食主题季、潮服潮鞋主题季、苏州文创主题季等。

潮流市集主打"苏礼、苏艺、苏生活",使"繁华姑苏"集合品牌近距离地展示在市民和外地游客眼前。聚合潮流一代时尚品牌,用新鲜热血的匠心文创给苏州带来全新的打卡体验,同时也使小公园区域从一个记忆中的地点一跃成为苏州最热门的商区。

在这里,最具苏州特色的非遗高级定制、本地优秀传统文创品牌、老字号、风物特产、联合品牌、自主研发产品……各种潮流有趣且带有"苏州味道"的单品都能轻松寻到。

近百种文创产品,涉及六大系列,"繁华姑苏"以年轻化、体验化、文化性为原则带给消费者在姑苏期间满满的"仪式感",传达与风雅"苏派"生活最契合的理念,打造具有姑苏 IP 的文旅体验新名片。

(三)"繁华姑苏"主题精品游——集合品牌带动传统旅游模式的提升

当"繁华姑苏"成为广受认可的区域品牌后,就有了对外赋能的基础,"繁华姑苏·文化旅游精品线路"就此应运而生。通过优选姑苏区域内古典园林、街区景区、历史建筑、人文景点、非遗工艺、传统美食等资源,统筹组合,先行设计推出了四条运营线路。

这些线路有的充分展现苏州传统市井生活,有的集中展示优秀苏工苏作,有的注重挖掘人文底蕴,有的引导感受古城风貌……是为到访苏州的不同游客奉献的,让他们有机会从不同角度了解、体会古城的特色产品。首批四条精品线路包括:

1. 博物馆之旅——揽尽姑苏人文历史

上午:苏州工艺美术馆

下午:游览苏州博物馆,乘坐平江路摇橹船,感受水巷风情和江南小调;参观状元博物馆

午餐:苏式面,晚上观前街自由活动

亮点:穿越时空隧道,感受人文姑苏,体验苏州的水文化、状元文

化、园林文化等

2. 非遗之旅——品味精湛文化记忆

上午：山塘街玉涵堂非遗展示馆，欣赏"寻梦山塘"实景演出，探访刺绣、石雕、木雕等的大师工作室

下午：游览山塘河水上游、游览虎丘

午餐：苏式面，晚上观前街自由活动

亮点：体验刺绣、石雕、木雕、昆曲、评弹等非物质文化遗产，寻访城市文脉、历史记忆，感受祖先的无穷智慧

3. 苏式生活体验之旅——乐当一天苏州人

上午：游览拙政园

下午：游览民国建筑群同德里、平江历史街区

午餐：苏式面，晚上观前街自由活动

亮点：小桥流水、亭台楼阁、吴侬软语、苏式菜肴、书画丝绸

4. 走"运"苏州之旅——感受精彩运河古道

路线一：

上午：游览枫桥景区、寒山寺

下午：游览白居易纪念苑、盘门景区

午餐：苏式面，晚上观前街自由活动

亮点：感受运河文化、佛教文化

路线二：

上午：游览盘门景区

下午：游览山塘河水上游

午餐：苏式面，晚上观前街自由活动

亮点：感受运河文化，看苏州最古老的水陆城门

"繁华姑苏"旅游精品线路的目的在于充分展现姑苏积淀深厚的历史人文资源和独特的区域旅游资源，体现"幽雅、品味、文化"的姑苏旅游新定位。

(四)"繁华姑苏-IP当道"——文化新经济带动产业园区提升新浪潮

近些年,各地都在发展创意产业园,然而迅速崛起的背后也存在着明显的问题,例如个性特点不突出、产品同质化现象严重等,因此,创意产业园要走得更为长远,首先要找准自己的定位,要和城市风格面貌以及周边的消费群体相匹配。

对于具有2500余年历史的苏州来说,古城保护一直以来都是重要课题,而苏州古城区那些废旧、低端业态集聚的老厂房,承载着一个区域甚至整座城市的乡愁与记忆。通过深入的旧城改造,致力于文化创意、科技创新、大众创业的产业园投资与运营,使赋有深厚文化和经济发展底蕴的这片土地,焕发新的生机与活力。区域集合品牌在园区改造过程中成为文化新经济建设下打造IP产业园的标尺,也成为订单集中接洽和产业集中输出的平台。

姑苏IP创意产业园位于东中市27号,一百年前,苏州迎仙楼大戏院始建于此。之后的三十年间,各种地方戏曲都在这里争相展演。20世纪50年代中期,跟随新中国工业化发展的步伐,长江五金总厂在此兴建。80年代,在这里诞生和成长的春花吸尘器厂生机勃发,成为苏州电器"四大名旦"之一。而后改建成苏州五金产品的集销地和加工场,以商品全、质量优畅销全国,闻名遐迩,但在此背景下也集聚了不少低端产业。进入新世纪新时代,为适应当地的经济转型升级和产业结构调整,得益于政府部门的支持与打造,姑苏IP创意产业园在这里拔地而起。产业园与北寺塔、苏州博物馆、拙政园、苏州美术馆、平江路、山塘街等历史文化景区遥相呼应,形成独特的文化氛围。

姑苏IP创意产业园以"繁华姑苏"为主题,将苏州丰富的文化资源转化为IP设计资源,进而转化为能够留存城市记忆的落地产品,在产业转型升级的同时形成良好的文化效益和经济效益。因此,该产业园引入的品牌多数来源于自主IP，整体环境打造拒绝盲目招商。在这种坚持下，姑苏IP创意产业园形成了一个商户自身可以交流互动、进行资源共享、打造生态运营的大平台，促成了商户间自发的凝聚力、互助力和创新力。

"小桥流水人家"这样古镇水乡的旖旎意境让无数人为之神往，这也是姑苏IP创意产业园的设计理念。园内模仿里坊制的特点，将16幢楼宇分割成若干整齐的区域，看上去有序、统一。整体空间布局与周庄这类水网纵横的地方相似，在苏州千百年水乡小镇的沉淀下，当地水系交通的便利了然于心。姑苏IP创意产业园内的楼宇上都设计有红色线条，以此来代替流动之水，打造了直观便利、以仿"水系"为概念的交通。在不破坏整体构造的基础上进行概念上的转变，尊重人文文化风景，将灰瓦、白墙、黑窗、湖石、绿意等元素加以提炼并很好地与苏州风韵和现代建筑风格相结合。园区小巧精致，入驻商户精益求精，并将"繁华姑苏"集合品牌作为园区公共服务资源进行整体运营，是整个姑苏区较有代表性的文化新经济产业转型项目。

第九章

资金＋资源＋智力的复合式投入
——文化新经济开发标准试验区和文化新经济专项资金分层支持体系

一、根据地区经济结构情况采用不同层级的支持方式

当前全国各地申报的文化新经济建设项目数量日益增多,为使全国文化新经济资金、资源分配更加高效、有序,文化新经济系统根据各地经济结构情况采用不同层级的支持方式。目前,全国文化新经济建设地区分为四类[①]:

(一)第一类地区:打造全国性标杆创新项目

支持方案:文旅集团支持计划

此类地区经济基础好,融资成本低,产业格局成熟稳定,需要文化带动的创新性突破。此类地区通常位于长三角、珠三角经济发达地区,自有资金充裕,需要文化新经济体系的专家支持和行业资源支持,不需要文化新经济体系资金支持。

---

① 《全国文化新经济建设资源资金支持体系优化工作会议纪要》,http://cnecf.cn/col.jsp?id=147。

此类地区通常会有集中地方政府资源统筹打造文旅经济的文旅集团（名称可能有多种形式），文化新经济系统以"文旅集团支持计划"的方式投入规划专家及行业资源，推动该地区文旅集团进行提升经济模式的整体项目建设，联合打造具有标杆性意义的文化新经济项目案例。在原有项目和投入的基础上提升项目创新性、带动性、示范性，提高项目经济收益。

（二）第二类地区：文化带动区域经济全局性发展

支持方案：文化新经济开发标准试验区（含专项资金支持）

此类地区有一定经济基础，以广义文化产业作为区域经济最主要的产业。这类地区通常位于经济发达和较发达地区，以历史文化名城、历史古城、文化遗产聚集区所在行政区域最为常见。地区对经济发展的诉求与文化新经济建设目标高度吻合，过往文化新经济开发标准试验区的成功模式对此类地区建设具有方向性的指导意义。

此类地区以地方政府为合作单位进行全局性、多维度发展。文化新经济系统通过多层次的经济模式设计提升该类地区利用文化带动经济发展的整体结构，同时辅助地方政府提升招商能力，对扩大企业落地规模提供完整的资源支持。同时，如果该类地区在进行重大重点文化新经济项目时需要资金支持，文化新经济专项资金可以作为整体发展性资金解决需求缺口。

（三）第三类地区：以文化经济作为未来替代支柱产业地区

支持方案：文化新经济基础设施建设＋文化新经济专项资金项目

此类地区有一定经济基础，现有支柱产业处于夕阳产业阶段或因各种原因需调整现有支柱产业，未来广义文化产业有可能或有需要成为主要支柱产业。通常位于经济发达或较发达地区，有一定文化传统，具备可开发的文化资源或文化消费聚集区潜质。

此类地区由文化新经济系统通过整体经济发展机制规划辅助地方政府进行产业战略选择，打造文化新经济基础设施。与地方政府共同确定新的经济发展主线，划定具体实施项目及本地实施单位，并给予资源、资金等支持，推动地区文化新经济项目建设。

（四）第四类地区：文化新经济单体项目建设

支持方案：文化新经济专项资金项目

此类地区有一定经济基础，文化产业优势或重要性不高，目前不以文化发展区域经济作为地方政府主要经济发展手段，但有符合文化新经济特征的具体建设项目。

此类地区在地理分布上没有明显的特征，申报的具体项目对地方经济发展具有创新性、带动性和引领性。文化新经济系统以项目建设单位为合作对象，委派专业机构针对具体项目进行规划，并给予资源和资金的支持，打造具有案例性质的典型成功项目。

二、多元的文化新经济资金投入模式

（一）文化新经济专项资金

为进一步推动全国文化新经济建设，文化新经济系统在合作地区明确文化新经济建设方式、方向，在已构成文化新经济发展环境的基础上，为共同确定的重大重点项目提供高额度文化新经济专项资金支持。

文化新经济专项资金核心建设项目原则上应处于以下四个领域中的一个或多个：

（1）以夜经济主题为核心的文化新经济开发项目；

（2）地方特色产业文化挖掘与文旅创新性融合开发项目；

（3）文化科技融合及创新性产业聚集建设项目；

（4）现代农业品牌创新及产业互联网建设项目。

文化新经济专项资金审核管理规定每年会有修订，最新信息可在中国文化新经济网（www.cnecf.cn）上查询。

（二）文化新经济 EOD 项目资金

EOD 模式的全称是生态环境导向的开发模式（Ecology-Oriented Development），是以生态文明思想为引领，以可持续发展为目标，以生态保护和环境治理为基础，以特色产业运营为支撑，以区域综合开发为载体，采取产业链延伸、联合经营、组合开发等方式，推动公益性较强、收益性差的生态环境治理项目与收益较好的关联产业有效融合，统筹推进，一体化实施，将生态环境治理带来的经济价值内部化，是一种创新性的项目组织实施方式。

为更高效地发挥 EOD 模式对区域经济的建设作用，由自然资源部系统牵头，联合文化新经济体系和部分 EOD 相关建设类央企共同发起了文化新经济 EOD 建设联合体（亦称"耕耘者行动"）。该联合体于 2022 年 9 月启动运作，统筹国家政策性银行资金、文化新经济资金和央企带资建设资金，将文化新经济模式融入传统 EOD 建设中，形成了经济主线明晰、低资金成本、高产业带动性的全新建设发展体系。

（三）管理型投资基金

改变地区招商格局、提升产业链组合能力是文化新经济建设的重点之一。在部分文化新经济试验区建设过程中，形成了依托文化新经济体系的国际资源进行产业布局的需求，由文化新经济体系国际资产管理机构作为管理人，系统化地引入国际产业资源和国际资金，与地方国资共同组建投资基金平台，成为地区产业的发展工具。

三、联合广域专业团队的文化新经济生态圈

文化新经济建设是一项领域广泛、能力要求复合的建设形态，文化新经济系统的各项建设支持模式也具有联合社会机构共同打造开放的文化新经济生态圈的功能。

欢迎具备各种独特能力的机构与我们联系，可将您认为适合我们认真理解和学习的材料发至电子邮箱 info@ciabchina.org，我们愿将大家引入合适的文化新经济建设项目中，共同为全国的文化新经济发展做出贡献。